무료 동영상 강좌 제공
컴퓨팅 사고력 향상을 위한
스크래치
알고
리즘
김학성 저
DIGITAL BOOKS
www.digitalbooks.co.kr
since 1999

*저자 인세의 일부는 아동복지를 위해 지역아동센터에 기부됩니다.

김 학 성
이메일 : khrireg@naver.com
블로그 : blog.naver.com/khrireg

- 가톨릭대학교 심리학과
- 성남시청소년재단 분당서현청소년수련관 ('IT꾸미다 교실' 앱 인벤터 교육 및 교육 개발)
- SW 교육 전문가 양성 프로그램 (앱 인벤터 교육 및 교재 개발)
- 군포 e비지니스 고등학교 (앱 인벤터 및 아두이노 교육)
- 분당 대진 고등학교 (앱 인벤터 및 아두이노 교육)

감수, 그림 – 권은비
- 건국대학교 응용통계학과
- 전) LINE+ 데이터 분석/인프라
- 현) NAVER 개발자

감수 – 김혜경
- 전) 썬마이크로시스템즈 교육사업부 전임 강사
- 현) IT 교육 컨설팅 및 기술 강의

컴퓨팅 사고력 향상을 위한 스크래치 알고리즘

| 만든 사람들 |

기획 IT · CG 기획부 | **진행** 양종엽 | **집필** 김학성 | **편집 디자인** 디자인 숲 · 이기숙 | **표지 디자인** 김진

| 책 내용 문의 |

도서 내용에 대해 궁금한 사항이 있으시면,
디지털북스 홈페이지의 게시판을 통해서 해결하실 수 있습니다.

디지털북스 홈페이지 : www.digitalbooks.co.kr
디지털북스 페이스북 : www.facebook.com/ithinkbook
디지털북스 카페 : cafe.naver.com/digitalbooks1999
디지털북스 이메일 : digital@digitalbooks.co.kr
저자 이메일 : khrireg@naver.com
저자 블로그 : blog.naver.com/khrireg

| 각종 문의 |

영업관련 hi@digitalbooks.co.kr
기획관련 digital@digitalbooks.co.kr
전화번호 02 447-3157~8

전산학 전공자도 아니며 그렇다고 전자, 기계공학도도 아닌 제가 알고리즘에 대한 글을 쓴다고 하면 이상하겠죠. 그렇지만 심리학이야 말로 알고리즘을 공부하는데 있어 가장 근접한 학문이라고 생각합니다. 혹자는 심리학이 마음을 읽거나(독심술) 상담을 해주는(상담학) 학문이라고 생각할 수도 있겠지만 심리학의 정의는 이렇습니다.
'인간 행동과 정신과정을 과학적으로 연구하는 학문.'

알고리즘은 어떨까요? 알고리즘(Algorithm)이란 어떤 문제를 해결하기 위한 일련의 절차를 뜻합니다. 어떤 문제를 해결하기 위한 주체는 무엇이든 상관 없습니다. 컴퓨터가 되어도 좋고 인간이 되어도 좋습니다. 하지만 결국 알고리즘을 만드는 것은 인간입니다. 인간의 경험적 토대가 알고리즘의 골조가 되는 것이죠. 이것이 바로 심리학과 알고리즘의 접점입니다. 인간이 문제해결을 위해 생각하는 방법이 알고리즘이 되는 것이죠. 그것이 인간의 언어일 때 알고리즘이 될 것이고 컴퓨터의 언어가 되면 인공지능이 될 것입니다.

인간이 어떤 문제를 해결하고자 할 때 작동하는 절차는 매우 복잡합니다. 생리, 감각, 지각, 인지, 발달, 성격, 사회 등 단번에 고려할 것이 수두룩합니다. 이러한 것들이 유기적으로 융합되어 뇌의 명령신호로 이어져 행동으로 산출되는 것이 바로 인간의 행동입니다.
이것을 알고리즘화 할 수 있다면 그것이 바로 인공지능이 되겠지요.

심리학에 고전적 조건형성(Classical Conditioning)이라는 개념이 있습니다. 그 유명한 '파블로프의 개'이지요. 개에게 밥을 주기 전에 종소리를 들려준다면, 개는 종소리만 들어도 침을 흘린다는 이론입니다.
하지만 심리학은 단순히 개가 침을 흘린다는 것을 연구하는 학문이 아닙니다. 개에게 들려주는 종소리의 횟수, 소리의 음량, 먹이를 주는 시간, 먹이의 양, 분비되는 침의 양 등 관찰할 수 있는 모든 것들을 관찰하고 계산합니다.
왜 일까요? 미래의 행동을 예측하기 위해서 입니다.
동물의 행동에 있어 이유가 없는 것은 단 하나도 없습니다. 종소리 학습을 더 많이 받았던 개가 침을 더 잘 흘릴 것이며, 먹이를 적게 주었던 개 보다 많이 주었던 개가 침을 더 많이 흘릴 것입니다. 이것을 과학적으로 분석하는 것이 심리학입니다.
우리는 귀납적 연구로부터 의미 있는 결과들을 찾아내고, 연역적 설계를 통해 미래를 예측할 수 있습니다. 파블로프의 개 실험을 여러 번 진행하게 된 수치들로 의미 있는 결과들을 찾아낸다면, 나중에는 실존하는 개에게 실험을 하지 않더라도 사료의 양 만으로 타액의 양을 예측할 수 있는 것이죠.
이 문단에서 반복문이란 표현이 쓰인 것으로 봐서는 가령 알고리즘을 "컴퓨터적 시각"이라 하는 건 어떨런지요? 보면, 종을 치고 밥을 주는 행위를 반복문으로 나타낼 수 있고, 사료의 양에 따라 다르게 분비되는 타액의 양은 다양한 변수로 표현할 수 있습니다. 동물의 행동을 연구하고 결과를 도출해 내는 것이 알고리즘을 도식화 하는 것과 다르지 않습니다.
그렇다면 새로운 질문이 생겨납니다. 우리는 왜 미래를 예측하려 하는가?

이 질문에 대한 대답으로 조금이나마 보탬이 되었으면 하는 바람으로 책을 씁니다.

김 학 성 배상

CONTENTS

기초 개념 - 알고리즘

 알고리즘이 뭐냐옹? – 알고리즘

알고리즘이 뭘까요?
아니, 그 전에
알고리즘이 왜 필요한 걸까요?

여러분이 어떤 방에 갇혀 있다고 생각해 보세요. 방에 너무 오래 갇혀 있었기 때문에 배가 고파졌어요. 방 안에 먹을 것이 없나 이리 저리 돌아다니다 보니까, 갑자기 천장에서 먹을 것이 떡! 하고 떨어지지지 뭐에요?
이게 웬 떡이야! 하고 맛있게 먹었어요.
그렇게 몇 시간이 지난 다음 또 다시 배가 고파졌어요. 다시 한 번 방을 이리 저리 돌아다니면서 먹을 것이 없나 찾아 다녔지요. 하지만 먹을 것은 보이지 않았어요. 할 수 없이 포기하려는 순간, 천장에서 먹을 것이 떡! 하고 떨어졌지요.

맛있게 먹으면서 생각했어요.
'이게 왜 천장에서 떨어졌을까?'

여러분은 생각하기 시작했어요. 그리고 다시 한 번 방을 조사하기 시작했죠. 천장도 살펴보고, 벽도 살펴보고 이리저리 살펴보았어요. 그러다 문득 어느 지점을 지날 때 천장에서 먹을 것이 떡! 하고 떨어진다는 것을 발견하게 되었어요!

매번 음식이 떨어지진 않지만, 어느 지점을 지날 때 가끔 음식이 떨어지는 거에요.
여러분은 생각했죠! '이 곳을 지닐 때 음식이 떨어지는 구나!'
그리고 그 지점 주변을 조사하기 시작했어요.

마침내! 바닥에 있는 스위치를 발견하고 말았지요! 그 스위치는 바닥의 색깔과 똑같고 크기도 너무 작았기 때문에 쉽게 찾을 수 없었던 것이죠.

여러분은 먹을 것을 찾기 위해 이리 저리 돌아다니다가 우연히 그 스위치를 밟았던 것이에요. 하지만 스위치가 굉장히 작았기 때문에 밟히지 않을 때도 많았죠.

그곳에 있는 스위치를 어쩌다가 밟았기 때문에, 그곳을 지날 때만 천장에서 먹을 것이 떨어진 거에요. 그래서 여러분은 그 지점을 자세하게 살펴본 거구요. 결국 스위치를 발견한 것이죠.

어때요? 재미있는 이야기인가요?
너무나 당연한 이야기처럼 들리나요?

이 이야기에 알고리즘이 필요한 이유가 담겨 있어요.
만약 여러분이 천장에서 떨어진 음식을 보고 아무런 생각도 하지 않았다면 스위치를 발견할 수 없었겠죠? 하지만 '왜 천장에서 음식이 떨어졌을까?'라는 생각을 통해 스위치를 찾아낸 것이죠.

알고리즘은 바로 '문제'를 해결하기 위한 과정이에요. 여러분은 '배가 고프다.'라는 문제를 해결하기 위해 여러 가지 행동을 시도한 것이죠.

마침내 스위치를 발견했다면, '천장에서 음식을 떨어뜨리는 방법'에 대한 알고리즘을 얻은 것이에요. 그렇다면, 여러분을 이 방에서 꺼낸 다음, 다시 다른 방에 넣으면 어떻게 될까요?
아마 처음에 발견했던 것보다 스위치를 더 쉽게 발견할 수 있을 거에요.

왜?
여러분에겐 알고리즘이 있으니까요.

여러분이 문제를 해결했던 과정을 정리해 볼까요?
① 방 안 어느 지점에 갔더니 천장에서 음식이 떨어진다.
② 하지만 그 지점에서 매번 음식이 떨어지지는 않았다.
③ 자세히 조사해보니 음식을 떨어뜨리는 스위치가 있었다.

이 문제 해결 과정을 가지고 비슷한 다른 방에 가서도 스위치를 찾아낼 수 있는 것이죠. 더 쉽고, 더 빠르게 말이에요.

이처럼 문제를 해결할 수 있는 과정을 '알고리즘(Algorithm)'이라고 해요. '문제를 해결하기 위한 절차'라고도 할 수 있어요.
우리 인간은 생각할 수 있고, 생각하는 것을 정리할 수 있어요. 하지만 나의 생각을 남에게 혹은 컴퓨터에게 알려주는 것은 어려운 일이죠. 따라서 우리의 생각을 다른 곳에 전달하기 위해 알고리즘이 필요해요. 어떤 문제를 해결하기 위해 알고리즘을 만들 수 있다면, 그 문제를 갖고 있는 다른 사람도 내가 만든 알고리즘을 통해 문제를 해결할 수 있으니까 말이에요!

다른 방에 갇힌 사람들을 위해 내가 찾은 방법을 알려줄 수 있는 것이죠. 내가 열심히 찾아낸 방법을 다른 사람에게 알려주는 것이에요. 다른 사람 입장에서는 참 고마운 일이죠?

내가 만든 알고리즘이 다른 사람에게 도움이 된다면 참 좋은 세상이 될 거에요. 특히 알고리즘은 여러 가지 방법으로 표현될 수 있어요. 우리는 특별한 지식이 없어도 볼 수 있는 '순서도(Flow chart)'를 통해 알고리즘을 배우고, MIT 스크래치(Scratch)를 통해 프로그램을 만들어 볼 거에요.

내가 생각한 것을 남들도 볼 수 있게 만들고, 정말 제대로 작동하는지 확인해 보는 것이죠.
내가 상상한 것을 현실로 만드는 것이에요.

어때요? 참 재미있겠죠?
이제 알고리즘의 세계로 떠나볼까요? 렛츠 고!

기초 개념 - 변수

변수(Variable)란 말이 생소해서 어려울 수도 있지요! 하지만 변수의 뜻을 차근차근 보면, 변할 변(變)자에, 셈 수(數)자를 써서 '변하는 수'라는 의미에요. 어렵지 않죠?

더 쉽게 생각하면, 변수란 어떠한 값을 담을 수 있는 '그릇' 또는 '상자'라고 생각하면 돼요. 어떠한 내용물이라도 변수에 담을 수 있는 것이죠!

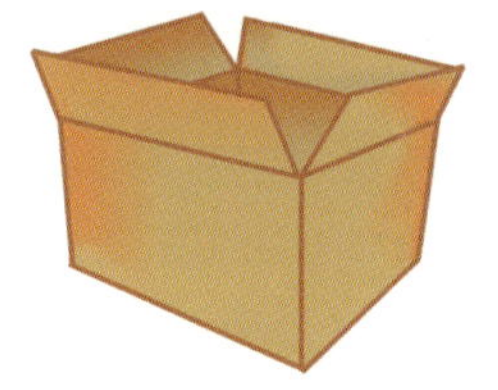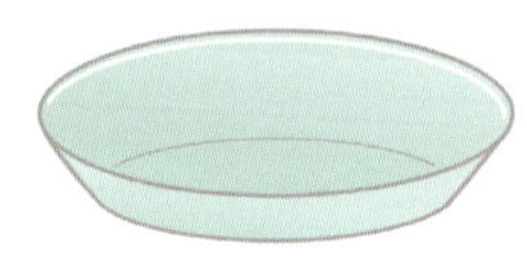

그럼, 왜 변수가 필요할까요?

예를 들어 볼게요.
키가 계속 자라는 '은비'라는 친구가 있어요.
만약 은비의 키가 140cm라면, 은비의 키는 140cm가 되겠지요? 하지만 몇 달 뒤에는 은비의 키가 더 자라서 140cm 보다 커질 수 있어요. 그 때 가서도 은비의 키가 140cm라고 하면 잘못된 대답이겠지요?

따라서 계속해서 변하는 은비의 키와 같은 값을 표현하기 위해서는 '변수'가 필요한 것이에요.
'은비의 키'를 변수로 정해두고, 은비의 키가 자랄 때마다 값을 바꿔준다면 참 편하겠죠?

키 뿐만 아니라, 은비의 나이, 몸무게 등과 같이 변할 수 있는 값은 전부 다 변수로 정할 수 있어요. 참 편리하죠?

변수와 반대의 뜻으로는 '상수 Constant'가 있어요.
항상 상(常)자에, 셈 수(數)자를 써서 '항상 똑같은 수'라는 의미를 갖고 있어요.
일주일이 어쩔 때는 6일 이었다가 어쩔 때는 7일 이었다가 하지 않지요? 항상 '월화수목금토일'로 정해져 있는 것처럼 절대 변하지 않는 것은 '변수'가 아닌 '상수'라고 할 수 있겠죠?

이처럼 변수를 적절히 이용한다면, 우리는 더 쉽고 간편하게 생각할 수 있어요.

사람의 몸무게와 키를 이용해서 비만도를 측정하는 신체질량지수(Body Mass Index : BMI)라고 하는 게 있어요. 키와 몸무게라는 두 가지 종류의 변수를 이용해 어떻게 신체질량지수를 구하는지 볼까요?

아시아—태평양 비만진단기준(대한비만학회, 2000)

분류	BMI(kg / m²)
저체중	<18.5
정상체중	18.5~22.9
과체중	23~24.9
비만 I	25~29.9
비만 II	30~39.9
심각한 비만 III	≥40

먼저 체중(kg)과 신장(m)을 알아야 돼요.

신장은 미터(m)단위를 사용하기 때문에, 키가 100cm라면, 1m가 되겠죠? 125cm라면, 1.25m가 되는 거에요. 신체질량지수를 구하기 위해서는, 체중을 신장의 제곱으로 나누기만 하면 돼요. (제곱은 자기 자신을 두 번 곱한다는 말로, 같은 숫자를 두 번 곱한 값이에요.)

몸무게 ÷ 키²

라고 표현할 수 있고, 몸무게와 키가 변수가 될 거에요.

예를 들어서, 은비의 몸무게가 40kg이고, 은비의 키가 140cm(1.4m)라면,

$40 \div (1.4)^2$

$= 40 \div (1.4 \times 1.4)$

$= 40 \div (1.96)$

$\fallingdotseq 20.4$

라고 계산할 수 있어요. 신체질량지수가 20~25사이에 있으면 정상이에요! 이제 여러분도 여러분의 몸무게와 키를 가지고 신체질량지수를 계산할 수 있겠죠?

'몸무게'와 '키'라는 변수는 사람마다 다르지만, 신체질량지수를 구하는 공식은 같아야 하기 때문에 변수를 이용했어요. 변수는 계속 변하는 수이기 때문에 하나의 정해진 값으로 생각하면 안돼요! 참 쉽죠?

Unit 02   순서도

알고리즘을 짜거나, 다른 사람이 만든 알고리즘을 볼 때 필요한 것이 있어요.
바로 순서도(順序圖, Flowchart)라는 것이죠!
어떤 곡을 연주할 때 악보가 필요하듯이, 알고리즘을 보기 위해선 순서도가 필요해요.

순서도는 말 그대로 '순서가 있는 그림'이라는 뜻을 갖고 있어요. 순서대로 보면 되는 것이죠. 참 쉽죠?

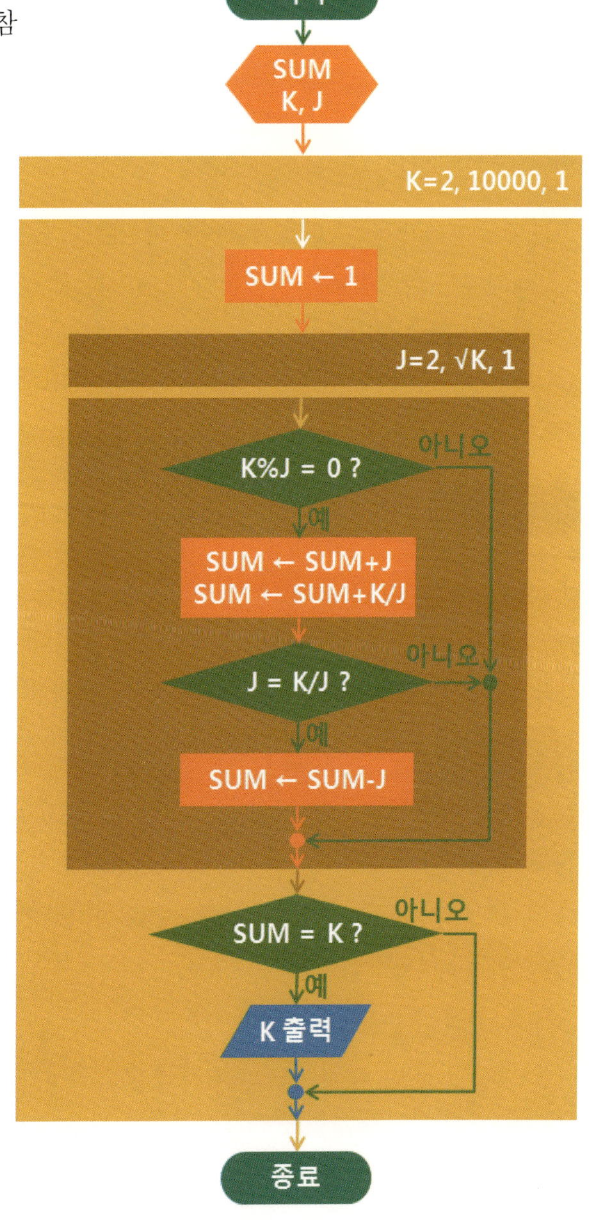

순서도는 여러 가지 상자들을 화살표(→)로 이어서 그릴 수 있어요. 여러 가지 상자들은 각자 기능을 가지고 있구요. 한 번 살펴 볼까요?

이 그림은 무엇을 뜻하는 걸까요? 너무 당연한 것을 물어봤나요? 하핫.
이 상자는 프로그램이 '시작'된다는 것을 나타내는 상자에요. '시작'이라고 써있죠? 모든 것이 이 상자로부터 시작되는 것이죠. 양 옆이 둥근 길쭉한 상자에요.

스크래치에서는 여러 가지 형태로 프로그램이 시작되게 만들 수 있지만,
주로 많이 쓰이는 것은 '초록 깃발을 클릭했을 때' 블록이에요.

이 블록을 통해 초록 깃발을 클릭했을 때 스크립트가 실행되게 만들 수 있어요.
스크래치에서 스크립트는 블록들이 모여있는 걸 말해요. 각각의 기능을 갖고 있는 블록들이 모여서 스크립트가 되는 것이죠.

프로그램이 종료되는 '종료' 상자는 시작 상자와 생긴 모양이 똑같아요.

양 옆이 둥글게 되어있는 상자가 바로 시작과 종료를 나타낼 수 있는 상자에요.

시작 상자부터 시작해서 종료 상자로 갈 때 '화살표'를 이용하면 돼요.

이 순서도는 시작 상자에서 시작해서 종료 상자로 간다는 뜻이죠. 순서도를 읽을 때 화살표 방향만 잘 보면 되니까 어렵지 않아요.

다음 상자는 '준비' 상자에요. 우리가 프로그램에서 사용할 '변수'나 '리스트' 같은 것들을 준비하는 상자에요. 이 상자가 보이면 스크래치에서 변수나 리스트를 만들어주면 돼요.

만약,

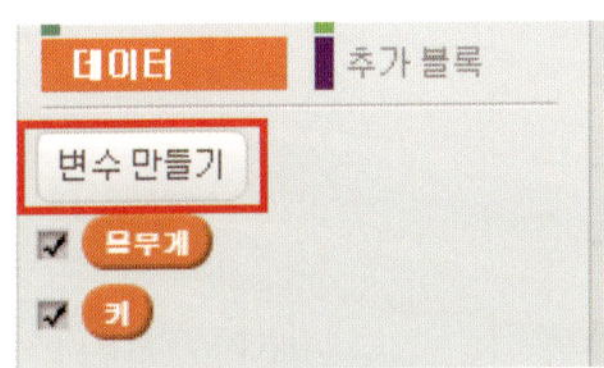 라는 상자가 있으면 '키'라는 이름의 변수를 준비하면 돼요.

스크래치에서 '키'라는 이름의 변수를 만들어주면 되겠죠? '데이터'에 있는 ' 변수 만들기' 버튼을 누르면 돼요.

이번에는 다른 이름의 준비 상자가 있어요. 준비 상자에 '몸무게'라고 되어 있네요. '몸무게'라는 이름의 변수를 준비하라는 것이겠죠?

이 두 가지 준비 상자를 하나의 화살표로 이어줄 수 있답니다.

'키'라는 이름의 변수를 준비하라는 준비 상자 다음에, '몸무게'라는 이름의 변수를 준비하라는 준비 상자가 있어요.
이 때, 두 상자가 같은 준비 상자이기 때문에 두 상자를 하나의 상자로 합칠 수 있어요. 쉼표(,)를 이용해서 말이에요!

이렇게 하면 하나의 준비 상자에 여러 가지 것들을 준비시킬 수 있어요. 단, 쉼표로 구분된 것들의 실행 순서는 위에서 아래, 왼쪽에서 오른쪽이에요. 우리가 글을 읽을 때 순서와 같죠?

이제 변수에 값을 넣어 볼까요? 변수에 값을 넣을 땐 '처리' 상자를 이용하면 돼요.

처리

이 사각형 상자에서 변수에 값을 넣거나 연산을 할 수 있는 것이죠. 만약 '키'라는 변수에 140이라는 숫자를 넣고 싶으면 화살표(←)를 이용하면 돼요.

키 ← 140

오른쪽에 있는 값이 왼쪽에 있는 변수에 들어가는 것이죠. 참 쉽죠?

스크래치에서는 [키 을(를) 140 로 정하기] 블록을 사용할 수 있어요. 변수 키를 140으로 정하는 것이죠.

변수에 값을 넣을 땐 준비 상자를 통해 직접 넣어줄 수도 있지만 '입력/출력' 상자를 통해 입력해서 넣어줄 수도 있어요.

입력

이 상자를 통해 변수 '키'에 숫자를 입력할 수 있는 것이죠.

키 입력

스크래치에서는 '관찰'에 있는 [대답] 블록을 이용하면 돼요. 키를 물어본 다음, 대답을 변수 키로 정하면 되는 것이죠.

[네 키는 몇 m니? 묻고 기다리기]
[키 을(를) 대답 로 정하기]

'입력/출력' 상자는 입력 뿐만 아니라 출력도 가능해요.

키 출력

이 상자를 통해 변수 키에 담겨 있는 값을 출력하는 것이죠.

스크래치에서는 [Hello! 말하기] 블록을 통해 값을 출력할 수 있어요. 스크래치 고양이에게 값을 말하게 하는 것이죠. 자료가 출력된다는 뜻으로 '인쇄' 상자도 쓰일 수 있어요.

인쇄

하지만 인쇄는 프린터를 통해 종이에 인쇄한다는 뜻이 강해요. 그래도 데이터를 출력한다는 맥락은 비슷해요.

여러 가지 순서도 상자들을 배웠어요. 이제 BMI 지수를 구하는 프로그램을 순서도로 만들어 볼까요?

먼저 프로그램이 시작되는 '시작' 상자가 필요하겠죠?

그 다음엔 키와 몸무게를 담기 위한 변수들이 필요해요. '준비' 상자를 통해 키와 몸무게 변수를 준비해 줄게요.

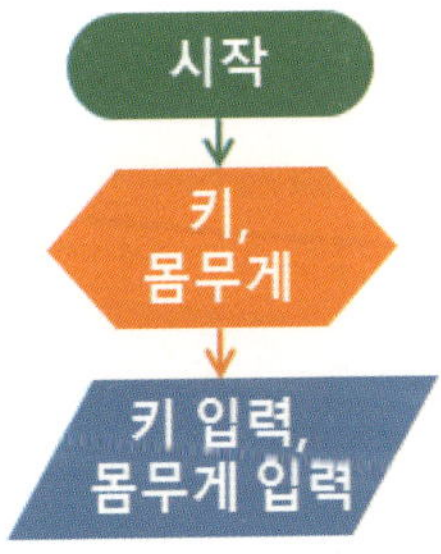

이제 변수 키와 몸무게에 값을 넣어 주어야겠죠? 입력받은 값을 넣어주기 위해 '입력 / 출력' 상자를 이용할 거에요.

변수 키와 몸무게에 입력되는 값이 들어가는 것이죠.

이제 처리 상자를 통해 BMI 지수를 구해볼까요? BMI 지수는 몸무게에서 키를 두 번 곱한 것을 나누는 것이에요. 따라서 이 공식을 처리 상자에 넣어주면 돼요.

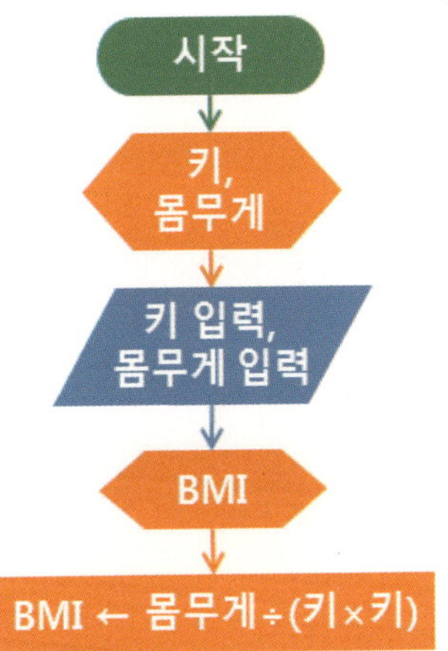

이제 변수 BMI에 계산된 BMI 지수가 담겼어요! 마지막으로 변수 BMI를 출력해주면 되겠죠? '종료' 상자를 통해 프로그램을 종료하는 것도 잊으면 안돼요!

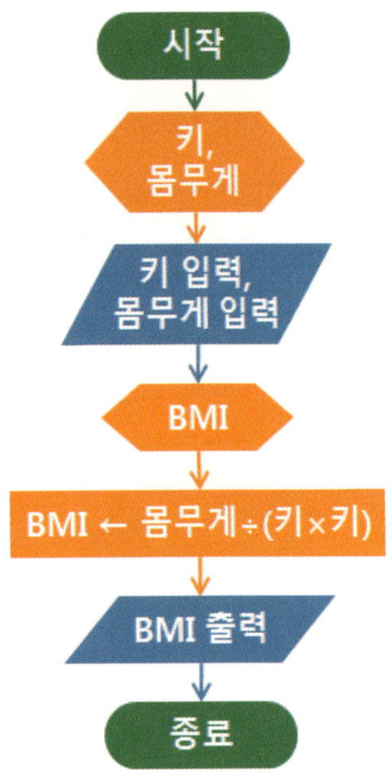

와우! BMI 지수를 구하는 알고리즘이 완성되었어요! 순서도를 통해 한 눈에 볼 수 있죠? 이 순서도만 있으면 스크래치 블록을 통해 프로그램을 만들 수 있어요.

우리는 스크래치를 통해 프로그램을 만들 것이지만, 이 순서도만 있으면 다른 여러 가지 컴퓨터 언어로도 프로그램을 만들 수 있답니다.

마치 하나의 악보로 피아노로 연주할 수도 있고, 기타로 연주할 수도 있고, 바이올린으로 연주할 수도 있는 것이지요.

중요한 것은 알고리즘이에요. 알고리즘을 나타낸 순서도만 있으면 여러 가지 방법으로 원하고자 하는 프로그램을 만들 수 있는 것이죠!

어때요? 어렵지 않죠? 화살표만 잘 따라간 다음, 시키는 것만 잘 하면 돼요. 약간 미로 찾기 게임과 비슷한 거 같네요. 순서도만 있으면 내가 생각한 알고리즘을 남에게 보여줄 수 있답니다! 참 편리하죠?

이제 스크래치를 통해 변수를 만들어 볼 거에요.

01 먼저 변수를 만들어줘야겠쇼?
'데이터'에 있는 ' 변수 만들기' 버튼을 눌러주세요.

02 그 다음엔 변수의 이름을 정해주어야겠죠?
우리가 필요한 변수는 '키'와 '몸무게' 그리고 'BMI'이기 때문에 변수의 이름도 키와 몸무게 그리고 BMI로 만들게요. 변수 이름에 '키'라고 써 준 다음, 확인 버튼을 눌러주세요.

03 짠! '키' 변수가 새로 만들어졌죠? 왼쪽 상단에 보면 키 변수가 생겼고 초기값으로 숫자 '0'으로 입력되어 있어요. 스크래치에서는 변수를 만들면 초기값으로 0이 들어간답니다.

하지만 스크래치가 아닌 다른 프로그램에서는 초기값이 0이 아니라 다른 값이 들어 있을 수도 있답니다. 그러니 '변수를 만들면 항상 초기값으로 0이 들어있구나!'라고 생각하면 안돼요. 아셨죠?
살짝 알려주자면, 보통 변수를 만들면 '쓰레기 값'이라는 놈이 담기게 돼요. 쓰레기 값 이라고 해서 코 푼 휴지나 먹다 버린 과자봉지 같은 것이 들어있는 건 아니에요. 하하.

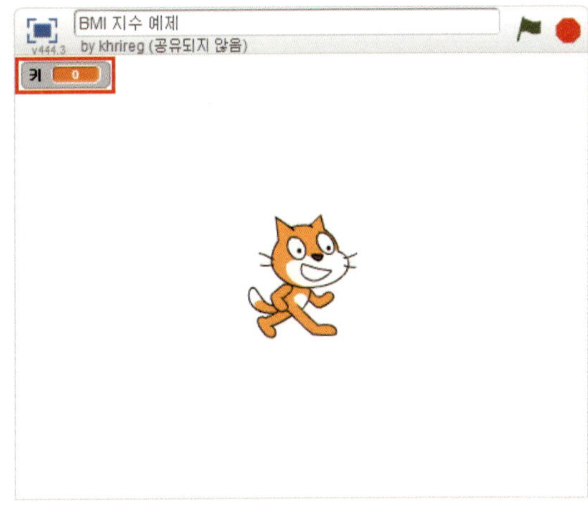

단순히 아무 의미도 없는 값이 들어 있는 것이죠. 58732 32814 이런 것들 말이에요. 그래서 항상 꼭 초기화를 해주어야 돼요. 초기화란 말 그대로 초기값을 넣어주는 것이에요. 보통 초기값으로는 스크래치처럼 '0'이 들어가요. 아무 의미가 없는 숫자이기 때문이죠. (사실 수학에서 엄청 중요한 숫자이지만)
하지만 때에 따라서는 1이나 특정 숫자가 들어갈 수도 있어요. 필요에 따라서 초기화를 해주면 돼요. 이제 초기값과 초기화에 대해서 알겠죠?

04 '키' 변수를 만들어 주었으면 같은 방법으로 '몸무게'와 'BMI' 변수도 만들어 주세요.

이제 키와 몸무게 변수가 만들어졌어요! 참 쉽죠? 왼쪽 상단에 키와 몸무게 변수가 새로 생긴 것을 볼 수 있어요. '데이터' 밑에도 몸무게와 키 그리고 BMI 버튼이 새로 생긴 걸 볼 수 있죠? 변수가 잘 만들어진 것이에요.

05 이제 필요한 변수를 다 만들어 주었으니 스크래치 블록을 만들어 줄 차례에요. 블록을 만들고 합쳐서 기능을 만들 수 있어요. 마치 레고 블록 같이 말이에요. 참 재밌겠죠?

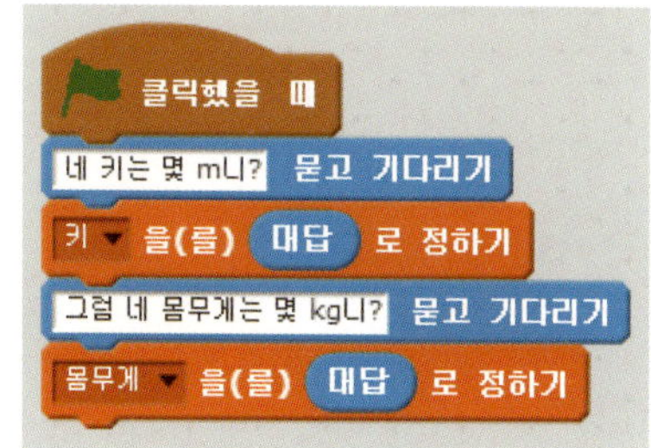

우리는 깃발을 클릭했을 때 우리가 입력한 키와 몸무게를 가지고 BMI 지수를 알려주는 프로그램을 만들고 있어요. 따라서 '이벤트'에 있는 '클릭했을 때' 블록을 넣어주세요. 이 블록은 말 그대로 초록 깃발을 클릭했을 때 블록의 기능이 실행되는 블록이에요.

그리고 그 밑에 '관찰'에 있는 'What's your name? 묻고 기다리기' 블록을 넣어주세요. 이 블록을 통해 어떤 값을 입력받을 수 있어요. 우리는 '네 이름이 뭐니?(What's your name?)' 대신에 '네 키는 몇 m니?'를 넣어주세요. 이 칸에는 원하는 질문을 마음대로 써 넣을 수 있어요.

마지막으로 '데이터'에 있는 '키 을(를) 0 로 정하기' 블록을 꺼내주세요. 이 블록을 '네 키는 몇m니? 묻고 기다리기' 밑에 끼워 넣어주세요. 이 블록을 통해 입력받은 대답을 '키' 변수에 저장할 수 있어요. 대신 숫자 0 자리에다가 '관찰'안에 있는 '대답' 블록을 넣어주세요.

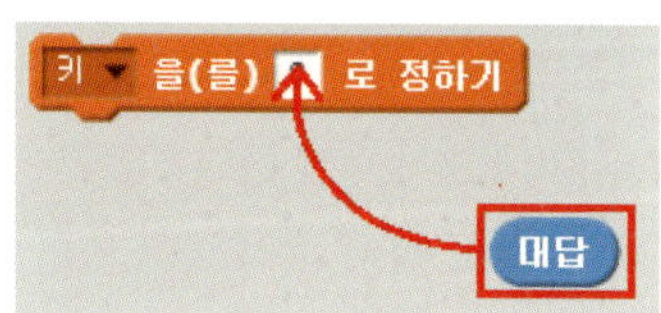

이 블록을 통해 입력 받은 대답을 '키' 변수에 저장할 수 있어요. 이제 두 블록을 합쳐 줄까요?

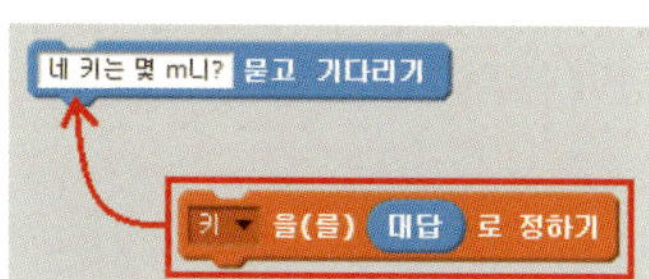

스크래치에서는 블록 안에 블록을 넣어줄 수 있답니다. 블록 안에 블록을 넣으면 새로운 기능을 갖고 있는 블록을 만들어줄 수 있어요. 같은 방법으로 몸무게에 대한 블록도 만들어주세요. 밑의 그림과 같이 만들어주면 돼요.

06 자, 이제 우리가 만든 블록의 기능들이 잘 작동하는지 확인해 볼까요? 중간점검을 하는 거에요! 스크래치에서는 언제든지 중간 중간에 잘 만들고 있는지 확인할 수 있으니 겁내지 말고 실행시켜 보세요! 망가지지 않으니까요. 그럼, 초록 깃발 클릭!

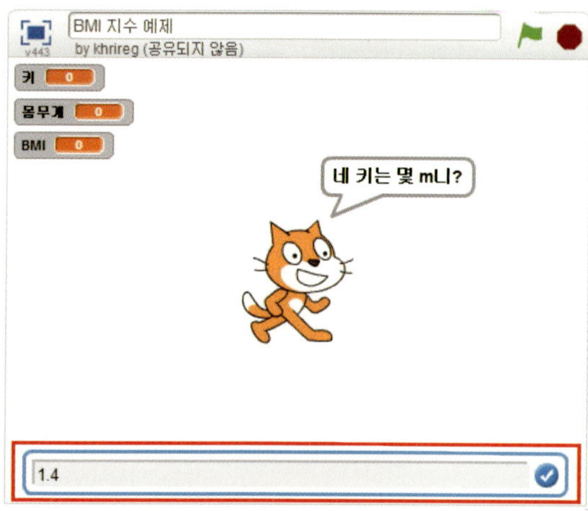

초록 깃발을 클릭했더니 고양이가 '네 키는 몇 m니?'라고 묻네요! 참 신기하죠? 고양이가 '야옹〜'이라고 안하고 키가 몇 m냐고 물어보니까요! 하하!
그리고 화면 밑에 새로운 입력 창이 하나 생긴 것을 볼 수 있어요. 이 파란 상자 안에 고양이가 물어본 값을 넣어 주면 '키' 변수에 저장되는 거에요. 은비의 키는 1.4m(140cm)니까 1.4를 입력해 볼까요? 1.4라고 입력한 다음 오른쪽에 있는 동그란 파란색 버튼을 눌러주세요.

07 파란 버튼을 눌렀더니 '키' 변수에 1.4라는 값이 저장된 것을 볼 수 있죠? 그리고 고양이가 '네 몸무는 몇 kg니?'라고 물어보고 있어요. 그 다음 질문을 하는 것이죠. 질문에 대답을 해주어야겠죠? 은비의 몸무게가 40kg니까 40을 입력해 줄 거에요.

08 이제 잘 되는 것을 확인했으니 스크래치 블록을 마저 완성해야겠죠? 입력받은 키와 몸무게를 가지고 BMI 지수를 계산할거에요. BMI 지수는 몸무게를 키의 제곱으로 나누어서 구할 수 있었어요. 제곱은 두 번 곱한다는 뜻이에요. 따라서 BMI 지수는,

몸무게÷(키×키)

의 공식으로 구할 수 있어요. 컴퓨터에서 나눗셈은 키보드에서 오른쪽 Shift 키 옆에 있는 슬래쉬(Slash) 기호 / 키로 입력할 수 있어요. '÷'는 컴퓨터가 못 알아 들어요. 또, 곱하기는 '×'가 아닌 숫자 8 키에 붙어있는 * 키로 입력할 수 있어요. 컴퓨터가 똑똑한 줄 알았는데 멍청하죠? 나누기와 곱하기도 못 알아 들으니까요! 우리가 알려줘야죠 뭐! 나누기는 / 키, 곱하기는 * 키. 잊지 마세요!

몸무게 / (키 * 키)

이 공식을 넣어주기 위해 '연산'에 있는 ⬅️▶️ 버튼을 넣어주세요. 이 버튼은 나누기 버튼이겠죠? 그리고 ⬅️▶️ 버튼도 하나 넣어주세요.

09 이제 BMI 공식에 맞게 이 버튼들을 합쳐줄 거에요. 곱하기 버튼을 나누기 버튼 뒤쪽 구멍에 넣어주면 돼요!

쏙~ 들어가죠? 앞에서도 말했지만 스크래치 블록은 합칠 수 있는 것이 많으니 여러분들도 이리저리 관찰하고 만들어보세요. 두 블록을 합치면,  요렇게 된답니다.

10 이제 키와 몸무게를 넣어줄까요?
'데이터'에 있는 '키'와 '몸무게' 버튼을 꺼내주세요. 대신 '키' 버튼은 두 번 곱해주어야 하기 때문에 두 개를 꺼내주세요. 그리고 키와 몸무게 버튼을 위에서 만든 연산 버튼들과 합쳐주면!

짠~! 이렇게 된답니다. 잘 합쳐졌죠? 이 블록들은 하나의 기능을 하지만 무려 다섯 개의 블록이 합쳐져서 만들어진 블록이랍니다. 참 놀랍죠?

11 마지막으로 BMI 공식에 맞게 만든 블록을 변수 BMI에 넣어주세요.

12 이제 고양이가 BMI 지수를 말할 수 있도록 해줄 거에요.
'형태'에 있는 'Hello! 말하기' 버튼을 꺼내주세요. 그리고 '연산'에 있는 'hello 와 world 결합하기'버튼도 꺼내주세요.
'Hello! 말하기' 버튼에서 Hello! 자리에 'hello 와 world 결합하기' 버튼을 넣어주세요.

13 그럼 'hello'와 'wolrd'를 결합해서 'hello world'라고 말하게 돼요. 만약 'wolrd'를 'korea'로 바꿔주면, 'hello korea'라고 대답하는 거에요. 우리는 hello 자리에 'BMI 지수는'이라고 써 넣을 거에요. 그리고 'world' 자리에 아까 만든 변수 BMI 블록을 넣어주세요.

14 이제 모든 블록들이 완성되었어요!
초록 깃발을 클릭했을 때, '네 키는 몇 m니?' 라고 묻고, 대답을 변수 키로 정해줘요.
마찬가지로 '그럼 네 몸무게는 몇 kg니?'라고 묻고, 대답을 변수 몸무게로 정해 주는 것이죠.
이렇게 입력 받은 몸무게와 키를 가지고 변수 BMI에 공식에 맞게 넣어준 다음, 스크래치 고양이가 BMI지수를 말하게 해주는 것이죠!

15 초록 깃발을 누르면 고양이가 '네 키는 몇 m니?'
라고 물을 거에요. 키를 입력해주면,
'그럼 네 몸무게는 몇 kg니?'라고 물어볼 거에요. 몸무
게까지 입력해주면,
BMI 지수를 계산해서
'네 BMI 지수는 ○○'라고 대답해주는 거에요. 참 쉽죠?

은비의 BMI 지수는 약 20.4 이네요. 보통 체중이죠?
스크래치 고양이가 알려주었어요!

우리가 배웠던 것을 스크래치로 만들어보니 참 재미있지요? 여러분도 스크래치로 BMI 계산하는 프로그램을 만들어서 엄마, 아빠, 형, 누나, 동생, 선생님, 친구들과 계산하는 놀이를 해보세요!
BMI 지수가 높게 나오더라도 걱정하지 말구요! 어렸을 때 찐 살은 다 키로 간답니다. 지금 통통하다고 해서 걱정 마세요. 키로 쑥 쑥 올라갈 테니까요.
BMI 지수가 낮게 나온 친구들은 편식하지 말구 밥도 많이 먹고 운동도 많이 해야 돼요. 알겠죠?

QR코드를 통해 동영상 강좌를 보실 수 있습니다.

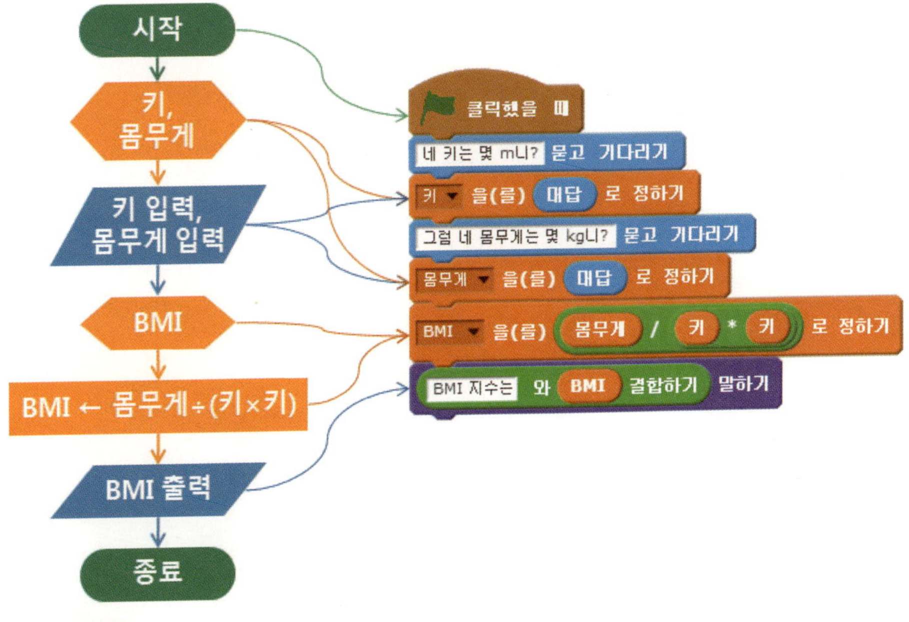

▲ 한 눈에 보기

조건문

 갈림길이 나타났다옹! – 조건문의 개념

조건문(IF문)이란, 어떤 상황에 대해 조건을 주고 그 조건이 '맞냐', '아니냐'를 판별하는 것이에요. 예를 들어 볼까요?

오늘 날짜가 12월 25일일 때, '오늘이 크리스마스가 맞느냐?'라고 물어봤어요. 이 물음에 대답은 뭘까요? 당연히 '맞다.'겠지요? 12월 25일은 크리스마스니까요! 하지만 같은 질문이라도 12월 26일에 물어봤을 땐, 대답이 '아니다.'가 되겠지요?
12월 25일이라는 상황과 크리스마스라는 조건에 대해서 상황과 조건이 일치해야만 '맞다.'라고 할 수 있는 것이에요. 참 쉽죠?

상황과 조건은 언제든지 변할 수 있으니까, 항상 상황과 조건을 생각하는 것이 중요해요.
예를 들어 볼까요?

'이 사과는 빨간색인가?'
라는 조건이 있어요. 이 조건에 대한 대답은 무엇일까요?
이 사과는 빨간색이 맞기 때문에 '예.'라고 대답할 수 있겠죠?
하지만 세상에는 빨간색 사과만 있는게 아니에요!

다시,
'이 사과는 빨간색인가?'
라고 물어봤을 때,
이 사과는 초록색이기 때문에 '빨간색인가?'라는 질문에 '아니오'라고 해야 되겠죠?
참고로 저는 빨간 사과보다 초록색 사과를 좋아해요. 초록색 사과를 '아오리'라고 하는데, 푸르다의 일본어 아오이와 사과의 일본어 링고가 합쳐진 일본말이에요. 쓰면 안되겠죠? '풋사과'라는 우리말이 있으니까요!
아무튼, 이처럼 조건이 같아도 상황이 달라지면 대답 또한 달라질 수 있어요. 반대로 상황이 같아도 조건이 달라지면 대답 또한 달라지겠지요?

이 사과 그림에 대한 조건으로 '이 사과는 빨간색인가?'라고 물어 봤을 때, '예.'라고 대답할 수 있을 거에요. 하지만 '이 사과는 초록색인가?'라고 조건을 바꾸면 대답은 '아니오.'가 되겠지요?

조건문은 주어진 상황과 조건을 아는 것이 첫 번째이고, 그 다음 조건이 맞는지, 아닌지 판별해야 돼요! 이것이 가장 중요하답니다! 참 쉽죠?

순서도에서 조건문은 어떻게 표현될까요? 바로 '마름모' 모양의 상자로 표현된답니다!

조건문이 마름모 모양의 상자로 표현할 수 있어요. 왜 하필 마름모 모양일까요? 가장 위에 있는 꼭지점으로 순서도의 흐름이 들어와서 나머지 꼭지점으로 나갈 수 있기 때문이죠. 조건문은 하나의 흐름이 두 갈래로 나뉘는 갈림길 같은 것이에요.

갈림길에서 길이 나뉘는 것처럼, 조건문에서 순서도의 흐름이 나뉘는 것이죠.

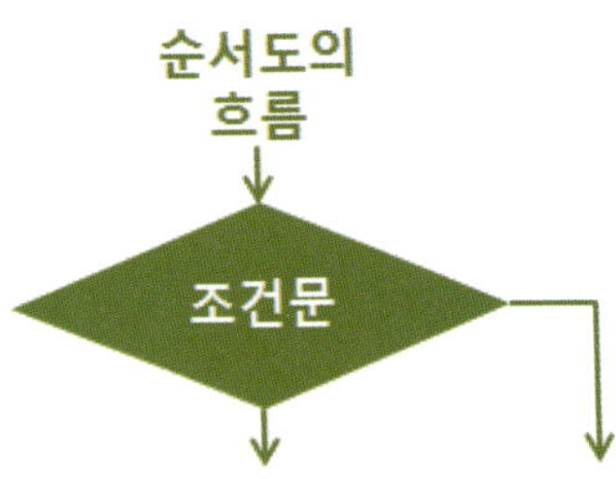

그렇다면, 조건문의 갈림길은 어떻게 정해지는 것일까요?
그게 바로 우리가 할 일 입니다! 우리가 조건문의 조건을 만들어 주는 것이죠.
조건문의 조건을 정해준 다음, 그 조건이 맞는다면 '예'로, 맞지 않는다면 '아니오'로 가는 것이에요.
보통 조건문의 조건이 맞는다면(IF)과 틀린다면(ELSE)이라고 해요.

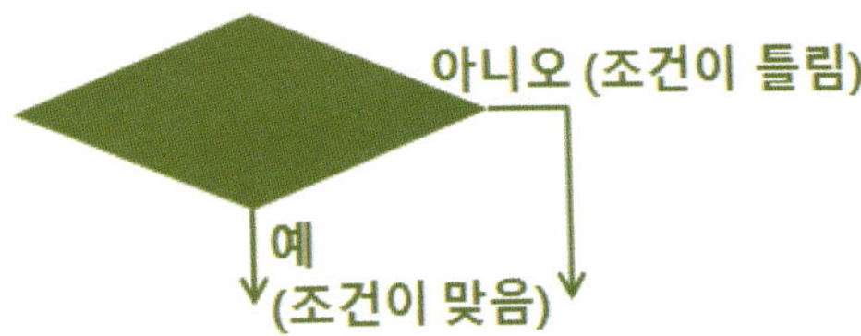

조건문에 들어갈 조건은 우리가 정해줄 수 있어요. 정하고 싶은 조건을 넣으면 되는 것이죠. 보통, 조건이 맞을 경우 마름모의 아래쪽에 있는 꼭지점으로, 조건이 틀릴 경우 조건문의 오른쪽에 있는 꼭지점으로 나가게 돼요.

하지만 이것은 '예'와 '아니오'의 위치에 따라 달라질 수 있어요. 하지만 보통은 아래가 '예', 오른쪽이 '아니오'랍니다.

또, 조건문은 크게 두 가지 종류로 나눌 수 있어요.

하나의 조건이 맞을 때, 아닐 때 각각 처리되는 과정이 있는 조건문과

하나의 조건이 맞을 때만 처리되는 과정이 있는 조건문이지요.

쉽게 말해서, 첫 번째 조건문은 '조건이 맞을 때 이걸 하고, 틀릴 때 저걸 해라.'라고 정해주는 거에요.

하지만 두 번째 조건문은 '조건이 맞을 때만 이걸 해.'라고 정해주는 섯이죠. 어떤 차이가 있는지 순서도를 통해 알아 볼까요?

먼저 첫 번째 조건문이에요.

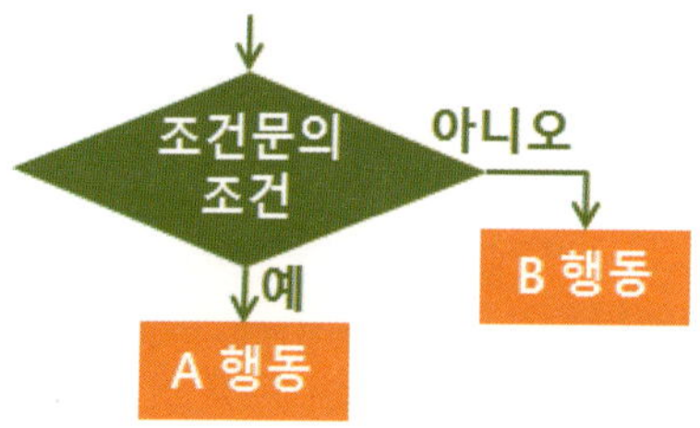

이 조건문은 조건문의 조건이 맞을 때 'A 행동'을 하는 것이고, 조건문의 조건이 틀릴 때 'B 행동'을 하는 것이에요. 어렵지 않죠?

만약 조건문의 조건이 '우유가 상했는가?'라고 할 때, 'A 행동'은 우유를 버리는 것이 될 것이고, 'B 행동'은 우유를 마시는 행동이 될 수 있겠죠?

두 번째 조건문을 볼게요.

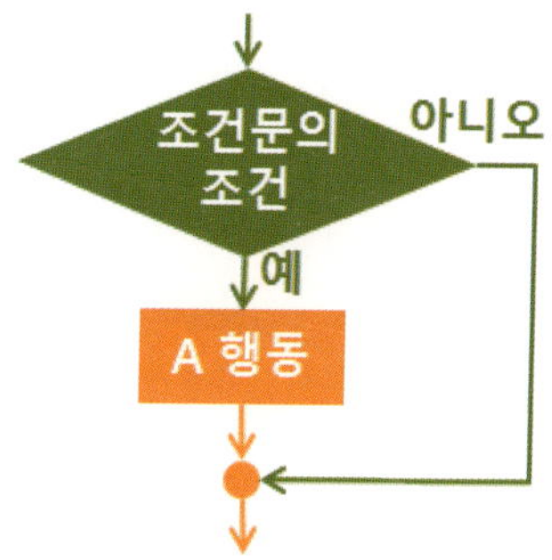

이 조건문은 조건문의 조건이 맞을 때만 'A 행동'을 하는 것이에요. 조건문이 틀릴 땐 아무 행동도 하지 않는 것이에요. 'A 행동'을 무시하고 뛰어 넘어 버리는 거죠.

만약 '비가 오는가?'라는 조건이 있다면, 'A 행동'은 우산을 쓰는 것이 될 수 있겠죠? 조건이 틀리면 A라는 행동을 하지 않는 것이죠. 참 쉽죠?

첫 번째 조건문이 A라는 역과 B라는 역으로 가는 갈림길이 나누어져 있는 조건문이라면,

두 번째 조건문은 A라는 역으로 가는 길만 있는 조건문인 것이죠.

이제 조건문을 순서도로 만들어 볼까요?

부모님 또는 할아버지, 할머니와 같이 식사를 할 땐 어떻게 해야 될까요?
어른들이 먼저 수저를 들지도 않았는데 먼저 밥을 먹으면 될까요? 안될까요?
안되겠죠? 우리나라의 식사예절은 어른들이 먼저 드신 다음, 아랫사람이 먹는 것이에요. 우리 여러분들도 부모님이 먼저 드신 다음에 밥을 먹고 있지요?

이 식사 예절을 조건문으로 만들어 볼까요?
가장 먼저 조건이 필요해요. 조건은 내가 마음대로 정해줄 수 있어요. 조건문은 내가 정한 조건이 맞는다고 가정한 다음 진행해야 돼요. 내가 정한 조건이 맞았을 때 '예'로, 틀렸을 때 '아니오'로 가는 것이죠.

식사 예절에서 조건은 어떻게 정할 수 있을까요?
'어른이 먼저 드셨는가?'라고 정할 수 있겠죠.
만약 이 조건이 맞는다면 아랫사람도 수저를 들 수 있는 것이고,
만약 이 조건이 틀린다면 아랫사람은 어른이 먼저 드실 때까지 기다려야 하는 것이죠.

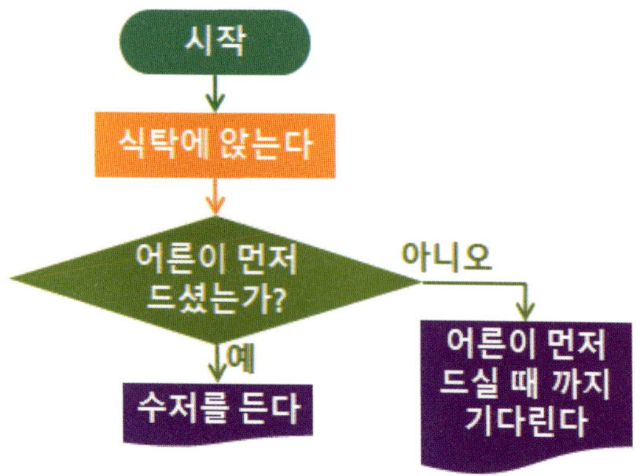

조건문을 순서도를 통해 표현해 보니 엄청 보기 쉽지요? 말로 하는 것보다 순서도를 이용하면 훨씬 보기 쉬워요. 그래서 순서도로 표현하는 것이지요.

이제 다른 상황을 순서도로 만들어 볼까요?
길을 건널 땐, 횡단보도에서 신호를 기다렸다가 초록불로 바뀌면 건너지요?
이 상황을 순서도로 만들어 볼게요.

먼저 횡단보도로 간 다음 신호등을 확인할 거에요.
만약 신호등이 초록불이라면 횡단보도를 건너도 되는 것이고,
만약 신호등이 초록불이 아니라면 횡단보도를 건너면 안되겠죠?

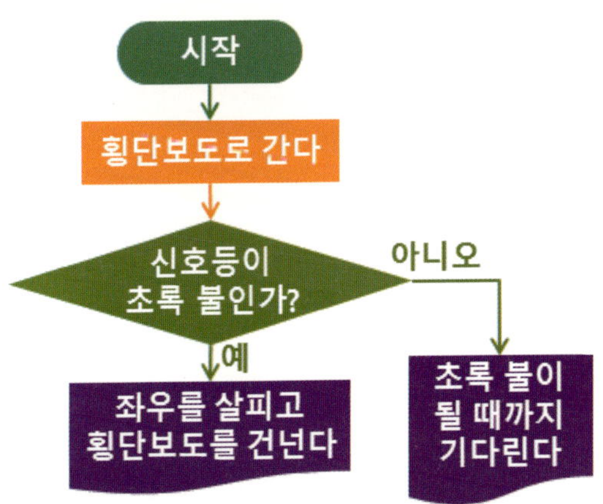

여기서 조건은 '신호등이 초록불인가?'라는 것이에요. 이 조건이 맞을 경우 좌우를 잘 살피고 횡단보도를 건너면 되고, 이 조건이 맞지 않을 경우 초록불이 될 때까지 기다리는 것이죠.

여기서 잠깐 장난을 쳐 볼까요? 이 조건문의 조건에서 '초록불'을 '빨간불'로 바꿔 볼게요. 조건이 '신호등이 초록불인가?'에서 '신호등이 빨간불인가?'로 바뀐 것이죠.

여러분, 신호등이 빨간불일 때 횡단보도를 건너야 될까요? 말아야 될까요?
절대 안되죠!? 건너면 안돼요! 차가 없어도 건너면 안돼요! 갑자기 튀어나올 수 있으니까요!

조건문의 조건이 바뀌었기 때문에 조건문에 따른 결과도 달라져야 돼요.
원래는 조건이 맞는디면 횡단보도를 건너는 것이었지만, 이번에는 조건이 맞는다면 횡단보도를 건너면 안 되는 것이죠.

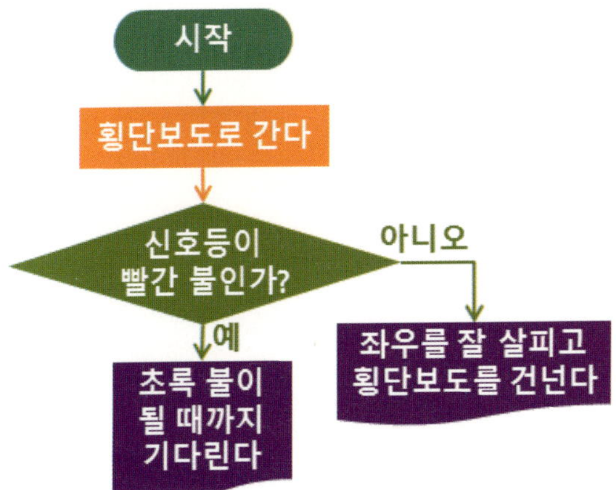

조건에 따라 예와 아니오가 바뀔 수 있다는 점 명심해야 돼요. 빨간불에 횡단보도를 건넜다간 큰 사고가 날 수 있으니까요!

이제 다시 초록불의 조건으로 돌아올게요.

그런데 여러분, 횡단보도의 신호등이 초록불이라고 해서 무조건 건너면 될까요?
안돼요! 왜? 깜빡일 수 있으니까요! 초록불이 깜빡깜빡 하면 절대 건너면 안되겠죠? 횡단보도를 건너는 도중에 빨간불이 될 수 있으니까요. 따라서 우리는 새로운 조건을 만들어줘야 돼요.

첫 번째 조건은 '신호등이 초록불인가?'였죠? 이제 첫 번째 조건에 이어 두 번째 조건을 만들어줘야하는 것이죠. 조건문이 하나 더 추가되는 거에요.
두 번째 조건은 '신호등이 깜빡이는가?'가 될 수 있어요.
만약 신호등이 초록불이더라도, 깜빡이고 있다면 횡단보도를 건널 수 없으니까요!
조건문에 조건문을 더해주는 것이죠.

한 번 순서도로 만들어 볼까요?
일단 처음에 만들었던 조건은 그대로 둘 거에요. '신호등이 초록불인가?'라는 조건이죠. 이 조건이 틀렸다면 횡단보도를 건널 수 없겠죠?
하지만 이 조건이 맞는다면? 여기서 조건을 하나 더 만들어 주는 것이죠. 신호등이 초록불이더라도 깜빡이고 있다면 횡단보도를 건널 수 없으니까요.
'신호등이 깜빡이는가?'라는 조건이 맞는다면 다음 신호를 기다려야 되고, 이 조건이 맞지 않다면 좌우를 잘 살피고 횡단보도를 건너면 돼요. 신호등의 불이 초록불인데 깜빡이지 않으니까요!

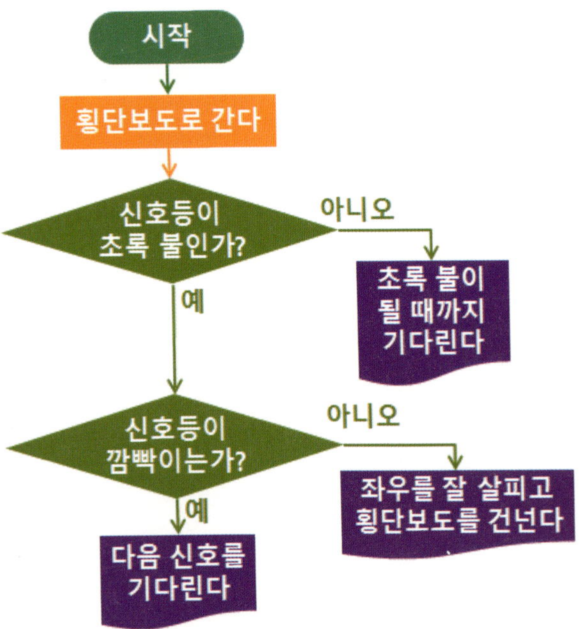

어때요? 말로 하는 것보다 순서도로 나타내는 것이 훨씬 쉽죠? 조건문이 두 개나 들어갔는데도 말이에요!

이제 조건문에 대해 잘 아시겠죠?
갈림길이라고 생각하면 쉬워요.

그런데! 이상한 조건문이 하나 있어요.
바로 조건이 맞을 때까지 계속 반복하는 조건문이에요.

예를 들어 볼까요?
여러분의 방이 너무 지저분해서 엄마가 방 청소를 시키셨어요. 여러분은 청소를 빨리 끝내고 놀고 싶은 마음에 대충대충 방을 치웠죠. 방을 다 치운 다음에 '엄마~ 청소 다 했어요!'라고 했어요. 그 다음에 엄마가 와서 여러분의 방을 스윽 보시고선 '다시 해! 여기 의자 밑에 먼지가 얼마나 많니! 저기 구석에 쓰레기도 있고! 제대로 다시 해!'라고 하신 거죠. 하는 수 없이 여러분은 다시 청소를 하게 되었어요. 이번에는 열심히 잘 했다고 생각했지만, '책상 정리는 안 하니? 교과서랑 학용품 정리도 하고!'라고 하셨지요. 윽. 여러분은 다시 한 번 청소를 할 수 밖에 없어요.
언제까지? 엄마가 깨끗하다고 하실 때까지! 청소를 계속 해야 되는 것이죠!
이것이 바로 조건문이 반복되는 상황이에요.

여기서 조건은 무엇이 될까요? 바로, '엄마가 깨끗하다고 하시는가?'라는 것이 조건이에요. 엄마가 방이 깨끗하다고 하시면 청소를 끝내도 되지만, 아니라면 다시 청소를 해야 하는 것이죠. 이것을 순서도로 나타내 볼까요?

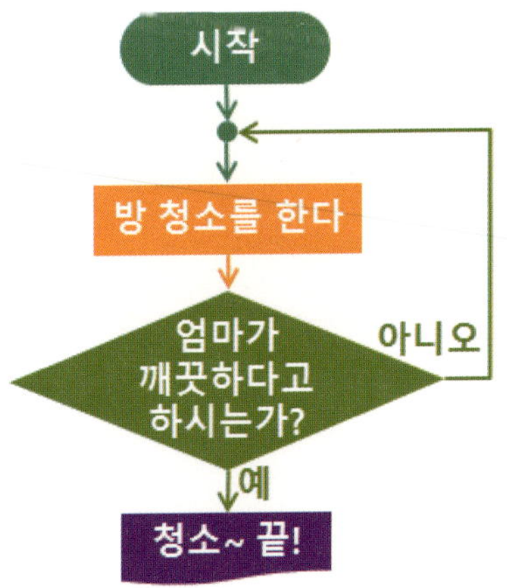

순서도를 보니 단 번에 이해가 되죠? '엄마가 깨끗하다고 하시는가?'라는 조건이 맞아야만 청소를 끝낼 수 있고, 그렇지 않다면 또 한 번 청소를 해야 하는 것이죠.

이것이 조건문을 통한 반복문이에요. 어렵지 않죠? 반복문에 대해서는 나중에 따로 다시 한 번 배울거에요. 조건문과 반복문을 사용하면 엄청난 것들을 만들 수 있답니다! 마치 가장 멋진 퍼즐 조각을 얻는 셈이죠. 참 신나겠지요?

스크래치에서는 조건문을 어떻게 만들 수 있을까요?

01 먼저 '제어'에 있는 조건문 블록을 볼까요?

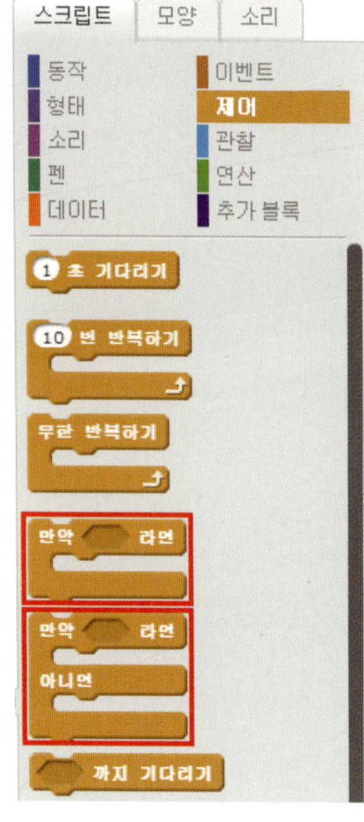

02 이 두 가지 블록이 조건문을 만들 수 있는 블록이에요. 먼저,

블록을 볼까요?

이 조건문 블록을 보면 육각형 모양의 홈이 파여져 있어요. 이 부분에 조건문에 들어갈 조건을 넣을 수 있는 것이죠. 조건문의 조건은 '연산'에 있는 블록을 통해 만들 수 있어요.
'연산'에 있는 블록 중에 육각형 모양의 블록들은 전부 다 조건문의 조건이 될 수 있어요.

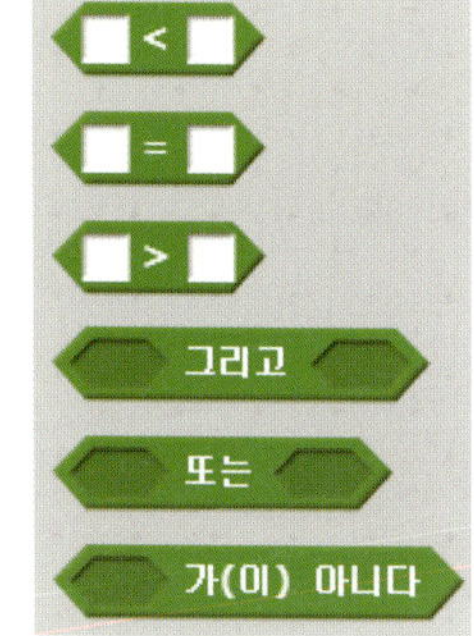

이 여섯 개의 블록을 통해 조건문의 조건을 만들 수 있는 것이죠. 각 블록은 모양만 봐도 무슨 뜻인지 알겠죠? 그래도 설명해보면,

▨ < ▨	왼쪽에 있는 값이 오른쪽에 있는 값보다 작다.
▨ = ▨	왼쪽에 있는 값과 오른쪽에 있는 값이 같다.
▨ > ▨	왼쪽에 있는 값이 오른쪽에 있는 값보다 크다.
그리고	왼쪽과 오른쪽의 조건을 동시에 만족하는 경우
또는	왼쪽과 오른쪽의 조건 중 하나라도 만족하는 경우
가(이) 아니다	조건을 만족하지 않는 경우

03 이 조건들을 통해 조건문을 만들 수 있어요. 한 번 만들어 볼까요?

만약 우유가 상했다면 우유를 버리고, 상하지 않았다면 우유를 마시는 조건문을 만들어 볼게요.

먼저 조건문의 조건부터 만들어 줄까요? 우유가 상한 것이 이 조건문의 조건이에요.

이제 이 조건을 조건문에 넣어주면 돼요.

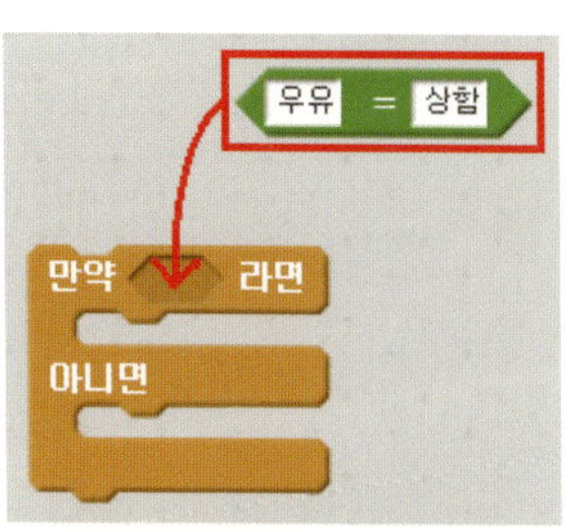

우유가 상했다는 조건을 조건문에 넣어주면 조건문의 틀이 갖추어지는 것이죠.

04 이제 우유가 상했다면 스크래치 고양이가 '우유를 버려!'라고 말하고, 우유가 상하지 않았다면 '우유를 마셔!'라고 말하는 블록을 넣어볼게요.

이 블록들을 합치면 우유가 상했다는 조건을 가진 조건문이 생기는 것이죠. 이 조건문이 맞는다면 우유를 버리는 것이고, 틀린다면 우유를 마시는 것이죠.

05 이제 또 다른 조건문을 사용해서 조건문을 만들어 볼까요? 조건문에 맞는 것만 있는 조건문 말이에요.
만약 비가 오는 날씨라면 우산을 쓰고, 비가 오지 않는다면 아무것도 하지 않는 조건문이죠.
조건은 [날씨 = 비] 로 만들 수 있어요. 비가 온다면 우산을 써야 하기 때문에 조건이 맞을 때 스크래치 고양이가 '우산을 써!'라고 말하면 되는 것이죠.

이제 조건문이 완성되었어요. 비가 온다는 것이 조건이고, 조건이 맞을 때 우산을 쓰는 것이죠. 하지만 조건이 맞지 않다면 아무것도 하지 않아요.

조건문 블록에 대해 알아 보았어요. 어렵지 않죠? 이제 간단한 조건문 스크립트를 만들어볼게요.

01 먼저 '홍진호'라는 변수를 만들어 주세요.

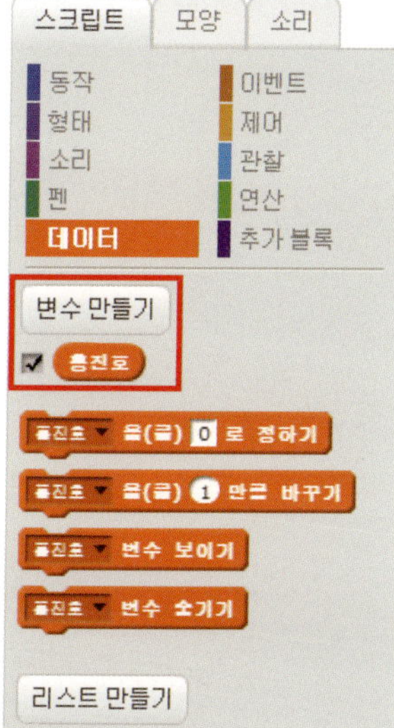

02 그리고 이 '홍진호' 변수에 어떤 숫자가 담겨 있는지에 따라 조건문이 어떻게 동작하는지 살펴볼 거에요.
깃발을 클릭했을 때 '홍진호'를 '2'로 정해주세요.

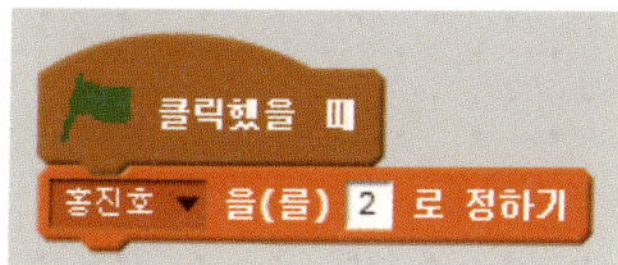

03 이제 홍진호에 2가 들어있는 것이 맞는지, 아닌지 판별하는 조건문을 넣어줄 거에요. '제어'에 있는

블록을 찾아서 넣어주세요. 이 블록은, 만약 안에 조건이 맞는다면 맞을 때 동작의 블록을 실행하고, 아니라면 아닐 때 동작하는 블록을 실행하는 블록이에요.

05 이 조건이 맞는다면 고양이가 '예'라고 말하고, 아니라면 '아니오'라고 말하게 하고 싶어요. 어떻게 하면 될까요? '동작'에 있는 Hello! 말하기 블록을 이용하면 돼요. 'Hello!'를 '예'와 '아니오'로 바꿔서 아래와 같은 블록을 완성해 주세요.

블록을 차례대로 살펴볼게요. 맨 위에 있는 블록부터, 깃발을 클릭했을 때 '홍진호' 변수에 담겨있는 값을 2로 정해줘요.
만약 '홍진호' 변수에 담겨있는 숫자가 2가 맞는다면 '예',
아니라면 '아니오'라고 말하는 거에요.
참 쉽죠?

04 이제 조건을 만들어 줄 거에요. 조건은 이 안에 넣어주면 돼요. 우리는 '홍진호'가 2가 맞는지 알아보기 위해 '홍진호=2'라는 조건을 넣어줄 거에요.

06 고양이가 어떻게 대답하는지 볼까요?

'예'라고 말하네요! 좌측 상단에 있는 '홍진호' 변수에 담겨있는 숫자도 '2'로 변한 것을 알 수 있어요. '홍진호' 변수에 2가 담겨 있고, '홍진호' 변수에 담겨있는 숫자가 '2'가 맞는지 물었으니, 당연히 '예'라고 대답하겠죠?

07 이번에는 '홍진호' 변수에 담겨있는 숫자를 1로 바꿔 볼게요.

하지만 조건문의 조건은 그대로 둘게요. '홍진호' 변수에 '2'가 담겨 있는지, 아닌지 물어보는 조건문 이에요.

08 이번에는 고양이가 어떻게 말하는지 볼까요?

'아니오'라고 말하네요! 당연하죠? '홍진호' 변수에는 이제 '1'이 담겨있는데 '홍진호' 변수에 '2'가 들어있냐고 물어봤으니, 당연히 '아니오'라고 대답하겠죠?

QR코드를 통해 동영상 강좌를 보실 수 있습니다.

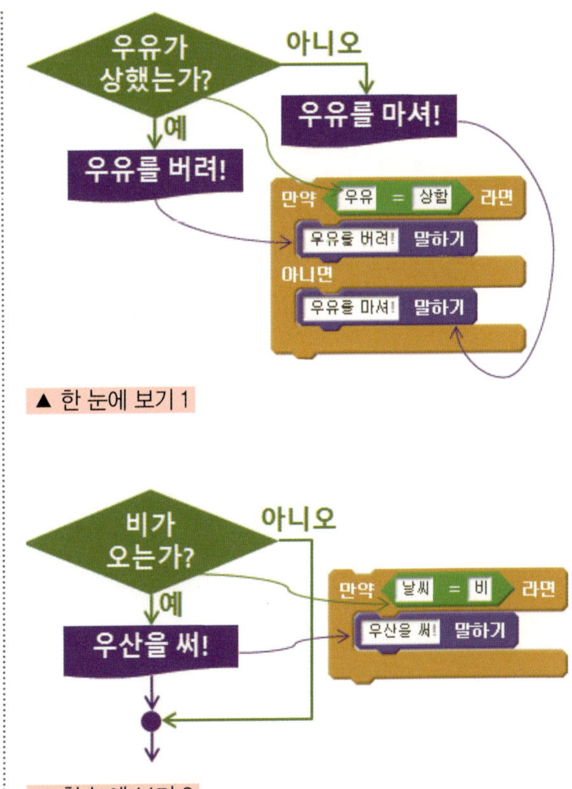

▲ 한 눈에 보기 1

▲ 한 눈에 보기 2

Unit 01 몇 층까지 가냐옹? – 엘리베이터

일상에서 만날 수 있는 조건문은 무엇이 있을까요? 바로 '엘리베이터'이지요!

요즘에는 엘리베이터는 여러 개인데 버튼은 하나인 엘리베이터가 많이 있어요. 주로 최신 건물이나 에너지를 절감하려는 건물에 있죠.

만약 엘리베이터마다 버튼이 있다면, 저같이 성질 급한 사람들은 이곳 저곳 버튼을 다 눌러놓고 기다릴 수도 있어요. 여러분들도 그런 적 있죠? 하핫. 하지만 이렇게 되면 타지 않는 엘리베이터도 움직이게 되니까 에너지가 낭비될 수 밖에 없어요.

그래서 개발자들은 에너지를 아낄 수 있는 방법을 생각했어요. 하나의 버튼으로 여러 대의 엘리베이터를 움직이는 방법이죠. 가장 효율적인 방법으로 말이에요. 과연 어떤 방법일까요?

먼저 자신의 위치를 생각해야 돼요. 1층에 있다고 가정해 볼게요.
A라는 엘리베이터와 B라는 엘리베이터가 있는데, A는 2층에, B는 5층에 있어요. 그럼 어느 엘리베이터가 자신과 가까운 엘리베이터일까요? 당연히 A 엘리베이터겠지요?

바꿔 말하면, 각각의 엘리베이터가 있는 층수와 자신이 있는 층수의 차이가 적은 엘리베이터가 자신과 가까운 엘리베이터겠지요?
A 엘리베이터는 2층에 있고, 자신은 1층에 있으니까,

$$\text{A} - \text{자신} = 2 - 1 = 1$$

차이가 1만큼 있는걸 알 수 있어요.

B 엘리베이터는 5층에 있고, 자신은 1층에 있으니까,

$$B - 자신 = 5 - 1 = 4$$

차이가 4만큼 있는걸 알 수 있지요?
1은 4보다 작은 숫자니까, A 엘리베이터가 자신과 가까운 엘리베이터겠지요! 어렵지 않죠?

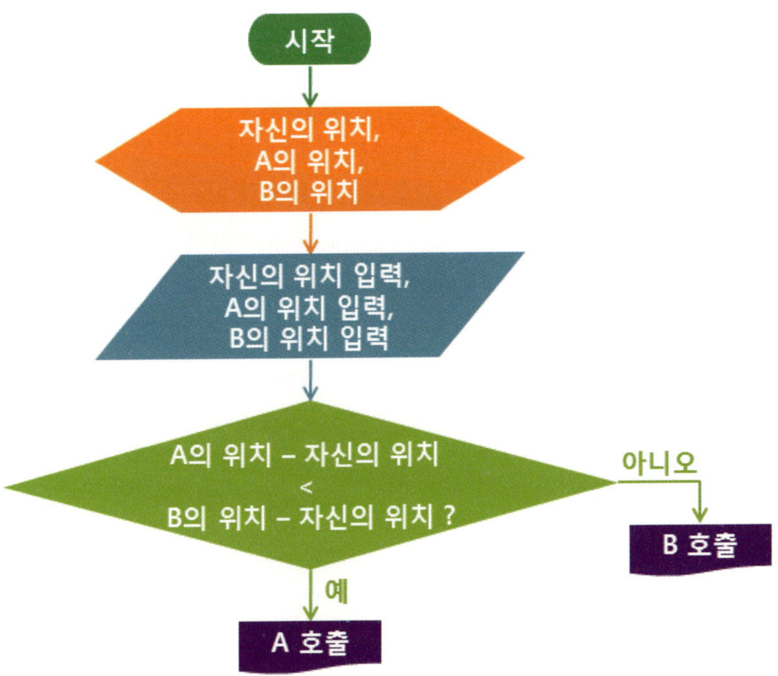

이렇게 나타낼 수 있어요. 이 알고리즘을 이용하면, 버튼을 한 번만 눌러도 나와 가까운 엘리베이터만 호출할 수 있어요.

하지만 만약, 자신의 위치가 4층이라면 어떨까요? 자신이 항상 1층에 있으리라는 보장이 없으니까요.

이전에 만들었던 알고리즘과 똑같이 엘리베이터가 있는 위치에서 자신이 있는 위치를 빼면 될까요? 한 번 해볼게요!

A 엘리베이터는 2층에 있고, 자신은 4층에 있으니까,

$$A - 자신 = 2 - 4 = -2$$

차이가 -2만큼 있는걸 알 수 있어요.

B 엘리베이터는 5층에 있고, 자신은 1층에 있으니까,

차이가 4만큼 있는걸 알 수 있지요?

어라! 분명 나는 4층에 있으니까 5층에 있는 B 엘리베이터가 자신과 가까운 엘리베이터이고, 2층에 있는 A 엘리베이터가 자신과 멀리 있는 엘리베이터인데,
1 보다 −2가 작은 숫자니까 A 엘리베이터가 자신과 가까운 걸까요? 아니죠!

이 오류는 '음수'때문에 발생하는 오류에요. 이 오류를 바로 잡으려면, '절대값 Absolute Value'이라는 개념이 필요해요. '절대값'은 음수와 양수를 부호 없이 그 값만으로 나타내는 거에요. 어렵지 않죠?

예를 들어, −2의 절대값은 |−2| 라고 나타낼 수 있고, 이 값은 마이너스 기호 없이 그냥 '2'가 되는 거예요. 2의 절대값은 |2|라고 나타낼 수 있고, 이 값 또한 그냥 '2'가 되는 것이에요. 부호와 상관 없이 값만 구하는 것이죠.

우리는 이 절대값을 이용할 거에요. 그럼 아까 만들었던 순서도를 고쳐야겠죠?

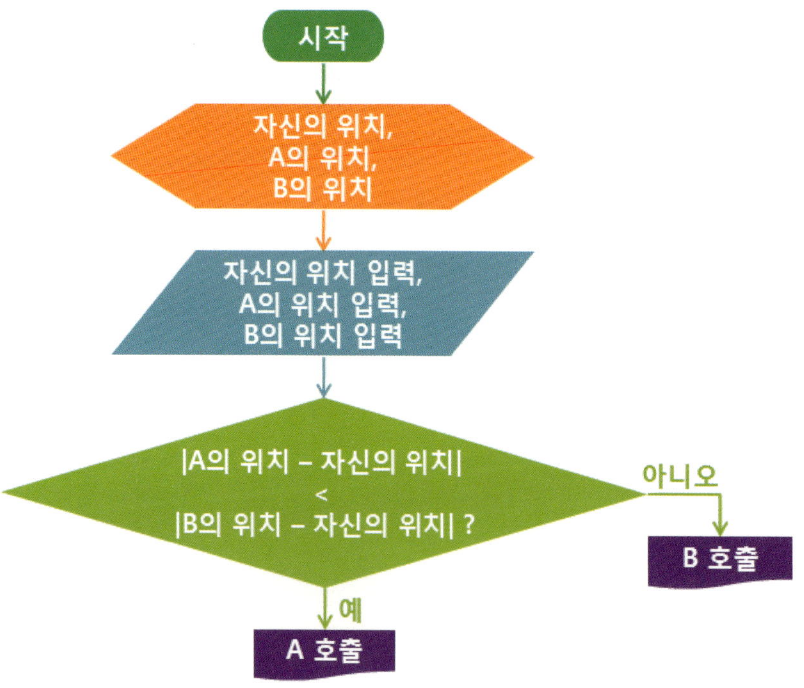

이런 식으로 고칠 수 있을 거에요. 그러면 자신의 위치가 어디에 있든, 엘리베이터의 위치가 어디에 있든, 나와 가까운 엘리베이터를 찾을 수 있을 거에요!

이제 드디어 엘리베이터 프로그램이 완성되었어요! 정말 완성되었을까요?

만약! 각각의 엘리베이터가 같은 위치만큼 떨어져있다면 어떨까요?

예를 들어, 자신은 3층에 있는데 A 엘리베이터는 1층에, B 엘리베이터는 5층에 있다면 말이에요. 그럼 어떤 엘리베이터가 움직여야 할까요?
보통은 무거운 것을 내려 놓을 때보다 들어 올릴 때 에너지를 많이 쓰지요? 생각해보세요! 무거운 짐을 들어 올릴 때와 내려 놓을 때, 어느 때 힘을 많이 쓸까요? 내려 놓을 때에요. 엘리베이터도 마찬가지에요.
자신의 위치보다 높이 있는 엘리베이터를 내려오게 하는 것이 에너지를 더 아낄 수 있는 것이죠!
따라서 엘리베이터의 차이가 서로 같다면, 나보다 아래에 있는 엘리베이터 보다 높이 있는 엘리베이터를 움직이는 것이 에너지를 절약할 수 있어요!
만약, 두 대의 엘리베이터 모두 1층에 있거나, 둘 다 5층에 있는 것과 같이 두 엘리베이터의 위치가 같다면 아무 엘리베이터나 움직이면 되겠지만요..

엘리베이터 위치에 따른 조건이 더 추가됐지요? 이걸 순서도로 나타내 볼게요!

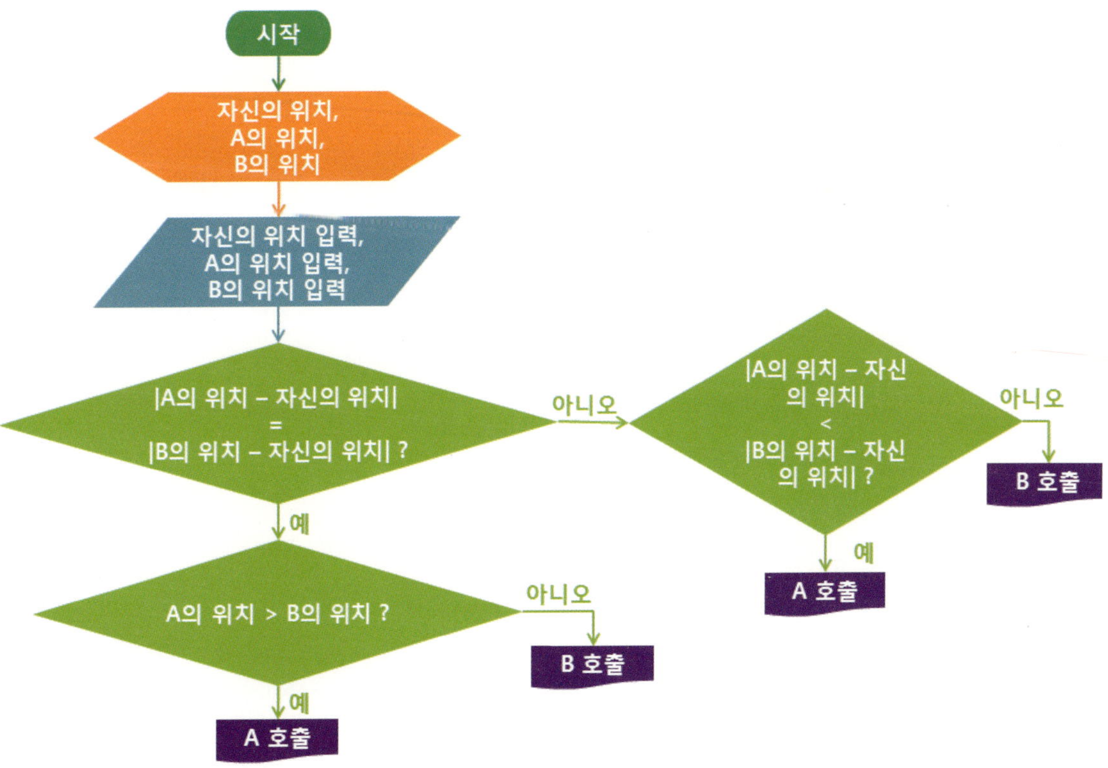

이 순서도를 잘 해석해 보면,
먼저 자신과 엘리베이터A, 엘리베이터B의 위치를 변수로 정해 놓아야 돼요. 전에 배웠듯이 변수는
'변할 수 있는 수'잖아요? 나의 위치, 엘리베이터의 위치는 변할 수 있기 때문에 이것들을 변수로 놓
는 거에요. 참 쉽죠?

그리고 나서는 나와 엘리베이터의 위치를 비교해야 하는데..
일단 두 엘리베이터와 자신의 위치의 차이를 구해야 되지요. 그 차이를 통해 어느 엘리베이터를 움직
일지 판단해야 되는데, 두 엘리베이터의 차이가 다를 수도 있지만 같을 수도 있을 거에요.
따라서 엘리베이터의 차이가 같은지, 다른지 비교해야겠지요? 차이가 다르다면 절대값이 적은 엘리
베이터를 움직이면 돼요.
하지만 차이가 같다면, 다시 한 번 비교를 해야 되지요. 만약 엘리베이터들의 위치가 같다면 아무 엘
리베이터나 움직이면 될 것이고, 엘리베이터들의 위치가 다르다면 나보다 위쪽에 있는 엘리베이터
를 움직이면 될 거에요.
참 쉽죠?

우리가 일상에서 매번 타는 엘리베이터 프로그램에도 이런 사실이 숨어있다니! 참 놀랍지요? 개발자
분들이 여러 가지 상황을 생각해서 여러분들이 편하게 엘리베이터를 이용할 수 있게 만든 거에요. 또,
에너지를 아낄 수도 있고요!

만약 이런 엘리베이터 프로그램이 개발되지 않았다면 어땠을까요?
우리는 계속해서 에너지를 낭비했을 거에요. 또, 엘리베이터 위치를 확인하고 여러 개의 버튼을 비교
하면서 눌러야 하는 불편함도 있었겠지요. 하지만 엘리베이터 프로그램 덕분에 에너지도 아끼고 불
편함도 없어지니 참 좋지요?
이처럼, 프로그래밍은 사람들의 삶을 풍요롭게 해준답니다!

01 먼저 변수들을 만들어 줄 거에요. 왜냐하면, A 엘리베이터와 B엘리베이터 그리고 내 위치를 입력받아야 하기 때문이에요. 변수 만드는 것은 일도 아니죠?

'데이터'에 있는 ' 변수 만들기' 버튼을 눌러서 변수들을 만들어주세요.

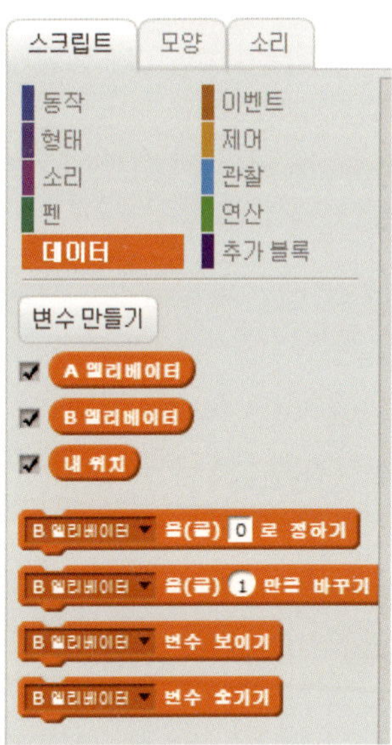

02 화면 좌측 상단에 변수들이 만들어졌어요. 항상 변수가 잘 만들어졌는지, 변수의 초기값이 무엇인지 확인하는 습관을 들여야 돼요. 각각의 변수에 초기값으로 0이 들어있는 게 보이죠?

03 변수가 잘 만들어졌으면 깃발을 클릭했을 때 각각의 변수에 값을 입력받아야 돼요. 내 위치, A 엘리베이터, B 엘리베이터 모두에 값을 넣어주세요.

04 그 다음에는 조건문의 조건을 만들어 줄 거에요.

A 엘리베이터의 위치와 내 위치를 뺀 것과
B 엘리베이터의 위치와 내 위치를 뺀 것 중에서
값이 더 작은 것이 내 위치와 가까운 엘리베이터겠죠?

따라서 A 엘리베이터가 나랑 가깝다고 가정한 다음, 조건문을 만들 거에요. A 엘리베이터가 나와 가깝다면 A 엘리베이터를 호출하는 것이고, 그렇지 않다면 B 엘리베이터를 호출하는 것이죠.

조건문은 부등호 '〈'를 써서 만들어 주세요.

05 '연산'에 있는 빼기 블록과 크기를 비교하는 블록을 꺼내주세요. 그리고 그 안에 각각의 변수를 넣어주고 합쳐주면 돼요.

06 조건이 잘 만들어졌지요? 이제 이 조건을 조건문에 넣을 거에요. '제어'에 있는 조건문을 꺼내주세요. 그리고 방금 만들었던 조건을 넣어주면 돼요. 각각에 조건에 맞는 '형태'들을 넣어주면 조건문이 완성돼요.

07 이제 우리가 만들었던 블록들을 다 합쳐주세요.

깃발을 클릭했을 때 각각의 변수들을 입력받고
A 엘리베이터와 나와 가깝다는 조건이 맞으면
A 엘리베이터를 호출하고
조건이 맞지 않다면
B 엘리베이터를 호출하면 되는 거에요. 참 쉽죠?

08 이제 변수를 직접 입력해서 고양이가 어떻게 말하는지 볼까요?
내 위치에 1을, A 엘리베이터에 3을, B 엘리베이터에 5를 입력해 볼게요.

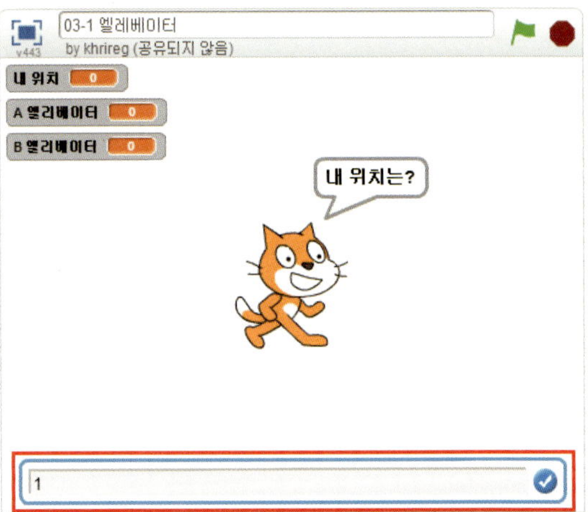

09 모두 입력했으면 좌측 상단의 입력된 데이터를 확인해 보세요.

10 내 위치는 1층이고, A 엘리베이터는 3층, B 엘리베이터는 5층이라면, 3층에 있는 A 엘리베이터가 나랑 가까운 엘리베이터겠죠? 정말 A 엘리베이터를 호출하는지 볼까요?

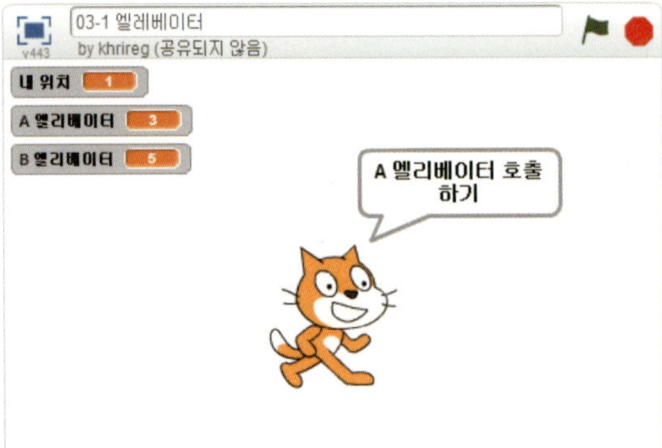

11 와우! 참 똑똑한 고양이네요! 하하!
값을 바꿔서 넣어도 고양이는 나와 가까운 엘리베이터를 호출해 줄 거예요.
하지만 내가 4층에 있고, A 엘리베이터는 2층, B 엘리베이터는 5층에 있다고 하면 어떨까요? 바로 위층에 있는 B 엘리베이터를 호출해야 맞는 것이겠죠?

13 이제 이 문제를 고쳐주기 위해 절대값을 사용하면 되겠죠?
음수의 성질을 이용해서 절대값을 구할 수 있어요.
–2를 2로 만들려면 어떻게 하면 될까요? 곱하기와 나누기를 적절하게 사용하면 된답니다!

–2를 제곱하면 얼마가 될까요? 음수는 음수끼리 곱하면 양수가 되기 때문에 –2를 두 번 곱하면 4가 되겠죠?

$$(-2) * (-2) = 4$$

이제 다시 4의 제곱근을 구하면 돼요. 어떤 수를 제곱했을 때 $\times$가 나왔다면, 어떤 수는 $\times$의 제곱근이 되는 거에요. 4는 2를 제곱하면 되니까 2는 4의 제곱근이 되겠죠? 제곱근은 루트($\sqrt{\ }$)기호를 써서 나타낼 수 있어요.

$$\sqrt{4} = 2$$

우리는 음수를 두 번 곱하면 양수가 나온다는 음수의 성질을 이용해서 –2의 절대값을 구해내었어요.

하지만, 스크래치에서는 절대값 구하는 블록을 제공해주기 때문에 위의 과정이 필요 없답니다.
'연산'에 들어가서 맨 마지막 블록을 찾아주세요. '제곱근 ▼ (9)'라는 블록에서 '제곱근 글자 오른쪽에 있는 아래 삼각형(▼) 버튼을 눌러주세요

12 하지만 멍청한 고양이는 A엘리베이터를 호출했답니다. 왜 그럴까요?
A 엘리베이터에서 내 위치를 뺀 값은 –2 이고, B 엘리베이터에서 내 위치를 뺀 값은 1 이기 대문이에요. –2는 1보다 작은 숫자이기 때문에 A 엘리베이터를 호출한 것이죠.

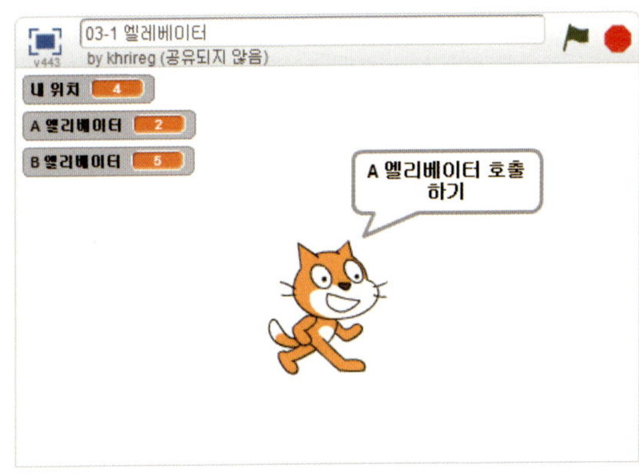

14 삼각형 버튼을 누르면 여러 가지 절대값, 바닥 함수, 천장 함수 등 여러 가지 기능들이 나올 거예요. 여기서 우리가 필요한 절대값을 눌러주세요.

15 이제 이 절대값 블록을 꺼내서 'A 엘리베이터 – 내 위치' 블록을 넣어주세요.

안으로 쏙 들어가죠! A 엘리베이터와 내 위치를 뺀 값의 절대값이란 뜻의 블록이에요.

16 B 엘리베이터도 같은 방법으로 만들어 준 다음, 조건문에 넣어주면 완성이에요!

17 블록이 좀 길어졌지만 상관 없어요! 이제 아까와 똑같은 변수 값을 입력하고, 결과가 어떻게 출력되는지 볼까요?
내 위치에 4, A 엘리베이터에 2, B 엘리베이터에 5를 입력해 볼게요. 짜잔! 아까와 다르게 B 엘리베이터를 호출하였지요! 참 신기하죠? 고양이가 똑똑해졌어요!

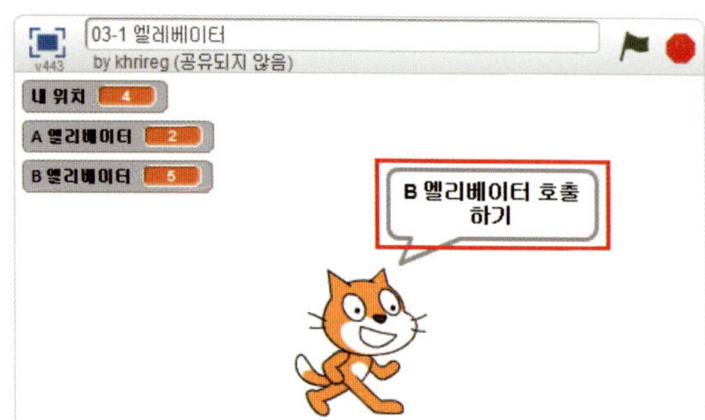

18 여기서 끝일까요? 아니죠!
두 엘리베이터의 위치가 같을 때도 생각해야겠죠? 두 엘리베이터의 차이가 같을 경우에는 위쪽에 있는 엘리베이터를 호출하면 에너지를 아낄 수 있어요. 같은 층에 있다면 아무 엘리베이터나 호출해도 상관 없구요.

정리하면,
❶ 내 위치와 두 엘리베이터 위치의 차이가 같다면 더 위쪽에 있는 엘리베이터를 호출
❷ 내 위치와 두 엘리베이터 위치의 차이가 다르다면 나와 더 가까운 엘리베이터를 호출

작성된 순서도를 바탕으로 프로그램을 만들어 볼까요?

19 블록들이 많지만 순서도를 같이 보면 어렵지 않죠?

몇 가지 숫자들을 넣어서 프로그램이 잘 작동하는지 시험해볼게요.

먼저 내 위치 1층, A가 2층 B가 3층.
이 경우에는 당연히 2층에 있는 엘리베이터를 호출해야겠죠?

20 그 다음에는 절대값이 제대로 적용되었는지 알아보기 위해,

내 위치 3층, A 1층, B 4층을 넣어줄게요.

21 그 다음에는 같은 위치에 있지만 A 엘리베이터가 더 높이 있는 경우를 시험해볼게요.
내 위치 3층, A 5층, B 1층으로 입력해볼게요.

전부 다 제대로 된 엘리베이터를 호출하네요! 고양이가 참 똑똑해졌죠?

직접 엘리베이터 프로그래밍을 해보았으니, 이 글을 읽은 다음에 엘리베이터를 타면 감회가 새롭겠죠? 하하.

QR코드를 통해 동영상 강좌를 보실 수 있습니다.

Unit 01 　내 생일은 2월 29일 이다옹! – 윤년

지구가 스스로 한 바퀴 도는 것을 자전이라고 하죠? 이것을 '하루' 혹은 날 일 (日)자를 써서 '일'이라고 하구요.
지구가 태양 주위를 한 바퀴 도는 것을 공전이라고 하죠? 이것을 '해' 혹은 해 년 (年)자를 써서 '년'이라고도 하구요.

그렇다면 일년은 며칠일까요?
너무 쉬운 질문을 했나요? '당연히 365일이지!'라고 당당히 말하는 친구가 있 다면 메롱을 날려주세요. 사실 일년은 365일 하고도 0.24일이 많은 365.24일이 랍니다. 하지만 이렇게 애매한 시간을 추가할 수 없었기에 일년을 365로 정하 고, 4년에 한번씩 돌아오는 '윤년'을 만들었지요.

윤년이란, 28일로 끝나는 2월 달을 29일로 늘려서 부족한 365일을 채워주는 해랍니다. 그래서 어떤 년도에는 2월 달이 28일까지 밖에 없고, 또 어떤 년도에는 2월 달이 29일까지 있고 하는 거에요.

'은비'라는 친구는 윤년 2월 29일에 태어나서 생일이 2월 29일이랍니다. 이 친구를 위해 언제 윤년이 돌아오는지 알아보고 싶어졌어요.

그래서 우리는 입력한 해가 윤년이 맞는지, 아닌지 판별하는 알고리즘을 만들 거에요. 재미있겠죠? 마침 이 책이 출판되는 2016년이 바로 윤년인데요, 그렇다면 윤년이 되기 위한 조건은 어떤 것이 있 을까요?

윤년이 되기 위한 첫 번째 조건은, 4의 배수이면서 100의 배수가 아니여야 해요. 4년과 8년은 윤년이 지만 100년은 윤년이 아니에요. 그렇다면 4와 100의 공배수인 200년은 어떨까요? 200년은 4의 배수 이지만 100의 배수이기도 하기 때문에 윤년이 될 수 없답니다.
두 번째 조건을 볼까요? 400의 배수가 되는 해는 100의 배수이지만 윤년이 될 수 있어요. 따라서 600 년은 윤년이 될 수 없지만, 800년은 윤년이 될 수 있답니다.

> 첫 번째 조건 = 4의 배수이면서 100의 배수가 아닌 해.
> 두 번째 조건 = 400의 배수가 되는 해

이 두 가지 조건 중 하나라도 참이라면 그 해는 윤년이 되는 거에요.

어때요? 어려워 보이나요? 하지만 조건만 생각해보면 간단하답니다!

그 전에! 우리는 학교에서 배우지 않는 새로운 연산자를 배울 거에요.
여러분들이 학교에서 배운 연산자는 더하기(+), 빼기(–), 곱하기(×) 그리고 나누기 혹은 분수(÷)
라 불리는 '사칙연산'을 배웠을 거에요. 초등학교 때 배우는 것들이죠.

오늘 우리는 나머지 연산자(%)라고 불리는 산술 연산자를 하나 더 배울 거에요. 익숙하지 않아서 그
렇지 어려운 것이 아니랍니다. 나머지 연산자는 말 그대로 나머지를 구하기 위한 연산자에요. 어떻게
보면 나눗셈이랑 비슷하죠?

나머지 연산자를 쓰는 방법은 간단합니다. 나머지를 구하고 싶은 숫자를 쓴 다음에 나머지 연산자 기
호를 그려 넣고, 그 다음에 몫을 써주면 돼요. 예를 들어, 10이란 숫자를 3으로 나눈 나머지를 알고 싶
다면,

10 % 3

이라고 쓰면 됩니다. 참 쉽죠? 10은 3으로 나누어 떨어지지 않고 1이 남으니까 나머지가 1이 되겠네
요. 20을 4로 나눈 나머지가 알고 싶다면 어떻게 하면 될까요? 20 % 4 라고 하면 되겠죠? 20은 4로 나
누어 떨어지는 숫자이기 때문에 답은 0이 될 거에요. 어렵지 않죠?

나머지 연산자는 학교에선 배우지 않지만 프로그래밍의 세계에서는 흔하게 쓰이는 연산자이니 알고
있으면 유익하답니다!

자, 이제 나머지 연산자를 배웠으니까 다시 윤년의 조건을 생각해 볼까요?

첫 번째 조건에서, 4의 배수이면서 100의 배수가 아니어야 된다고 했어요. 차근차근 살펴보죠. 먼저 4
의 배수는 어떻게 판별할 수 있을까요? 4의 배수라고 하면, 4, 8, 12, 16.. 4부터 시작해서 4를 더해 나
가는 숫자를 말하죠?
바꿔 말하면, 어떤 숫자를 4로 나누었을 때 나누어 떨어지는 수, 즉, 나머지가 0이 되는 수가 4의 배수
라고 할 수 있어요. 어떤 수를 X라고 했을 때,

X % 4 = 0

이라는 조건을 충족하는 수가 4의 배수가 되겠지요?

똑같은 원리로, 100의 배수도 알 수가 있겠네요! 어떠한 수를 100으로 나누었을 때 나누어 떨어지는 수를 100의 배수라고 할 수 있겠죠?

$$X \% 100 = 0$$

하지만 100의 배수가 되면 그 해는 윤년이 될 수 없기 때문에 우리가 필요한 조건은 '아니다.'라는 뜻의 '≠'기호가 필요해요. 따라서 어떤 수를 100으로 나누었을 때 나머지가 0이 아니어야 한답니다. 그러면,

$$X \% 100 \neq 0$$

로 나타낼 수 있는 것이죠.
이것이 윤년의 조건이 되겠죠?

그런데, 첫 번째 조건에서는 '4의 배수가 되면서 100의 배수가 되지 않는 해'라고 했으니, 두 가지 조건을 동시에 만족해야만 해요. 두 가지 조건을 동시에 만족할 때 '그리고' 혹은 'AND'라고 해요. 다 같은 뜻이죠? 'AND'를 이용해서 식을 만들면,

> 첫 번째 조건의 첫 번째 조건 : X%4=0
> 첫 번째 조건의 두 번째 조건 : X%100 ≠ 0

↓

> 첫 번째 조건의 첫 번째 조건과 첫 번째 조건의 두 번째 조건을 동시에 만족하는 것 :
> X % 4=0 AND X %100 ≠ 0

이라는 조건이 나온답니다. 말은 엄청 긴데 식으로 나타내니까 참 짧고 편리하죠? 또, 한국말을 모르는 사람이 위의 식을 보고도 이해할 수 있으니 말로 나타내는 것보다 훨씬 명확하죠!

아무튼, 첫 번째 조건을 해결했으니 두 번째 조건을 볼게요. 두 번째 조건은 첫 번째 조건보다 간단하답니다. '400의 배수가 되는 해'. 즉, 400으로 나누어 떨어지는 해가 윤년이 되는 것이죠.

$$X \% 400 = 0$$

두 번째 조건은 이것 하나 밖에 없답니다.

이제 첫 번째 조건과 두 번째 조건을 합쳐야겠지요? 윤년이 되기 위한 조건은 두 가지 조건 중 하나라도 충족한다면 윤년이 될 수 있다고 했어요. 따라서 이거 아니면 저거 라는 뜻의 '또는' 혹은 'OR'이라고 표현할 수 있어요. 또는 이라는 뜻의 'OR'을 이용해서 두 가지 조건을 합쳐볼까요?

첫 번째 조건 : X % 4=0 AND X % 100 ≠ 0
두 번째 조건 : X % 400 = 0

↓

첫 번째 조건과 두 번째 조건 중 하나라도 충족하면 되는 것 :
(X % 4 = 0 AND X % 100 ≠ 0) OR (X % 400 = 0)

어렵지 않죠? 이제 윤년이 되는 조건을 수식으로 만들었으니, X에 어떤 수를 입력받고 그 것이 '윤년'인지 아닌지 판별하는 알고리즘 또한 만들 수 있게 되었어요! X를 변수로 놓고 순서도를 그려 볼게요.

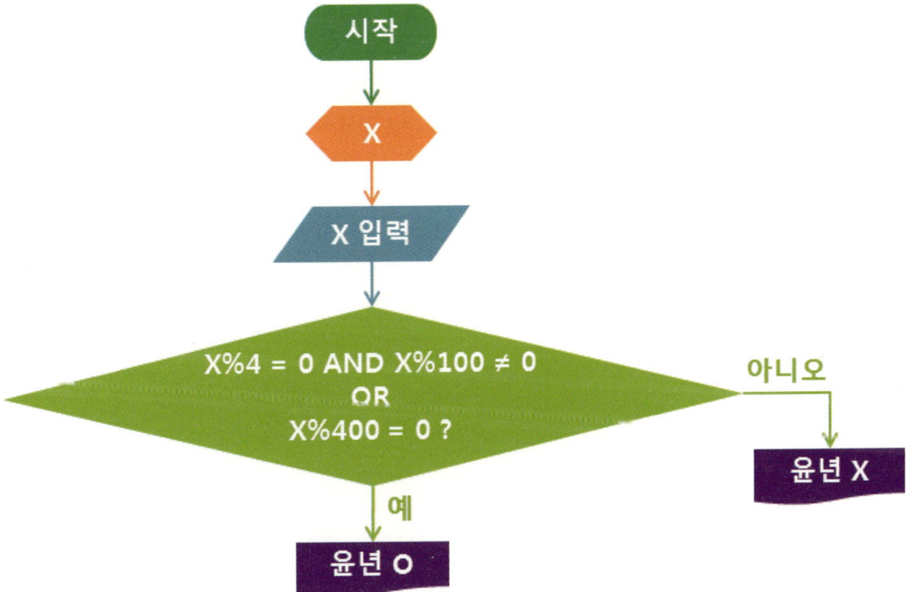

AND와 OR을 통해 여러 개의 조건을 하나의 조건으로 합칠 수 있었어요. 하지만 AND와 OR을 쓰지 않는다면 어떻게 될까요? 조건문을 무려 세 번이나 써야 한답니다. 4의 배수인지 판별하는 조건문, 100의 배수인지 판별하는 조건문, 400의 배수인지 판별하는 조건문. 이렇게 세 가지의 조건문이 필요하죠.

똑같이 입력받는 변수를 X라고 놓고 생각해 볼게요. 먼저 이 X가 4의 배수인지 아닌지 알아야 돼요. 나머지 연산자 '%'를 써서, 4로 나누어 떨어지면 4의 배수가 되겠죠? 이것이 첫 번째 관문이에요. 만약 4의 배수가 아니라면, X는 윤년이 아닌 거죠.

X % 4 = 0

두 번째 관문은 100의 배수에요.

윤년의 조건은 100의 배수이면 안된다고 했잖아요. 따라서 X가 100의 배수인지 판별해야 돼요. 만약 X가 100의 배수가 아니라면 X는 윤년이 되겠죠!

$$X \% 100 \neq 0$$

하지만 X가 100의 배수라고 해도 끝난 것이 아니에요. 100의 배수라고 해도 400의 배수일 경우엔 윤년이 될 수 있으니까요! 이것이 마지막 관문이네요. X가 400으로 나누어 떨어질 경우에는 윤년이 되는거죠!

$$X \% 400 = 0$$

이 세 가지 조건을 이용해서 순서도를 그려보면,

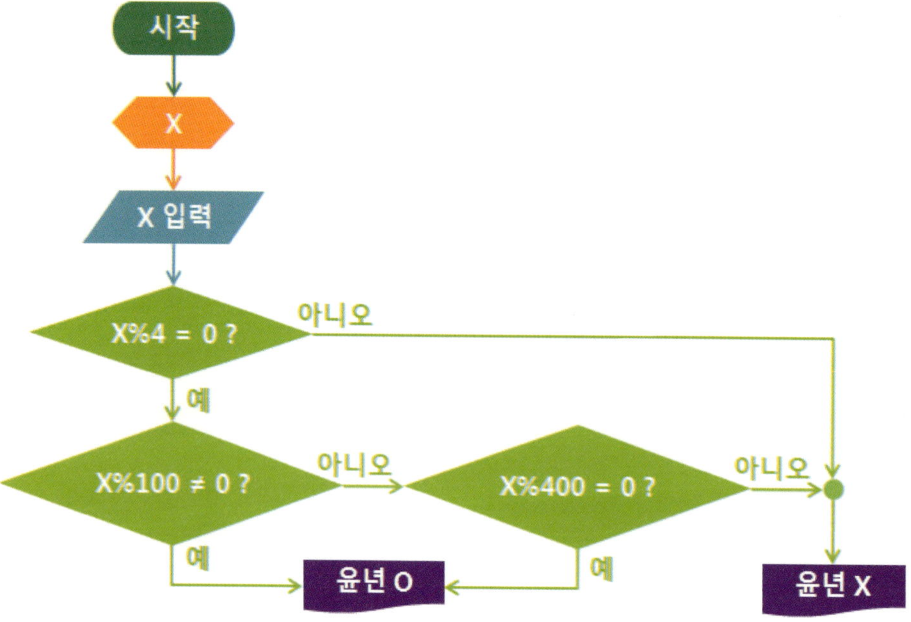

이렇게 될 거에요.

논리 연산자를 이용한 순서도 보다는 복잡해 보이죠? 하지만 그림이 많아졌다고 해서 복잡한 것은 아니랍니다. 때에 따라서는 이렇게 조건문을 많이 표현한 알고리즘이 남이 보기에는 더욱 더 좋을 수 있어요.

여러분이 기억해야 할 것은 '남이 보기 좋은 구조가 좋은 구조이다.'라는 것이에요. 짧고, 간단하고, 명료한 것만이 최선이 아니에요. 보기 편한 것이 좋은 구조임을 잊지 마세요!

마지막으로, 위의 조건들을 정리해서 가장 보기 편한 순서도를 만들어 볼게요. 이번에는 조건문을 두 번만 사용한답니다.

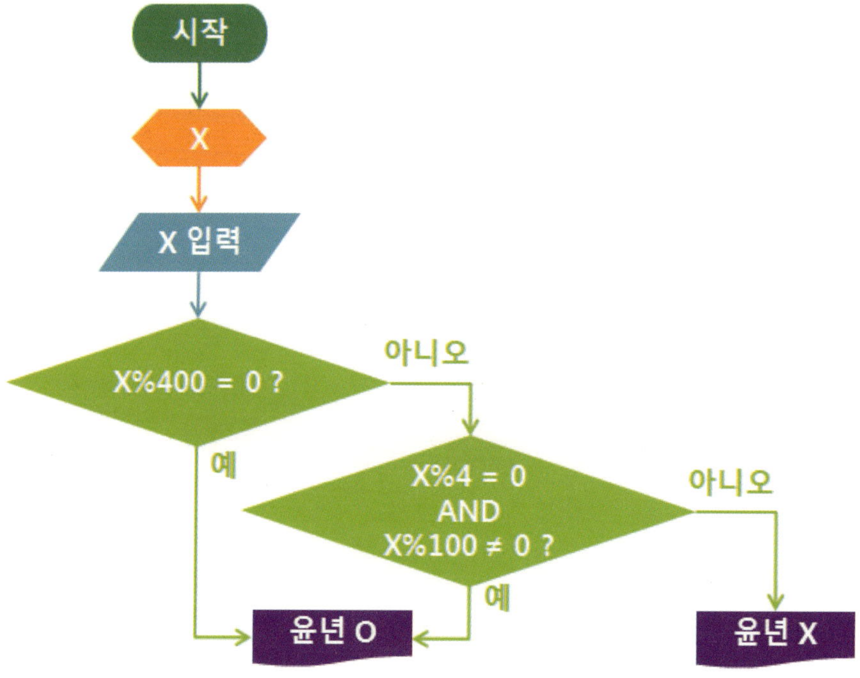

이 순서도는 위의 순서도들과 다르게 윤년의 두 번째 조건인 '400의 배수'라는 조건이 앞에 왔어요. 알고리즘을 생각할 때에는 가장 큰 것을 먼저 생각하고 세세한 부분들을 나중에 생각하는 것이 좋답니다. 두 번째 조건은 '400의 배수'라는 하나의 조건이지만, 첫 번째 조건은 '4의 배수 이면서 100의 배수가 아닐 것'이라는 복잡한 조건이기 때문에, 두 번째 조건을 먼저 넣은 것이에요.
그 다음에 첫 번째 조건들을 AND를 사용해 합친 다음, 순서도를 그린 것이에요.

세 가지 순서도 모두 내용은 같으나 표현 방법이 달라졌지요? 이것을 깨닫는 게 참 중요하답니다!
어때요? 여러분들은 세 가지 순서도 중에 무엇이 가장 좋은가? 정답은 없어요. 어떤 사람은 가장 간단한 것을 좋아할 수도 있고, 어떤 사람은 정보들을 늘어놓고 보는 것을 좋아할 수도 있어요.
여러분들이 알고리즘을 만들고, 친구들과 비교해 보면서 경험을 쌓아나가는 것 만이 좋은 알고리즘을 만들 수 있는 길이랍니다!

그런데,
생일이 2월 29일인 은비는 어떡하죠? 4년에 한 번씩 생일파티를 할까요? 궁금하네요!

2016년은 4년에 한 번 돌아오는 '윤년'이랍니다! 2월 29일이 생일인 은비를 위해 몇 년도가 윤년인지 알아보는 프로그램을 만들어 볼까요?

01 먼저 년도를 입력받기 위해 변수를 하나 만들어 주세요. 이제 변수 만드는 것은 누워서 떡 먹기죠?

02 그리고 깃발을 클릭한 다음, 'X년도' 변수에 숫자를 입력받도록 블록을 만들어 주세요. 이것도 많이 해봐서 식은 죽 먹기죠?

03 그리고 이번에는 '연산'에 있는 '●나누기 ●의 나머지' 블록을 꺼내주세요.

04 이 블록은 어떤 수를 나눴을 때 나머지를 구하는 블록이에요. 나머지 연산자 '%'와 같은 기능을 한답니다! 이제 'X년도' 변수를 나머지를 구하는 블록에 넣어주세요. 4로 나눈 나머지를 구해야겠죠?

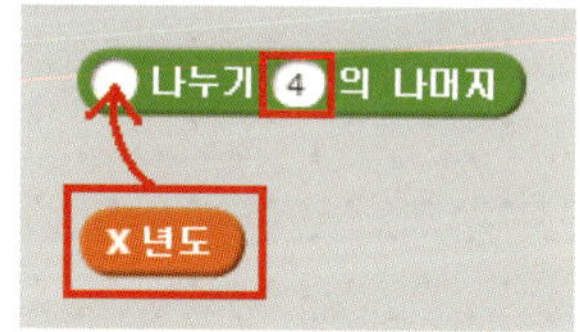

05 변수를 넣어서 나머지를 구하는 블록을 완성했어요. 참 쉽죠?

06 이제 조건문을 완성시켜 주기 위해 새로운 블록을 꺼내주어야 돼요. '연산' 블록에 있는 블록을 꺼내주세요. 이 블록은 말 그대로 '같다'라는 뜻이에요. 윤년의 조건을 다시 생각해 보면, X년도를 4로 나누어 떨어지는 것이었죠? 4의 배수 말이에요. 이 조건을 만들어줘야 해요. X년도를 4로 나누었을 때 나누어 떨어지는 것, 즉 나머지가 0이 되는 조건을 만들어 줄 거예요.

07 첫 번째 조건이 완성되었어요.

08 같은 방법으로 'X년도를 100으로 나눈 나머지가 0일 때' 블록을 만들어 주세요.

09 하지만 X년도가 윤년이 되기 위해서는 100의 배수가 되면 안되지요? 따라서 100을 나누었을 때 나누어 떨어지면 안돼요. '같지 않다.'라는 '≠'기호와 같은 뜻의 블록을 꺼내줄 거에요. '연산'에 있는 `가(이) 아니다` 블록을 꺼내주세요.

이제 이 블록을 사용해서 100의 나머지가 0이 아니라는 뜻의 블록을 만들 거에요. 앞서 만들었던 블록과 합쳐주세요!

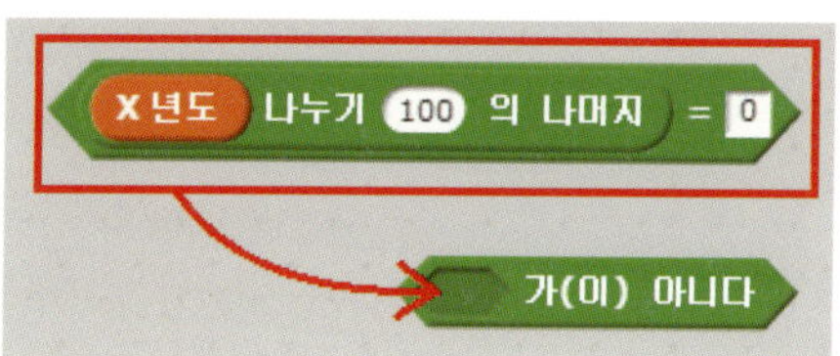

10 이제 X년도를 100으로 나누었을 때 나머지가 0이 아니라는 조건이 만들어졌어요. 이것이 윤년이 되기 위한 두 번째 조건이었죠?

11 그리고 앞서 만들었던 4의 배수가 되는 조건과 100의 배수가 아니라는 조건을 동시에 만족해야 하기 때문에 새로운 블록을 추가해줄 거에요. '연산'에 있는 `그리고` 블록을 꺼내주세요. 이 블록은 논리 연산자 'AND'와 같은 뜻의 블록이에요. 블록에 써져 있는 내용도 '그리고'라고 되어 있죠?

이제 앞서 만든 두 조건을 하나로 합쳐 줄 거에요.

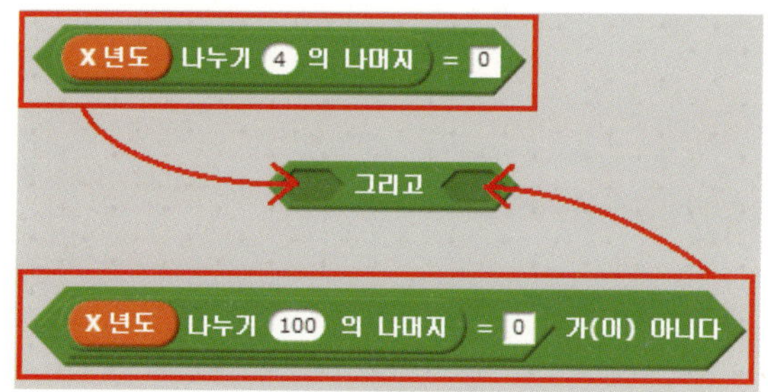

12 이렇게 되면 'X년도를 4로 나누었을 때 나머지가 0'의 조건과 'X년도를 100으로 나누었을 때 나머지가 0이 아님'의 조건이 합쳐진 거에요. '합치다', '동시에', '그리고' 다 똑같은 말이에요.

13 이제 윤년의 마지막 조건, 세 번째 조건을 볼까요? X년도를 400으로 나누었을 때 나머지가 0이 되면 되겠죠? 400의 배수 말이에요. 400으로 나누었을 때 나머지가 0의 조건이 되는 블록을 만들어 주세요.

14 이제 방금 만든 400의 배수 조건도 기존의 조건과 합쳐 줘야겠죠? 하지만 400의 배수 조건은 기존에 만들었던 4의 배수, 100의 배수가 아닌 조건과 동시에 일어나지는 않아요. 따라서 '혹은', '또는'의 뜻을 갖고 있는 블록을 사용하면 돼요. 논리 연산자 'OR'과 같죠? '**연산**'에 있는 <또는> 블록을 꺼내주세요.

이제 아까 만들었던 첫 번째, 두 번째 조건과 세 번째 조건을 하나의 조건이 되도록 합쳐줄 거에요. '또는' 블록에 넣어주면 돼요.

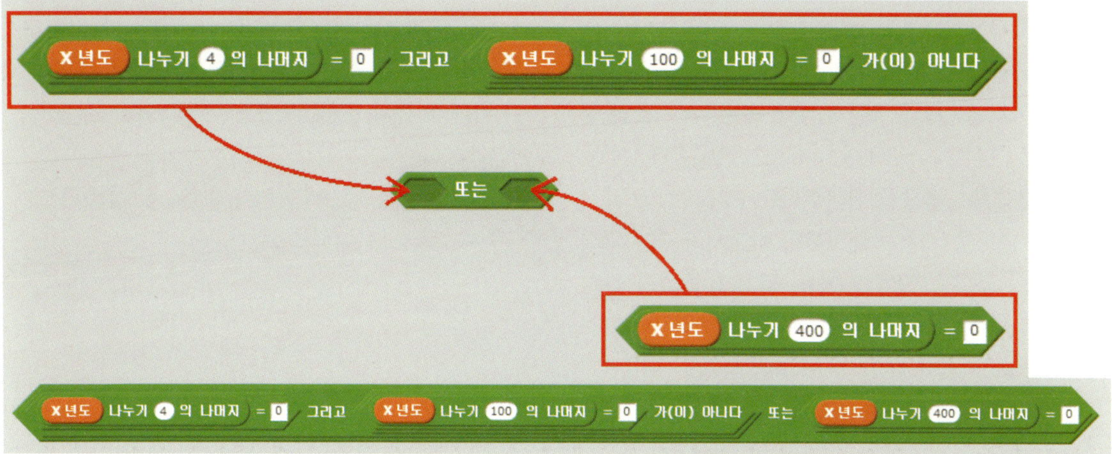

15 세 가지 조건을 하나로 합친 다음, 조건문에 넣어주세요. 세 가지 조건을 하나로 합쳤기 때문에 엄청나게 길어졌죠?

16 이제 이 조건이 맞으면 '윤년이야!'를, 아니면 '윤년이 아니야!'를 출력해 줄 거에요.

17 조건문을 맨 처음에 만들었던 블록들과 합쳐 주었어요. 깃발을 클릭했을 때 년도를 입력받고, 그 년도가 조건에 맞으면 '윤년이야!'를, 조건에 맞지 않으면 '윤년이 아니야!'를 출력해 주는 프로그램이에요.

18 프로그램이 제대로 만들어졌는지 알아보기 위해 숫자를 입력해서 확인해 볼까요?
먼저 '4년'이 윤년이 맞는지 볼까요?
'X년도' 변수에 4를 입력해 주었더니 고양이가 '윤년이야!
라고 말하네요. 똑똑하지요?

19 다음에는 100년이에요. 100년은 윤년일까요?

아니죠! 100의 배수이기 때문에 윤년이 아니에요.

20 100의 배수이지만 400의 배수인 400년은 어떨까요?

400년은 400의 배수이기 때문에 윤년이죠. 800년도 마찬가지겠지요?

21 그렇다면 올 해 2016년은 어떨까요?

윤년이네요! 올해는 윤년이네요! 올 해 2월 29일에는 은비의 생일을 축하해 줘야겠어요. 4년에 한 번씩 돌아오는 은비의 생일이니까요!

22 프로그램을 만들어 보았는데.. 뭔가 아쉽죠? 조건문 하나에 너무 많은 조건들이 들어있기 때문에요. 이 조건문을 나누어 줄 순 없을까요?

윤년이 되기 위한 조건은,
❶ X년도가 4의 배수일 것.
❷ X년도가 100의 배수가 아닐 것.
❸ X년도가 400의 배수일 것.

이 세가지 조건이 있죠?

23 이 조건들을 하나 하나 나누어 볼게요. 먼저 X년도가 4의 배수일 때 조건을 만들어 볼게요. 이 조건문이 첫 번째 관문이에요. X년도가 4의 배수일 땐 다음 관문으로 넘어가야 하지만, 4의 배수가 아니라면 그 해는 무조건 윤년이 아닌 것이죠.

24 그 다음엔 100의 배수가 아닐 때에요. X년도가 4의 배수이면서 100의 배수가 아니면 그 해는 무조건 윤년이 되겠죠?

25 하지만 4의 배수이면서 100의 배수가 아닐 때는 또 하나의 관문이 남아있어요. 만약 400의 배수일 경우 그 해는 윤년이 되는 것이죠. 이것이 마지막 관문이에요.

26 세 개의 조건을 합쳐서 프로그램을 다시 만들어 볼까요?

조건문을 세 개로 나누었기 때문에 아까 보다는 짧아졌죠?

27 하지만 조건문이 너무 많기 때문에 하나만 줄여 볼까요? 첫 번째 조건과 두 번째 조건을 합쳐 주면 되지 않을까요? 먼저 혼자 따로 노는 조건인 세 번째 조건, 'X년도를 400으로 나누었을 때 나머지가 0'의 조건으로 조건문을 만들어 줄게요. 이 조건이 맞는다면 무조건 윤년이 되겠죠?

28 그 다음엔 첫 번째 조건과 두 번째 조건을 합쳐 줄 거에요. 두 조건을 동시에 만족하게 하기 위해서는 '그리고' 블록을 쓰면 됐었죠? 아까 했던 방법이에요!

X년도를 400으로 나누었을 때 나머지가 0이 아니라면 첫 번째 조건과 두 번째 조건을 통과해야 하는 것이죠.

29 이렇게 동시에 일어나는 조건 두 개를 합쳐 준다면, 조건문을 하나 줄일 수 있어요. 어때요? 더욱 보기 좋지 않나요?

하나의 알고리즘이라도 조건문을 어떻게 배치하냐에 따라서 다른 구조를 가질 수 있어요. 집에서 학교까지 가는 길은 하나만 있는 것이 아니니까요. 문방구가 있는 길로 갈 수도 있고, 슈퍼가 있는 길로 갈 수도 있어요. 여러 가지 길 중에 선택해서 학교에 가는 것이죠.

하나의 완벽한 알고리즘이란 없기 때문에 많이 만들어 보면서 여러분만의 알고리즘을 만드는 것이 중요해요. 좋은 알고리즘이란, 다른 사람이 봤을 때도 이해가 잘 가는 알고리즘이란 것을 잊지 마시구요! 화이팅!

QR코드를 통해 동영상 강좌를 보실 수 있습니다.

Unit 01 숫자가 바뀌냐옹?! – 임시 변수로 숫자 교환하기

이번에는 변수 A에 담겨있는 숫자와 변수 B
에 담겨있는 숫자를 서로 바꿔주려고 해요.
어떻게 하면 될까요?

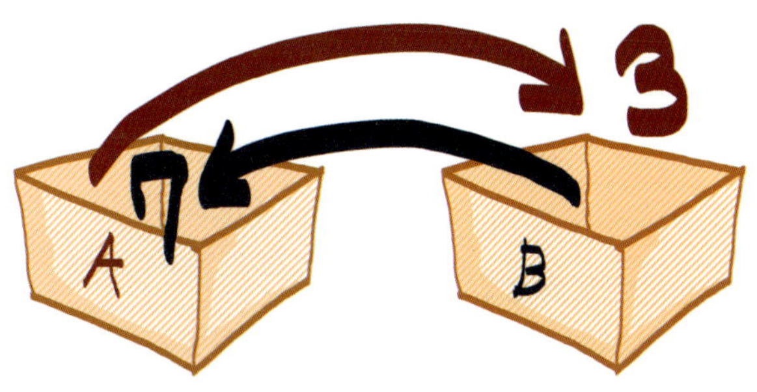

만약 A라는 변수에 3이라는 숫자가 담겨있
고, B라는 변수에 7이라는 숫자가 담겨 있
다고 해볼게요. 두 수를 교환하면, A 변수에
7이, B 변수에 3이 담기게 되겠죠?

단순히 생각하기에는, A←B , B←A 와 같은 명령을 통해서 바꿀 수 있지 않을까요?
A←B 라는 명령어는, A라는 변수 자리에 B 변수의 값을 넣는 것이고,
B←A 라는 명령어는, B라는 변수 자리에 A 변수의 값을 넣는 것이니까요!

한 번 살펴볼까요?

먼저 A가 3, B가 7일 때 A←B 라는 명령부터 해볼게요.
A 변수에는 3이라는 숫자가 있지만, A 변수에 B 변수 값을 넣으라는 명령이 늘어왔으니까 A 변수 지
리에 7이 들어가야겠죠? 따라서 A←B 라는 명령이 실행된 후에는, A 변수에는 7이, B 변수에도 7이
있을 거에요. 그렇죠?

그 다음에 B←A라는 명령을 볼게요.
B자리에 A 변수 값을 넣으라는 명령이니까, B 변수에 A 변수의 값을 넣어야겠죠? 그런데! A 변수의
값을 넣으려고 보니까 A는 3이 아니라 7이 되어버렸네요! 할 수 없이 7을 넣어야겠어요. 그랬더니,
A 변수에는 7이, B 변수에도 7이 되어버렸어요. 그대로이죠?

두 가지 명령은 동시에 처리될 수 없기 때문에 우리는 다른 방법을 찾아야 돼요.

이 때 자주 쓰이는 방법이 '임시 변수'라는 것이에요. 임시 변수는 말 그대로 임시로 쓰이는 변수에요. 어떤 값을 임시로 담아둘 때 쓰이는 변수죠. 여러분이 자유롭게 만들어 쓰면 되는 거에요.

아까는 A라는 변수와 B라는 변수만을 사용했지만, 이번에는 A 변수와 B 변수 그리고 TEMP라는 임시 변수를 사용해볼게요.

아까처럼 무작정 A자리에 B값을 넣었다가는 A자리에 있던 숫자가 사라져버리겠죠? 따라서 먼저 A자리에 있던 값을 다른 곳에다가 옮겨놓을 필요가 있어요. 그 때 필요한 것이 바로 임시 변수에요!

먼저 TEMP라는 임시 변수에 A에 담겨있던 값을 담아줄 거에요.

TEMP←A 라는 명령이 그것이에요. 그러면 TEMP라는 변수와 A라는 변수에 들어있는 값이 같게 되겠지요? TEMP 변수에는 3이, A 변수에도 3이, B 변수에는 7이 그대로 있을 거에요.

그 다음에 A 변수 자리에 B 변수에 있는 값을 담는 거에요. A←B의 명령어가 바로 그것이죠? A자리에 B 변수의 값을 담는 거니까 이제 A 변수도 B 변수와 똑같은 값이 되었어요. 그러면, 임시 변수인 TEMP 변수는 그대로 3으로 남아있고, 나머지 A와 B 변수만 7이 되었어요.

이제 마지막으로 B 변수 자리에 아까 임시 변수에 담아두었던 값을 넣으면 되는 거에요. B←TEMP가 되겠죠?

최종적으로, A 변수 자리에는 7이, B 변수 자리에는 3이, TEMP 변수 자리에도 3이 들어있을 거에요. A 변수에 들어있던 값과 B 변수에 들어있던 값이 바뀌었죠?

말이 길어서 그런데 어렵지 않죠? 명령어를 다시 정리해보면,

> **1** TEMP←A (임시 변수 자리에 A 변수에 들어있는 값을 넣어라.)
>
> **2** A←B (A 변수 자리에 B 변수에 들어있는 값을 넣어라.)
>
> **3** B←TEMP (B 변수 자리에 임시 변수에 들어있는 값을 넣어라.)

가 되겠죠? 어렵지 않아요.

순서도로 나타내어 볼게요.

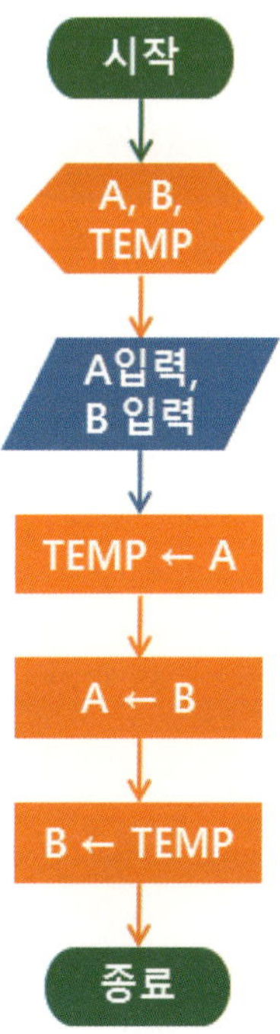

이 세 가지 명령이 있는 순서도를 하나로 합칠 수 있어요.

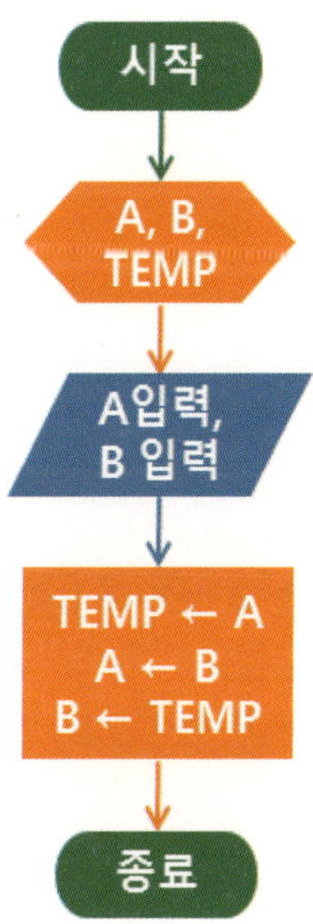

임시 변수를 사용해서 간단하게 숫자의 위치를 바꿔 보았어요. 임시 변수는 꼭 하나만 쓸 수 있는 것
은 아니에요. 여러분이 사용하고 싶은 만큼 마음대로 만들어서 쓸 수 있어요. 그러니 어떻게 사용하
면 좋을까 생각해보세요!

01 이번에는 두 변수에 들어있는 숫자를 교환해 줄 거에요.
먼저 두 개의 변수를 만들어 주세요. 각각 변수 A와 변수 B라고 할게요.

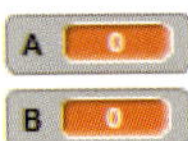

02 이제 변수 만드는 것은 도랑치고 가재 잡는 것만큼 쉽지요?

A와 B에 이어 변수를 하나 더 만들어줘야 돼요. 임시로 사용할 변수를 만들어 주는 것이죠. 변수 이름은 '임시 변수'라고 할게요.

03 변수를 다 만들었으면 깃발을 클릭했을 때 A와 B에 값을 입력받을 거에요. 이것도 어렵지 않게 만들 수 있겠죠? 단, 임시 변수는 임시로 사용할 변수이기 때문에 임시 변수에는 값을 입력받지 않아요.

04 그리고 '연산'에 있는 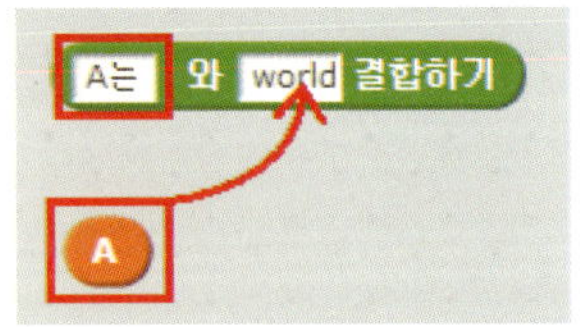 블록을 꺼내주세요. 이 블록은 글자나 변수를 합쳐서 출력할 수 있는 블록이에요. 이제 이 블록 안에 'A는'이라는 말과 변수 A를 넣어주세요.
'A는'이라고 입력할 때, '는' 뒤에 스페이스를 눌러서 한 칸 띄워주세요.

05 블록 안에 글자와 변수를 넣으면 이렇게 될 거에요. 참 쉽죠?

같은 방법으로 변수 B도 만들어 주세요. 단, 입력되는 글자는 ', B는 '이라고 해주세요. 쉼표(,)와 B 사이에 스페이스바를 이용해 빈 칸을 넣어주시구요, '는'도 스페이스 바를 이용해 한 칸 띄워주세요.

06 이제, 또 다시 결합 블록을 하나 꺼내주세요. 이 블록 안에 미리 만들어 두었던 블록들을 합쳐 주세요.

07 고양이가 말을 할 수 있게 '**형태**'에 있는 '**말하기**' 블록을 꺼내주세요. 이 말하기 블록 안에 아까 만들었던 블록을 넣어주면 돼요.

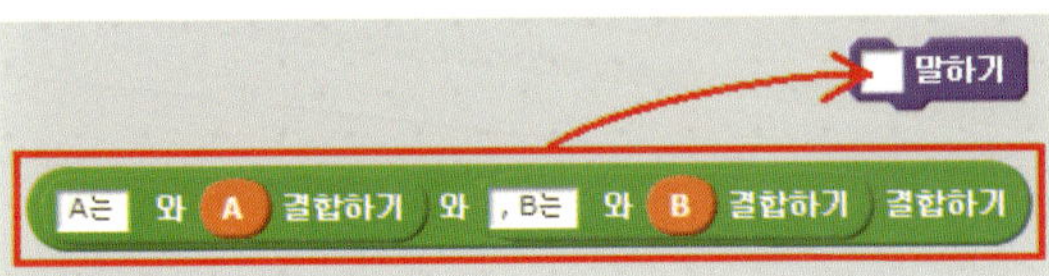

08 그럼 고양이는, 'A는 (변수 A에 들어있는 값), B는 (변수 B에 들어있는 값)'이라고 말할 거예요. 참 쉽죠?

09 정말 고양이가 말을 하나 볼까요? 블록들을 합쳐 주고 시험해 볼게요.

10 A 변수에 3을, B 변수에 7을 넣어주었어요. 어때요? 고양이가 변수에 들어있는 값들을 말하죠?

11 이제 두 수를 교환하기 위해 임시 변수를 사용할 거예요. '**데이터**'에 있는 블록들을 사용해서 아래와 같이 만들어 주세요.

12 이제 임시 변수를 사용해서 교환하는 블록을 넣어줄 거예요. 아까 만들었던 블록들 사이에 넣어주세요. 아래 그림과 같은 위치에 넣어주면 되겠죠?

13 자! 이제 두 변수를 교환하는 프로그램이 완성되었어요!

클릭했을 때, 변수 A와 변수 B에 값을 입력받고,
임시 변수에 A에 입력된 값을 저장한 다음,
변수 A에 B에 입력된 값을 담고,
마지막으로 변수 B에 임시 변수에 담아 두었던 값을 넣어주는 것이에요.
그 다음에 고양이가 A와 B를 말하는 것이죠.

14 정말 교환이 되는지 볼까요? A 변수에 3을 입력하고,

15 B 변수에 7을 입력해주면!

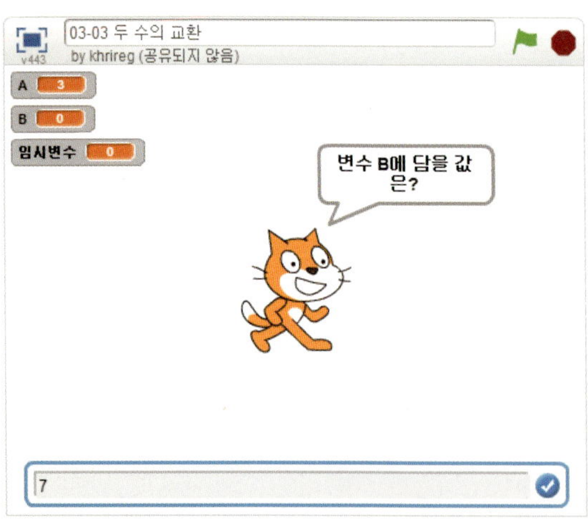

16 짠!
변수 A에는 변수 B에 담겨 있던 값이 담겼고,
변수 B에는 변수 A에 담겨 있던 값이 담겼어요.
고양이도 반대로 말하고 있죠?

임시 변수를 이용하면 이렇게나 간단히 두 수를 교환할 수 있답니다. 참 신기하죠? 결과로 출력되는 변수는 아니지만, 임시로 사용하도록 만든다면 유용하게 쓸 수 있죠.
다음에는 임시 변수를 사용하지 않고 두 수를 교환해 볼게요! 재미있겠죠?

QR코드를 통해 동영상 강좌를 보실 수 있습니다.

Unit 01 숫자가 바뀌었다옹! – 임시 변수 없이 숫자 교환하기

지난 번에 임시 변수를 사용해서 두 수를 교환해 보았어요.
이번에는 임시 변수를 사용하지 않고 두 수를 교환해 볼 거에요!

어떻게 하면 임시 변수 없이 두 수를 교환할 수 있을까요?
더하기와 빼기를 사용해서 두 수를 교환할 수 있는 간단한 방법이 있답니다!

한번 해볼까요?

변수 A에 3이, 변수 B에 7이 있다면,

1. A ← A+B (변수 A자리에 A와 B를 합친 값을 넣는다.) A ← 3+7=10
2. B ← A−B (변수 B자리에 A와 B를 합친 값에서 B를 뺀 값을 넣는다.) B ← 10−7=3
3. A ← A−B (변수 A자리에 A와 B를 합친 값에서 A로 바뀐 B를 뺀 값을 넣는다.) A ← 10−3=7

가 될 거에요. 사실 아무리 글을 읽어도 헷갈릴 수 밖에 없어요. 변수에 들어있는 숫자들이 계속 바뀌기 때문이죠. 따라서 여러분도 위와 같은 순서에 따라서 직접 숫자를 넣어보세요. 저처럼 A에 3을, B에 7을 넣어도 되고, 여러분이 좋아하는 숫자 두 개를 넣어도 돼요.
직접 해 봐야 알 수 있어요! 일단 순서도로 나타내 볼까요?

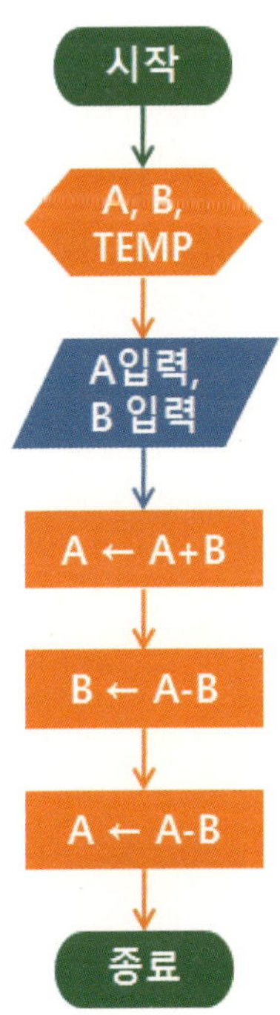

이 순서도에 있는 세 개의 처리 상자 역시 하나의 처리 상자로 합칠 수 있어요.

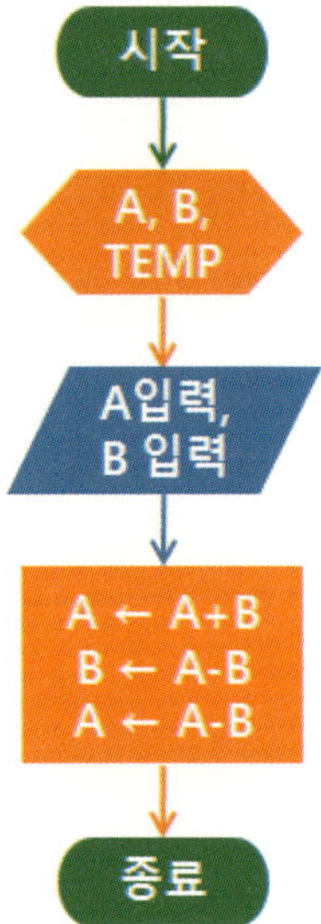

이해가 가시나요? 이번 것은 말로 풀어서 설명하는 것보다 그림으로 이해하면 더 쉬워요. A와 B를 숫자라고 생각하지 말고 어떤 물체라고 생각해 보세요.

변수 A라는 상자와 변수 B라는 상자, 그리고 변수 A에 들어있던 값과 변수 B에 들어있던 값으로 나누어서 생각하는 거에요. 총 네 가지 생각할 거리가 있는 거죠.
상자는 그대로 있고 내용물들만 합쳤다가 뺐다가 하는 거죠.

이렇게 하면 임시 변수를 사용하지 않고서도 두 수를 교환할 수 있답니다! 사실 이 방법 이외에 다른 방법도 있어요. 곱셈을 이용한 방법도 있을까요? 한 번 생각해 보세요!

알고리즘엔 정해진 것은 없으니 상상의 나래를 펼쳐서 여러분만의 방법을 만들어 보세요!

지난 번에는 임시 변수를 통해 두 수를 교환해 봤어요. 이번에는 임시 변수 없이 두 수를 교환해 볼 거에요. 재미있겠죠?

01 먼저 두 수를 입력받아야겠죠? 변수 A와 변수 B를 만들어 주세요. '데이터'에 가면 만들 수 있겠죠?

02 이제 두 수를 입력받아야 돼요. 초록 깃발을 클릭했을 때 두 수를 입력받도록 블록을 만들어 줄게요. '관찰'에 있는 블록을 이용하면 되겠죠?

03 두 수를 입력받았으니 교환하면 되겠죠? 임시 변수 없이 교환하는 과정을 볼까요?

먼저 최초에 변수 A에 A라는 숫자가, 변수 B에 B라는 숫자가 있다고 할게요.

첫 번째로, ❶ 변수 A에 담겨있던 값과 변수 B에 담겨있던 값을 더한 다음 변수 A에 넣기.

이러면 변수 A에는 A+B가 남겨있고, 변수 B에는 그대로 B가 담겨 있겠죠?

변수 A	변수 B
A+B	B

그 다음에는, ❷ 변수 A에 담겨있는 값과 변수 B에 담겨있는 값을 뺀 다음 변수 B에 넣기.

이러면 변수 A에는 A+B가 그대로 있고, 변수 B에는 (A+B)에서 B를 뺀 값이 들어가게 돼요.

변수 A	변수 B
A+B	(A+B)−B

마지막으로, ❸ 변수 A에 들어있는 값과 변수 B에 들어있는 값을 뺀 다음 변수 A에 넣기

이러면 변수 A에는 (A+B)−((A+B)−B)가 들어가게 돼요.

변수 A	변수 B
(A+B)−((A+B)−B) = (A+B)−(A+B−B) = A+B−A−B+B = B	(A+B)−B = A+B−B = A

04 괄호 앞에 마이너스(−)기호가 있다면 괄호가 풀어질 때 부호가 반대로 되겠죠? 이렇게 되면 결국 변수 A에는 B가, 변수 B에는 A가 남는 것이죠. 같은 숫자를 더했다 뺐다 해서 헷갈릴 수도 있지만 세 가지 과정을 자세히 들여다 보면 간단하다는 것을 알 수 있어요. 참 쉽죠?

이제 위의 과정을 스크래치 블록으로 나타내어 볼게요.

05 정말 간단하죠? 마지막으로 깃발을 클릭했을 때 두 수를 교환해 볼게요!

06 이러면 초록 깃발을 클릭했을 때 변수 A에 입력된 값과 변수 B에 입력된 값이 교환되는 것이죠. 고양이는 교환된 값을 말할 거에요. 확인해 볼까요?

A에 3을 입력하고 B에 7을 입력해 볼게요.

정말 고양이가 반대로 말하네요! 신기하죠?

07 그렇다면, 이와 같은 방법을 이용해서 곱셈(*)과 나눗셈(/)으로 바꿀 수 있지 않을까요?
바로 이렇게 말이에요!

 더하기는 곱하기로, 빼기는 나누기로 바꿔 주었어요. 어때요? 잘 될 것 같나요? 한 번 확인해 보죠! 마찬가지로 A에 3을 넣고 B에 7을 넣어 볼게요.

와! 스크래치 고양이가 숫자를 바꿔서 말했어요! 참 신기하네요!

임시 변수를 사용하는 것과 덧셈과 뺄셈을 사용하는 방법 중 어느 것이 더 맘에 드시나요? 상황에 맞게 알맞은 방법을 이용하면 된답니다! 두 방법 모두 알고 있으면 좋겠죠?

QR코드를 통해 동영상 강좌를 보실 수 있습니다.

 하지만 이 방법은 틀린 방법이랍니다. 왜일까요?

음수를 음수끼리 곱하면 양수가 되기 때문일까요? 땡! 음수끼리 곱해서 양수가 되어도 다시 음수로 나누면 음수가 되기 때문에 숫자는 정상적으로 교환이 될 거에요.

덧셈과 뺄셈은 되는데 곱셈과 나눗셈은 안 되는 이유는! 바로!
숫자 '0' 때문이에요. 모든 숫자에 0을 곱하면 0이 되기 때문이죠. 또, 정수는 0으로 나눌 수 없기 때문에 0이 들어가면 숫자를 교환할 수 없어요. 따라서 이 방법으로는 0을 교환할 수 없는 것이죠. 정말인지 확인해 볼까요? A에 숫자 0을, B에 숫자 7을 입력해 볼게요.

변수 A를 잘 보면 'NaN'이라는 값이 들어가있죠? 'NaN'은 'Not a Number'의 약자로 '숫자가 아니다'라는 뜻이에요. 정의되지 않는 것이죠. 0이나 7을 0으로 나눌 수가 없으니까요!

따라서 같은 방법이라고 해도 곱셈과 나눗셈을 사용하는 방법은 틀린 방법이라고 할 수 있어요. 0이 들어가면 교환할 수 없으니까요! 숫자는 참 재미있죠?

Unit 01　세모는 뭐냐옹? – 삼각형의 결정조건

삼각형의 결정조건을 아시나요?

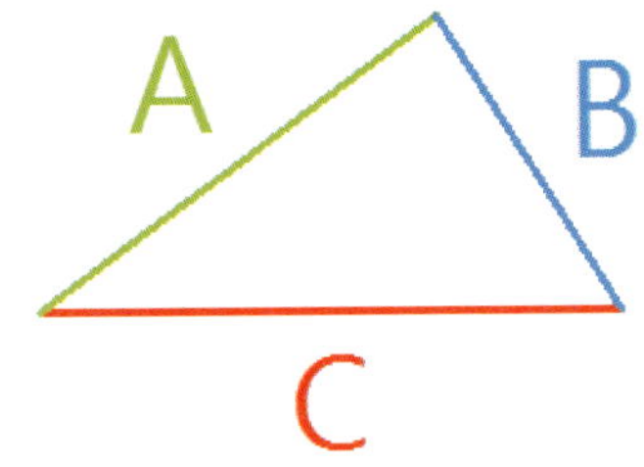

삼각형의 결정조건 혹은 삼각형의 성질이라 불리는 것 중에 '세 변의 길이를 알 때'의 조건을 볼 거에요. 이 결정 조건을 만족하기 위해서는, 삼각형은 가장 긴 변(밑변)의 길이가 다른 두 변의 길이의 합 보다 작아야만 삼각형을 만들 수 있어요. 만약 밑변의 길이가 5라면, 다른 두 변의 길이의 합이 적어도 5보다 커야만 하는 것이죠. 다른 두 변의 길이가 각각 1과 2라면 합이 3이기 때문에 안되겠죠? 다른 두 변의 길이가 각각 2와 3이라고 해도 합이 5이기 때문에 삼각형을 만들 수 없어요. 무조건 5보다 커야만 하죠.

이제 우리는 세 개의 숫자를 입력받고, 이 숫자들이 삼각형이 될 수 있는지, 없는지 판별하는 프로그램을 만들 거에요. 재미있겠죠?

가장 먼저 해야 할 일은 '밑변'을 찾는 일이에요. 우리는 세 가지 숫자 중에 가장 큰 숫자를 찾을 수 있지만, 컴퓨터는 어느 숫자가 제일 큰 숫자인지 모르거든요! 그래서 가장 큰 숫자를 찾을 거에요.

일단 세 개의 숫자를 각각 A, B, C라고 정해볼게요. 그리고 변수 A에 가장 작은 숫자를, 변수 B에 중간 숫자를, 변수 C에 가장 큰 숫자를 넣어줄 거에요. 어떻게 하면 될까요?

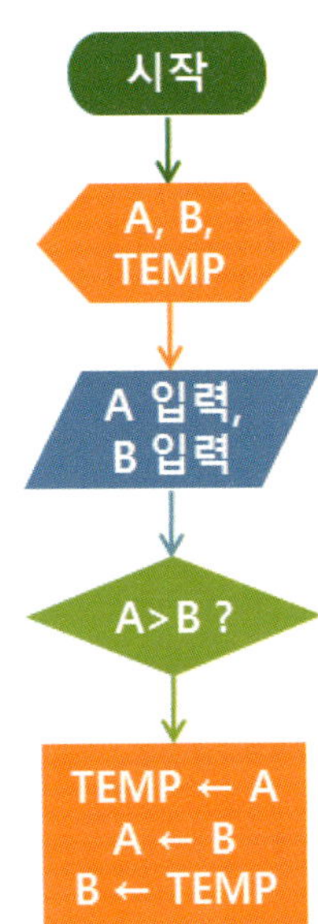

먼저 A와 B에 입력받은 숫자부터 비교해 볼까요?
만약 변수 A에 들어있는 숫자가 변수 B보다 크다면, 두 숫자를 바꾸는 거에요.
A에 5가 들어있고 B에 4가 들어있다면, 두 숫자의 위치를 바꿔서 A에 4를 넣고 B에 5를 넣는 거죠. 조건문을 써서 나타내 볼까요?

그런데 이때, 두 수는 어떻게 교환할 수 있을까요?

지난 번에 배운 교환 방법을 사용하면 되겠죠? 임시 변수를 사용하는 방법도 있었고, 두 수를 더했다가 뺐다가 하는 방법도 있었어요. 여러분들이 좋아하는 방법으로 두 수를 교환하면 돼요.

이제 A가 B보다 클 경우 변수 A에 들어있던 값과 변수 B에 들어있던 값의 위치가 바뀌었기 때문에 두 변수에 들어있던 값이 바뀐 것이죠.

그 다음에는 B와 C를 볼 차례에요.

만약 B가 C보다 크다면 또 한번 자리를 바꿔 주는 거에요. 바꿔볼까요?

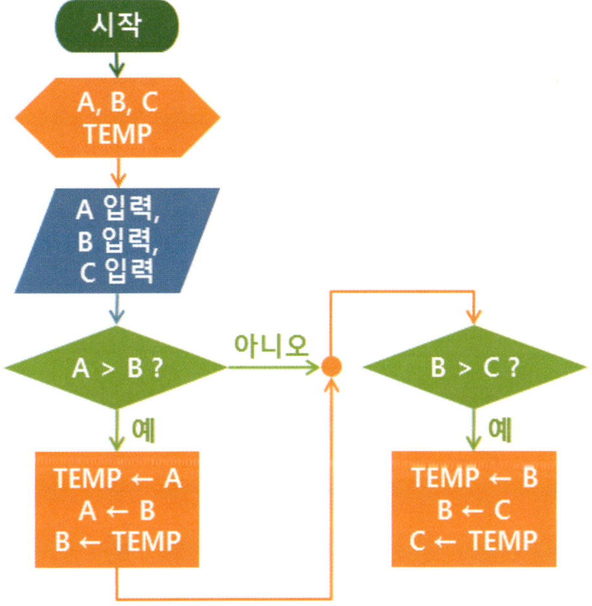

이런 과정을 통해 변수 A, B, C에 들어있는 값 중에 C가 가장 큰 숫자가 되었어요. 우리가 찾던 밑변이 된 것이죠! 참 쉽죠?

이제 마지막으로 A와 B를 비교하면 돼요. 만약 A가 B보다 크다면 또 다시 자리를 한 번 바꿔주어야 돼요. 그래야 A에 가장 작은 숫자가 오겠죠? 사실 우리는 삼각형 세 변의 길이 중 가장 긴 밑변만 알면 돼요. 이왕 정렬하는 김에 가장 작은 숫자도 찾아주자는 것이죠.

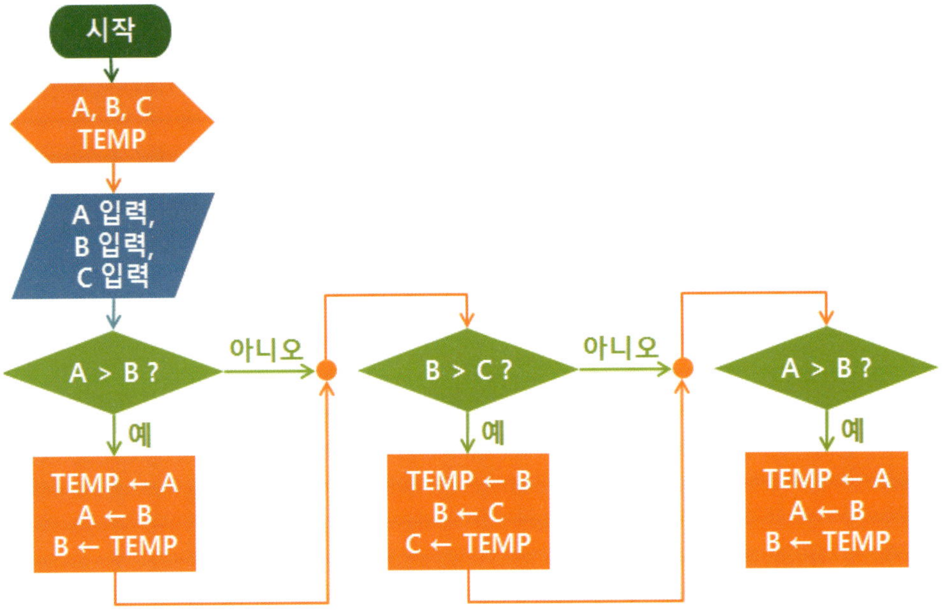

이제 드디어 A, B, C 숫자가 정렬되었네요. 변수 A에는 가장 작은 숫자가, 변수 B에는 중간 숫자가, 변수 C에는 가장 큰 숫자가 들어가게 되었어요. C는 가장 긴 변이기 때문에 삼각형의 밑변이 되겠죠?

다시 한 번 삼각형의 결정조건을 떠올려 볼까요? 가장 긴 변인 밑변의 길이가 나머지 다른 두 변의 길이를 합한 것보다 작아야 한다는 것, 기억나시나요? 우리는 C가 밑변이고 나머지 두 변이 A와 B이기 때문에,

A+B 〉 C

의 형태가 삼각형의 결정조건이 되겠죠?

만약 위의 조건이 참이면 세 숫자는 삼각형이 될 수 있는 숫자들이고, 위의 조건이 참이 아니라면 삼각형이 될 수 없는 거에요. 이 또한 순서도로 나타낼 수 있겠죠?

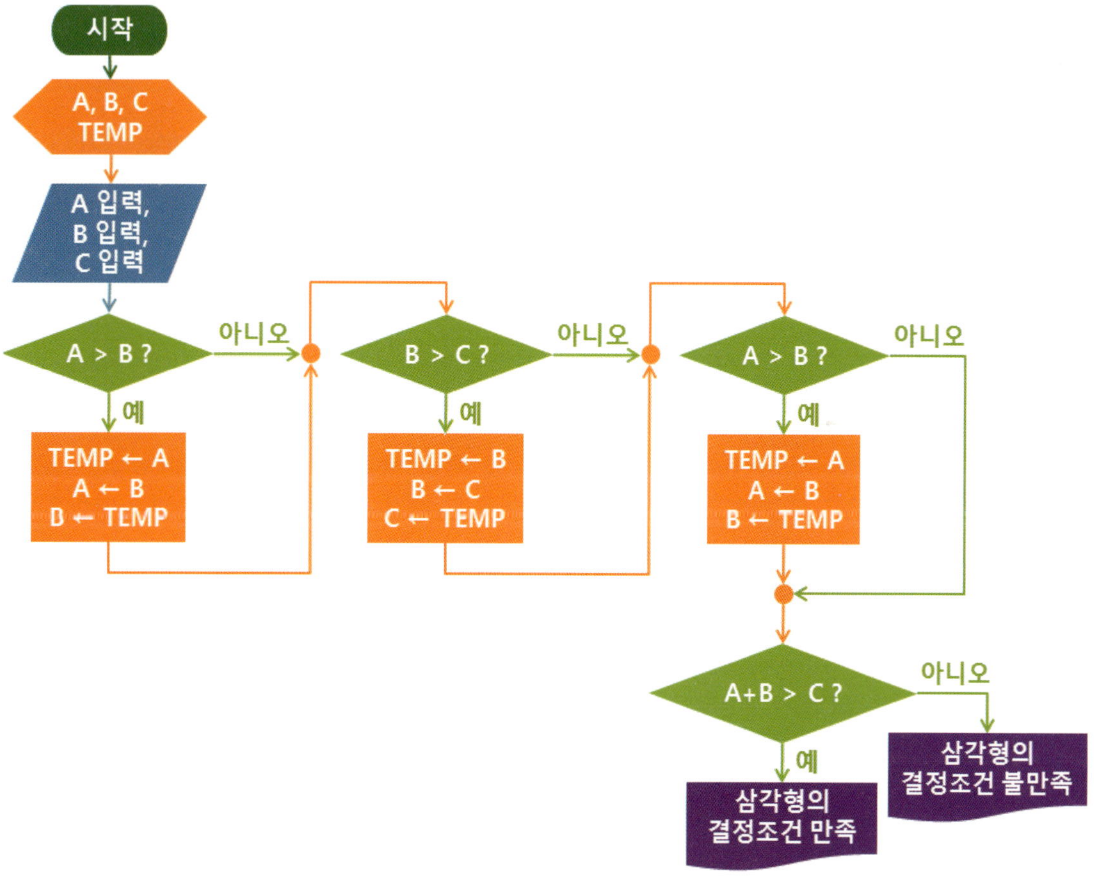

이로써 숫자 세 개를 입력받고 그 숫자들이 삼각형이 될 수 있는지 판별하는 프로그램이 완성되었어요. 참 재미있죠?

제일 먼저 세 숫자를 정렬하고, 그 다음 비교하는 것이죠.

어떤 숫자를 입력하든지 우리의 프로그램은 그것이 삼각형이 될 수 있는지 아닌지 순식간에 알려줄 거에요. 참 똑똑하죠?

우리 주변에서 흔히 보이는 삼각형의 비밀! 삼각형의 결정조건을 아시나요?

삼각형의 결정조건에는 세 가지가 있어요.

> 첫 번째로 세 변의 길이를 알 때!
> 두 번째, 두 변의 길이와 끼인 각을 알 때!
> 마지막 세 번째로 한 변의 길이와 그 양 끝 각을 알 때!

세 가지 조건 중에서 하나의 조건이라도 만족하면 삼각형이 결정된다고 할 수 있어요. 하지만 조건을 알고 있다고 해서 삼각형이 결정되는 것은 아니에요. 삼각형의 기본 성질을 만족해야 삼각형이 될 수 있어요. 삼각형의 기본 성질도 세가지가 있어요.

> 첫 번째, 삼각형 내각의 합은 180도!
> 두 번째, 삼각형 외각의 합은 360도!
> 마지막 세 번째로 두 변의 길이의 합은 나머지 한 변의 길이보다 크고, 두 변의 길이의 차는 나머지 한 변의 길이보다 작다!

세 번째 성질의 말이 좀 긴데, 삼각형에서 제일 긴 변의 길이가 나머지 두 변의 길이를 합한 것보다 작다는 뜻이에요.

우리가 알아볼 결정조건은 첫 번째 조건인 '세 변의 길이를 알 때'의 조건이에요. 세 변의 길이를 알 때에는 삼각형의 세 번째 성질을 만족하면 삼각형이 될 수 있는 것이죠!

삼각형의 각 변을 A, B, C라고 하고, C가 제일 긴 변이라면!

A+B > C

나머지 두 변의 길이를 합한 것이 제일 긴 변의 길이보다 크다면 삼각형이 될 수 있어요!

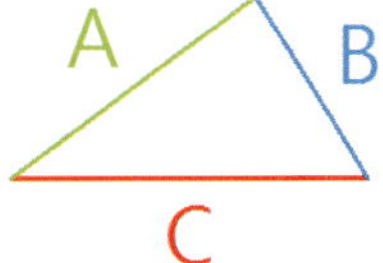

하지만 A+B가 C보다 작다면,

A+B < C

삼각형이 될 수 없어요! 나머지 두 변의 길이를 합한 것이 제일 긴 변의 길이보다 작으면 삼각형이 될 수 없는 것이죠!

마지막으로 A+B가 C와 같아도,

A+B = C

삼각형이 될 수 없어요! 나머지 두 변의 길이를 합한 것이 제일 긴 변의 길이와 같아도 삼각형이 될 수 없는 것이죠!

글로 읽었을 때보다 그림으로 보았을 때 더 쉽게 이해되죠? 삼각형의 결정조건 어렵지 않아요!

이제 우리는 삼각형의 세 변의 길이 A, B 그리고 C를 입력받은 다음, 이 세가지 변으로 삼각형을 만들 수 있는지 알아볼 거에요! 재미있겠죠?

01 가장 먼저 할 일은 세 변의 길이 A, B, C를 입력받는 것이에요. '데이터'에 가서 A, B 그리고 C 변수를 만들어 주세요.

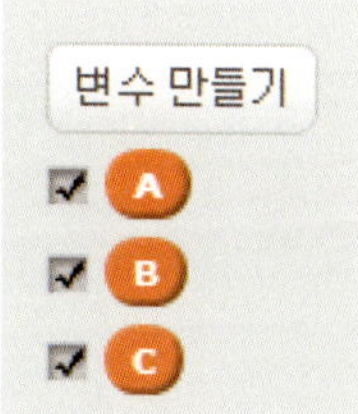

02 변수를 만들어 주었으면 변수를 입력받아야겠죠? 초록 깃발을 클릭했을 때 각 변수에 입력받을 수 있게 해줄게요. '관찰'에 있는 '묻고 기다리기' 블록과 '대답' 블록을 통해서 각 변수에 값을 입력받게 할게요.

03 이제 변수 A, B, C 중에 가장 큰 값이 들어있는 변수를 찾아야겠죠? 즉, 가장 긴 변이 무엇인지 찾아야 돼요! 우리 인간은 눈으로 보거나 숫자를 비교해서 가장 큰 숫자를 바로 알아낼 수 있지만, 컴퓨터는 어느 숫자가 가장 큰 숫자인지 알지 못해요. 우리가 컴퓨터에게 어떤 숫자가 가장 큰 숫자인지 알려줘야겠죠?

우리의 목표는 변수 C에 가장 큰 숫자를 넣는 것이에요. 이왕 C에 숫자를 넣는 김에 A에 가장 작은 숫자를, B에 중간 숫자를, C에 가장 큰 숫자를 넣어 볼게요.

05 만약 변수 A에 들어있는 숫자가 변수 B에 들어있는 숫자보다 클 경우, 임시 변수에 A를 넣어주고, A에 B를 넣어주고, B에 임시 변수를 넣어주면 돼요!

만약 A>B 라면,
임시 변수←A, A←B, B←임시 변수
와 같은 순서에요. 스크래치 블록으로 만들어 볼까요?

04 먼저 A와 B를 비교해 볼까요?
만약 변수 A에 담긴 숫자보다 변수 B에 담긴 숫자가 크다면 두 수를 교환해 줄 거에요. 조건문을 사용하면 되겠죠? 이때, 우리가 배웠던 '임시 변수'를 통해 두 수를 교환해 줄 거에요. 임시 변수를 하나 만들어 줄게요.

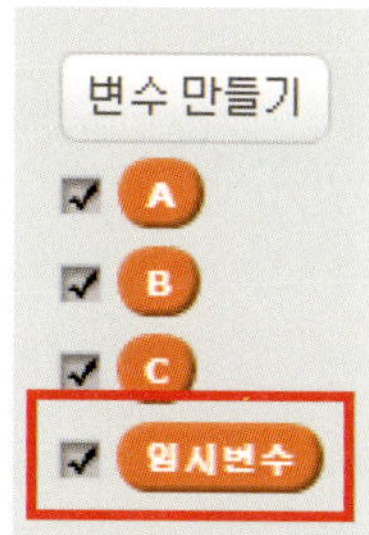

만약 변수 A에 담긴 값이 변수 B에 담긴 값 보다 크다면 임시 변수를 통해서 A와 B를 교환해 주는 블록을 만들어 주었어요. 이제 변수 A에 담긴 숫자가 변수 B에 담긴 숫자보다 작겠죠?

06 다음으로는 변수 B와 변수 C를 비교해서 변수 B에 담긴 숫자가 변수 C에 담긴 숫자보다 크다면 두 숫자를 교환해주면 돼요. A와 B를 교환할 때처럼 똑같이 하면 되겠죠?

만약 B>C 라면,
임시 변수 ←B, B←C, C←임시 변수

만약 B > C 라면
　임시변수 ▾ 을(를) B 로 정하기
　B ▾ 을(를) C 로 정하기
　C ▾ 을(를) 임시변수 로 정하기

07 이제 마지막으로 다시 한 번 변수 A와 변수 B를 비교해주면 돼요. 변수 C에는 가장 큰 숫자가 들어가 있지만 A와 B는 순서가 바뀌었기 때문에 어느 것이 더 작은 숫자인지 알 수 없거든요! A와 B만 다시 한 번 비교해서 A에 작은 숫자를, B에 큰 숫자를 담아주어 볼까요?

만약 A > B 라면
　임시변수 ▾ 을(를) A 로 정하기
　A ▾ 을(를) B 로 정하기
　B ▾ 을(를) 임시변수 로 정하기

08 자! 이제 변수 A, B, C에 들어있던 숫자들이 정렬되었어요! 변수 A에 가장 작은 숫자가 담겼고, 변수 C에 가장 큰 숫자가 담기게 되었어요! 참 쉽죠? 모든 과정들을 하나의 스크립트 블록으로 나타내어 볼까요?

클릭했을 때
A를 입력해! 묻고 기다리기
A ▾ 을(를) 대답 로 정하기
B를 입력해! 묻고 기다리기
B ▾ 을(를) 대답 로 정하기
C를 입력해! 묻고 기다리기
C ▾ 을(를) 대답 로 정하기
만약 A > B 라면
　임시변수 ▾ 을(를) A 로 정하기
　A ▾ 을(를) B 로 정하기
　B ▾ 을(를) 임시변수 로 정하기
만약 B > C 라면
　임시변수 ▾ 을(를) B 로 정하기
　B ▾ 을(를) C 로 정하기
　C ▾ 을(를) 임시변수 로 정하기
만약 A > B 라면
　임시변수 ▾ 을(를) A 로 정하기
　A ▾ 을(를) B 로 정하기
　B ▾ 을(를) 임시변수 로 정하기

09 이제 제일 긴 변이 되는 변수 C와 나머지 두 변이 되는 변수A, B를 비교해주면 되겠죠?

만약 변수 C가 변수 A와 변수 B를 합한 것보다 작으면 삼각형이 될 수 있을 것이고, 그렇지 않으면 삼각형이 될 수 없을 거에요!

조건문을 사용해서 비교할 수 있겠죠?
만약 A+B가 C보다 크면(C가 A+B보다 작으면) 삼각형이 될 수 있는 것이고 그렇지 않으면 삼각형이 될 수 없는 거에요.

만약 A + B > C 라면
　삼각형이 될 수 있어! 말하기
아니면
　삼각형이 될 수 없어! 말하기

스크립트가 엄청 길어졌지만, 내용은 간단해요. 그냥 변수 A, B, C를 비교해주었을 뿐이죠!

10 어렵지 않죠? 이제 모든 블록을 합쳐서 하나의 스크립트로 만들어 볼까요?

스크립트가 엄청나게 길어졌지만 내용은 간단해요! 변수 A, B, C를 정렬해서 변수 A에 가장 작은 숫자가, 변수 B에 중간 숫자, 변수 C에 가장 큰 숫자가 오게 하는 거에요. 그리고 세 변수를 비교해서 가장 큰 변수보다 나머지 두 변수를 합한 값이 크면 '삼각형이 될 수 있어!'라고 말하고, 아니라면 '삼각형이 될 수 없어!'라고 말하는 것이죠. 참 쉽죠?

11 스크립트가 제대로 작동하는지 보기 위해 몇 가지 숫자를 넣어 볼까요?

우선 변수 A에 5, 변수 B에 4를, 변수 C에 3을 넣어 볼게요.
우리의 예상대로라면 숫자들을 정렬해서 변수 A에 3이, 변수 B에 4가, 변수 C에 5가 들어가면서 정렬되어야 하죠? 그리고 A와 B를 합한 값(3+4=7)이 C(5)보다 크기 때문에 삼각형이 될 수 있을 거에요. 정말 그렇게 되나 볼까요?

짠! 정말 스크래치 고양이가 삼각형이 될 수 있다고 말하네요! 신기하죠? 그리고 변수 A에는 3이, 변수 B에는 4가, 변수 C에는 5가 들어가 있는 것을 볼 수 있어요. 숫자가 정렬된 것이죠! 알고리즘이 제대로 작동하네요!

12 이번에는 삼각형이 될 수 없는 조건을 입력해 볼까요?
변수 A에 5를, 변수 B에 2를, 변수 C에 1을 넣어 볼 게요.
제일 큰 숫자인 5보다 나머지 두 수를 합한 3이 더 작 기 때문에 삼각형이 되지 않겠죠? 정말 삼각형이 될 수 없는지 볼까요?

짠! 스크래치 고양이가 삼각형이 될 수 없다고 말하 네요! 변수들도 정렬된 것을 볼 수 있어요. 참 재미 있네요!

13 이제 마지막으로 제일 긴 변의 길이와 나머지 두 변을 합한 길이가 같을 때 어떻게 되는지 볼 거에 요. 변수 A에 5를, 변수 B에 3을, 변수 A에 2를 넣어 볼게요. 제일 긴 변의 길이인 5와 나머지 두 변의 길 이의 합이 5로 같기 때문에 삼각형이 될 수 없겠죠?

이번에도 삼각형이 될 수 없다고 말하네요! 숫자도 정 렬되어 있구요! 모든 것이 제대로 작동하고 있어요! 참 재미있죠?

간단한 삼각형의 원리를 스크래치를 통해 알고리즘으로 확인해 보니까 새로운 느낌이 들죠? 우리가 알고 있던 간단한 것이라도 원리를 생각하면서 만들어보면 새롭게 느껴질 수 있어요! 재미도 있구요!

또 이렇게 배우면 학교에서 칠판에 써있는 것을 그냥 배우는 것보다 훨씬 더 오 랫동안 기억할 수 있을 거에요. 직접 만들어 보았으니까요! 재미도 있고! 공부 도 되고! 참 좋죠?

QR코드를 통해 동영상 강좌를 보실 수 있습니다.

Unit 01 썩은 귤을 찾아라옹!

너무 숫자와만 씨름한 것 같네요. 쉬어가는 문제로 재미있는 것을 해 볼까요?

모양과 크기가 같은 12개의 귤이 있어요. 이 귤들 중에서 썩은 귤이 하나 섞여 있는 것이죠! 잘못해서 썩은 귤을 먹으면 안되겠죠? 썩은 귤은 겉으로 보기에도 다른 귤들과 똑같이 생겼고, 냄새도 나지 않기 때문에 구분할 수 없어요.
하지만 썩은 귤은 다른 정상 귤들과 무게가 달라요. 무게가 가벼운지, 무거운지는 알 수 없지만 썩은 귤의 무게는 다른 귤들과 다르다는 것만은 확실하죠.

이때, 양팔저울을 세 번만 사용해서 썩은 귤을 찾는 것이 문제에요! 참 재미있겠죠?

양팔저울은 딱 세 번만 쓸 수 있어요. 그러니 첫 번째로 양팔저울을 사용할 때 최대한 경우의 수를 줄여 놓아야겠지요? 귤이 12개니까 6개 씩 2묶음으로.. 아니면 4개씩 3 묶음으로.. 그것도 아니면 3개씩 4 묶음으로 나누어서 무게를 재봐야 돼요! 어느 것이 좋을까요?

먼저 6개씩 2묶음으로 무게를 재볼게요. 썩은 귤은 한 개이기 때문에 어느 한 쪽으로 양팔저울이 기울어지겠지요. 하지만 썩은 귤이 무거운지 가벼운지 알 수 없으니 양팔저울이 기우는 것은 의미가 없어요!

그러니까 4개씩 3묶음으로 잴 때를 생각해 볼게요. 편의상 귤에 번호를 붙여 놓고 묶음의 이름을 정해 놓을게요.

A묶음	B묶음	C묶음
①②③④	⑤⑥⑦⑧	⑨⑩⑪⑫

양팔저울은 팔이 두 개 밖에 없으니까 두 묶음 밖에 무게를 비교할 수 없겠지요? 한 묶음은 그냥 땅바닥에 있어야 돼요. 두 묶음의 무게를 비교하고, 나머지 한 묶음은 그냥 두는 거에요.
이때 경우의 수가 두 가지 나올 수 있어요.

1 두 개의 묶음이 무게가 같을 경우
2 두 개의 묶음이 무게가 다를 경우

1의 경우면 간단하겠지요! 두 개의 묶음이 같다는 것은 그 중에 무게가 다른 귤이 없다는 소리니까요. 그럼 당연히 땅바닥에 있는 4개의 귤 중에 썩은 귤이 있겠지요?

2의 경우부터 복잡해지기 시작해요. 이건 나중에 다시 볼게요.

1 두 개의 묶음이 무게가 같을 경우

1의 경우를 다시 볼게요. 만약 A묶음과 B묶음을 쟀는데 무게가 같다면, C묶음에 있는 ⑨⑩⑪⑫ 귤 중에 썩은 귤이 있겠지요?

이제 이 귤들을 다시 나누어서 무게를 잴 거에요. 이번에도 2개/2개를 재거나, 1개/1개를 재고 2개는 땅바닥에 놓거나 할 수 있을 거에요. 사실 어떻게 나누어 재던 상관 없어요. 귤이 4개가 남고 저울을 두 번 사용할 수 있으니까요.

이제 ⑨⑩귤과 ⑪⑫귤의 무게를 재 볼게요. 어느 한쪽으로 기울겠지요? ⑨⑩귤 쪽이 가볍고 ⑪⑫귤 쪽이 무겁다고 가정할게요.

그럼 이제 어느 쪽 귤이 무겁거나 가벼운걸 알았잖아요? 그 사실을 기억해 두어야 돼요. 이 사실을 가지고 썩은 귤을 찾을 수 있을까요? 답은 NO! 에요. 만약 썩은 귤이 가벼운지 무거운지 알고 있으면 ⑨⑩귤과 ⑪⑫귤만을 재도 돼요. 하지만 그걸 모르니까, 우리는 다른 정상적인 귤들을 이용해야 돼요. 다시, 이번에는 ⑨⑩귤과 ①②귤을 재볼게요. 이 때에도 두 가지 경우가 나올 수 있어요.

> **1** ⑨⑩귤과 ①②귤의 무게가 같을 경우.
>
> **2** ⑨⑩귤과 ①②귤의 무게가 다를 경우.

우리는 이미 ①②귤이 정상 귤이란 걸 알아요. 그럼 ①②귤과 무게가 같다면 그 귤들도 정상 귤일 거에요. 그러니,

1의 경우는 무게를 재지 않고 남아있는 ⑪⑫귤 중에 썩은 귤이 있는 거에요. 귤 둘 중에 하나가 썩은 귤이 있으니까요. 이것도 다른 정상 귤로 비교를 하면 썩은 귤을 가려낼 수 있겠지요?

2의 경우는 ①②귤이 정상 귤이니까, ⑨⑩귤 중에 하나가 썩은 귤일 거에요. 이 역시 마지막 남은 한 번의 저울질 기회로 찾을 수 있어요. 다른 정상 귤을 이용해서 말이죠.

2 두 개의 묶음이 무게가 다를 경우

①①②③④/⑤⑥⑦⑧귤의 무게를 쟀는데, 무게가 다르다면? 그럼 확실한 것은 나머지 ⑨⑩⑪⑫귤이 정상 귤이란 거 밖에 알 수 없지요. ①②③④⑤⑥⑦⑧귤들 중에 무게가 다른 귤이 있는 거에요.

이제 좀 감이 오시죠? 이 문제의 관건은 '정상 귤을 활용하라'는 것이에요. 우리는 나머지 ⑨⑩⑪⑫귤이 정상이란 것을 알았으니까 이 정보를 적극 활용해야 돼요.

보통 여기서 막힐 거에요. 8개의 귤 중에 저울 2번 만으로 어떻게 찾으란 거지? 하고 말이에요. 하지만, '만약 저울질 한 번만으로 썩은 귤을 찾을 수 있는 조건은 어떻게 될까?'하고 질문해 보세요. 그 조

건을 찾을 수만 있다면, 두 번째 저울질에서 반드시 그 조건을 만들어 놓고 마지막 저울질을 하면 되는 것이지요. 역발상을 이용한 거에요.

일단 썩은 귤의 무게가 상대적으로 가벼운지 무거운지 무게를 모를 때와 무게를 알 때로 나눌 수 있어요.
썩은 귤의 무게를 모른다면, 최소 귤 2개가 남았을 때에만 양팔저울과 정상 귤을 사용해서 썩은 귤을 찾을 수 있어요. '1. 두 개의 묶음이 무게가 같을 경우'에서 마지막 저울질을 할 때와 같이 말이에요.

하지만 썩은 귤의 무게가 상대적으로 가벼운지 무거운지 알 수 있다면?
최소 3개의 귤이 남았을 때에만 한번의 양팔저울질로 썩은 귤을 찾을 수 있어요. 만약 ①②③ 중에 썩은 귤이 있는데, 그 썩은 귤이 무거운걸 알고 있다면, ①과 ②귤을 재면 돼요. 만약 무게가 같다면 ③귤이 썩은 귤일 테고, 무게가 다르다면 무거운 쪽이 썩은 귤이에요. 참 쉽죠?

정리해보면, '썩은 귤의 무게를 모를 땐 2개, 썩은 귤의 상대적인 무게를 알 땐 3개'가 남으면 양팔저울질 한 번만으로 썩은 귤을 찾을 수 있어요. 그렇다면, 두 번째 저울질에서 2개나 3개로 귤을 줄여 놓아야 돼요. 총 8개의 귤들 중에서 말이에요.

먼저, 8개의 귤들 중 양팔저울질 한번으로 나머지 6개의 정상 귤을 걸러낼 수 있을까요? 일단 안 된다고 가정할게요.

다음, 8개의 귤들 중 양팔저울질 한번으로 나머지 5개의 정상 귤을 걸러내고, 썩은 귤이 무거운지, 가벼운지 알아 내는 것! 이건 가능해요! 다시 첫 번째 저울질 할 때 귤들의 묶음을 볼게요.

A묶음	B묶음	C묶음
①②③④	⑤⑥⑦⑧	⑨⑩⑪⑫

맨 처음에 A랑 B랑 저울질 하잖아요? 그래서 무게가 같으면 C중에 썩은 귤이 있는 거에요. 우린 지금 A와 B의 무게가 다를 경우에 대해서 생각하고 있지요? ①②③④⑤⑥⑦⑧귤들에 대해서만 말이에요.

일단 A와 B를 저울질 할 때 A가 더 가볍고 B가 더 무겁다고 가정해 볼게요. 이렇게 되면,
A귤이 전부 다 정상 귤이고 B귤 중에 '무거운 썩은 귤'이 있을 수 있거나,
A귤 중에 '가벼운 썩은 귤'이 있고, B귤이 전부 다 정상 귤일 수 있어요.
아무튼 A가 B보다 가볍다고 가정하고 설명을 할게요.

이제 우리가 아는 단서는 다음 세가지에요.

1 A가 B보다 가볍다.

2 ①②③④/⑤⑥⑦⑧ 중에 썩은 귤이 있다.

3 ⑨⑩⑪⑫귤은 정상이다.

여기서 이제 저울질을 할거에요. 다시 한 번 말하면, '썩은 귤이 무거운지 가벼운지 알면서 귤을 3개 남기는 것' 이게 포인트에요. 이 말을 바꿔 말하면, '3개의 귤을 남기는데, 그 3개의 귤들 중에 2개는 정상 귤, 1개는 썩은 귤이 되게 만들어라.'겠지요? 그럼 우리는 두 번째 저울질에서 어떻게든 간에 3개의 귤이 섞여서 남게끔 해야 돼요.

어떻게 만들까요? 일단 어떻게 되든 간에 세 묶음으로 나누어야 되겠지요? 양팔저울 팔 하나에 한 묶음씩 두 묶음. 그리고 나머지 양팔저울 위에 올라가지 않는 한 묶음. 총 세 묶음으로 나누어야 돼요. 편의상 A, B, C로 나눌게요. 그리고 한 가지 확실한 것 하나 더! 만약 양팔저울 위에 있는 두 개의 묶음이 무게가 같다면? 나머지 양팔저울에 올리지 않은 묶음 중에 썩은 귤이 있겠지요? 그 귤이 몇 개여야 할까요? 세 개! 세 개여야 돼요! 썩은 귤 하나 정상 귤 두 개! 다시 말해, 귤 3개를 ①②③④/⑤⑥⑦⑧중에 골라와야 하는 거에요. 편의상 A에서 하나, B에서 두 개만 뽑아서 아래 표에 넣어 볼게요.

A 양팔저울	B 양팔저울	C 무게 안잼
①②③	⑤⑥	④/⑦⑧

그럼 이렇게 되겠지요?

이제 양팔저울 위에 올라갈 귤들을 생각해 볼게요! 양팔저울 위에는 ④⑦⑧ 귤을 제외한 귤들이 올라가야 돼요.

①②③/⑤⑥

A에서 ④귤이 빠지고, B에서 ⑦⑧귤이 빠졌으니까, 이렇게 되겠지요? 하지만 귤의 개수를 맞추어 주어야 가벼운지 무거운지가 비교가 가능하잖아요? 그럼 정상적인 귤을 추가해 줘야겠지요. 몇 개나 추가해야 할까요?

B에 정상 귤 하나만 추가하면 3:3이니까 비교가 가능하겠어요! 하나를 넣어볼까요? 편의상 정상 귤은 ● 이렇게 표기할게요.

A 양팔저울	B 양팔저울	C 무게 안잼
①②③	⑤⑥●	④/⑦⑧

이렇게 되겠지요?

귤 세 개씩 세 묶음이 되었지만.. 이걸 비교한다고 썩은 귤의 위치를 알 수 있을까요? A와 B의 무게가 다를 때 말이에요. A에 ①②③귤이 그대로 있기 때문에 A의 무게가 그대로 가벼울 경우 우리는 ①②③

귤 중에 어떤 귤이 가벼운지, 혹은 ⑤⑥귤 중에 무거운 귤이 있는지 알 수 없어요! 그래서, ③과 ⑤귤의 위치를 바꿔 볼 거에요.

A 양팔저울	B 양팔저울	C 무게 안잼
①②⑤ 바	꿈 ③⑥ ●	④/⑦⑧

이제 한번 생각을 해 볼게요.
위와 같은 경우에서 양팔저울을 쟀을 때 총 3가지 경우의 수가 나올 수 있어요.

> **1** A와 B의 무게가 같을 때.
> **2** A가 B보다 가벼울 때.
> **3** A가 B보다 무거울 때.

먼저 '1. A와 B의 무게가 같을 때'부터 볼게요.
앞서 말했듯이 A와 B의 무게가 같을 경우에는 C에 썩은 귤이 있을 거에요. 그리고 우리는 ④⑦⑧ 귤에 대한 정보가 있지요. ④가 가벼운 썩은 귤이거나 ⑦⑧이 무거운 썩은 귤이란 것 말이에요.
그럼 ④⑦귤과 ●●정상 귤 두 개를 양팔저울에 재면 썩은 귤을 찾아낼 수 있을 거에요. 만약 양팔저울의 무게가 같다면, ⑧귤이 썩은 귤일 거구요. 물론 그 귤은 무거운 썩은 귤이겠지요. 또, ④⑦귤 쪽이 가볍다면 ④귤이 가벼운 썩은 귤일 거고, ④⑦쪽이 무겁다면 ⑦이 무거운 썩은 귤일 거에요. 찾았다!

다음 '2. A가 B보다 가벼울 때'를 볼게요.
귤을 바꾸기 전에도 A는 B보다 가벼웠잖아요? 근데 귤의 위치를 바꾸고 나서도 A가 B보다 그대로 가볍다면?
위치를 바꾸지 않은 ①②귤과 ⑥귤 중에 썩은 귤이 있다는 거에요! 위치를 바꾼 ③⑤귤은 용의선상에서 제외된 거지요! 두 귤의 무게가 같으니까 양팔저울이 그대로 이겠죠? 귤의 무게가 같으니, 서로 바꾸어도 똑같을 거에요.
1의 경우처럼 ①② 중에 가벼운 썩은 귤이 있거나 ⑥이 무거운 썩은 귤이거나 의 경우지요? 1의 경우와 같은 방법으로 양팔저울을 재면 썩은 귤을 찾을 수 있어요.

마지막으로 '3. A가 B보다 무거울 때'를 볼게요.
귤 두 개의 위치만 바꾸었을 뿐인데 양팔저울이 완전히 반대로 기울었잖아? 그럼 당연히 그 두 귤 중에 무게가 다른 귤이 있겠지요?
③⑤귤 말이에요. ③이 가벼운 썩은 귤 이거나 ⑤가 무거운 썩은 귤이겠지요. 이게 제일 쉽네요. 귤이 2개고 상대적 무게를 알고 있으니 누워서 식은 죽 먹기 이지요.
양팔저울 만으로 썩은 귤을 찾는 것이 쉽지는 않지만, 과정을 찾아내는 것이 참 재미있지요? 여러분도 친구와 함께 생각해 보세요!

반복문

반복문에 대해서 알아볼게요.

반복문이란, 말 그대로 어떤 과정을 반복하는 구문이에요. 얼만큼이나 반복할까요? 내가 정한 조건만큼! 반복할 수 있어요.

프로그래밍 뿐만 아니라 일상생활에서도 참 중요한 개념이에요. 어떻게 보면 우리도 매일매일 반복되는 생활 속에서 살고 있잖아요? 매일 아침에 일어나서 씻고, 밥 먹고, 학교에 가고.. 반복되는 일상에서 살아가고 있어요.

반복문을 알면 하나 하나, 일일이 다 명령해줘야 할 것들을 한 번에 처리할 수 있어요! 매우 편리하겠죠?

반복문은 '반복할 내용'과 얼만큼이나 반복할 것인지 '반복 횟수'를 정해주어야 돼요. 반복 횟수는 열 번이 될 수도 있고, 백 번이 될 수도 있고, 무한 번 반복할 수도 있어요. 예를 들어 볼까요?

다람쥐가 겨울을 나기 위해 도토리를 모으기로 했어요. 겨울은 길기 때문에 도토리 100개 정도는 있어야 충분히 겨울을 날 수 있죠! 다람쥐가 한 번에 하나의 도토리를 찾을 수 있다고 할 때, 반복문의 구조로 다람쥐의 행동을 볼게요.

'다람쥐가 도토리를 찾는 행동'은 '반복할 내용'이 될 것이고,
'도토리 100개'는 '반복 횟수'가 될 거에요.

그런데 만약, 다람쥐가 이미 20개의 도토리를 갖고 있다면 어떻게 될까요? 이 때에도 100번 반복을 해야 될까요? 아니죠! 이미 20개를 갖고 있기 때문에 목표인 100개를 모으기 위해서는 80개만 더 있으면 되죠. 따라서 20개의 도토리를 이미 갖고 있을 때에는 80번만 반복하면 되는 거에요.

이것이 중요한 이유는, 반복되는 횟수를 잘 생각해야 되기 때문이에요. 상황에 따라서 반복되는 횟수를 조정해야만 원하고자 하는 목표를 이룰 수 있겠죠?

처음 배우는 내용이라 그렇지, 어렵지 않죠? 만약 반복문이 없었다면 다람쥐에게 '도토리를 찾아라!'라고 100번 말해줘야 할거에요. 반복문이 있어서 참 다행이죠?

그렇다면 반복문은 순서도로 어떻게 표현할까요?

반복문은 큰 사각형 모양의 상자로 표현할 수 있어요. 이 상자 안에 반복될 내용이 들어가게 되는 것이죠. 처리 상자와 비슷한 모양이죠? 하지만 반복문 상자는 윗부분과 아랫부분이 나뉘어져 있어요. 윗부분에는 반복되는 정보가, 아랫부분에 반복되는 내용이 표시되는 곳이죠.

상자의 윗부분이 반복문에서 가장 중요한 부분이에요. 반복되는 정보가 이 곳에 다 들어 있거든요. 한 번 볼까요?

반복문 상자 윗부분에 'K=1, 10, 1'이라고 적혀있어요.
이것은 차례대로
'K가 1부터, 10까지, 1씩 증가하는'
이라는 뜻이에요.

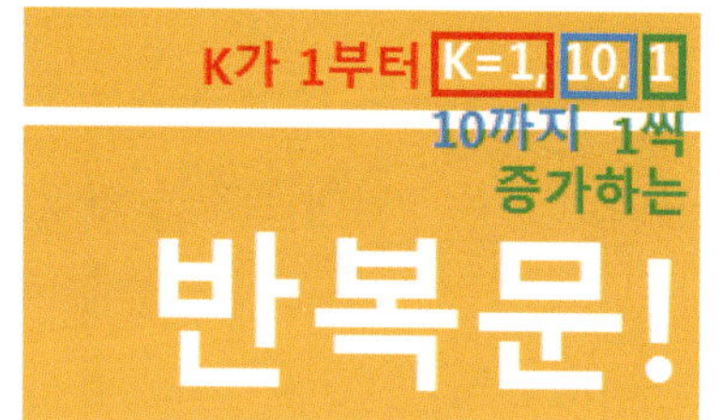

따라서 이 반복문은 10번 실행되는 반복문이 되는 것이죠.
이때 중요한 것은! 마지막에 오는 1이에요. 이 1이 오는 자리에는 양수(+) 뿐만 아니라 음수(-)도 올 수 있어요. 만약 'K=10, 1, -1'이라는 조건문이 있다면, 'K가 10부터 1까지 1씩 감소하는 반복문'이라는 뜻이죠. 마지막에 오는 숫자는 증가될 수도 있고, 감소될 수도 있어요. 어렵지 않죠?

이제 반복문을 활용해서 순서도를 만들어 볼까요?
반복문이 반복되는 아랫부분 안에 변수 K를 출력하는 내용을 넣어줄게요.

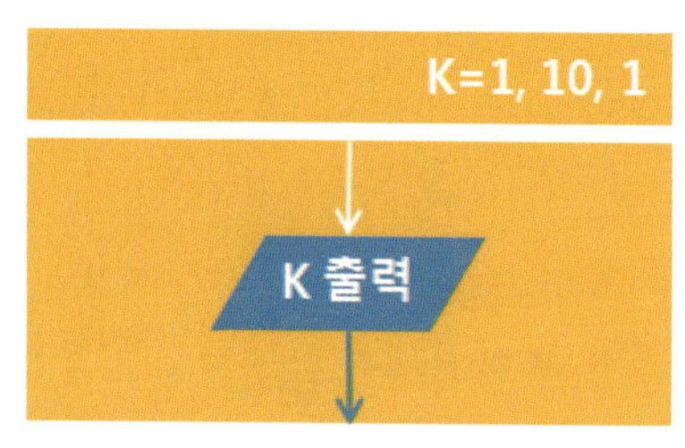

이 반복문은 어떻게 반복될까요? K는 1부터 10까지 1씩 증가하면서 반복한다고 했죠?
따라서 맨 처음에 K는 1이 될 거에요. 1이 출력되겠죠?
그 다음에 K가 1증가해서 2가 되었어요. 이제 K가 2가 되었으니 2가 출력되겠죠?
그 다음에 K가 1증가해서 3이 되었어요. 이제 3이 출력되겠죠?
…
마지막으로 K가 9에서 1증가해서 10이 되었어요. 이제 K가 10이 되었으니 10이 출력될 거에요. 그리고 K가 10까지 반복하는 반복문이기 때문에 반복되는 것이 멈추면서 프로그램이 끝나는 것이죠.

어렵지 않죠? K가 어떻게 변하는지만 잘 보면 돼요.

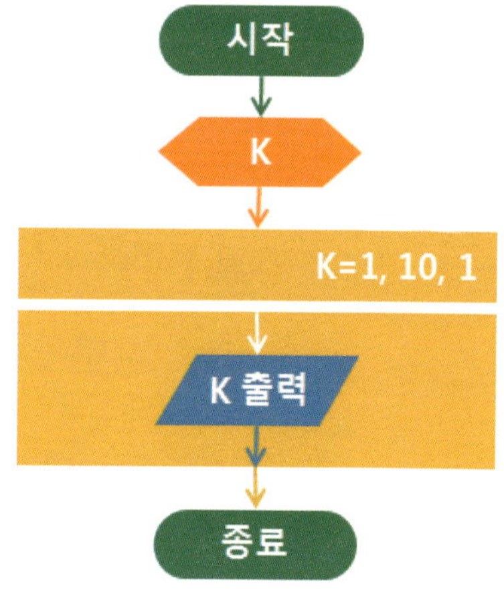

그런데! 예전에 조건문을 이용해 반복문을 만들 수 있다고 했던 것, 기억하시나요? 방 청소를 했는데 엄마가 다시 하라고 했던 이야기요.

그때 조건문의 조건을 만족할 때까지 계속 반복했었죠? 이번에도 그 조건문을 이용해서 K가 1부터 10까지 출력되는 반복문을 만들어 볼 거에요.

먼저 변수 K에 초기값으로 1이 담겨 있고, 이 K를 출력해주는 과정이 필요해요.

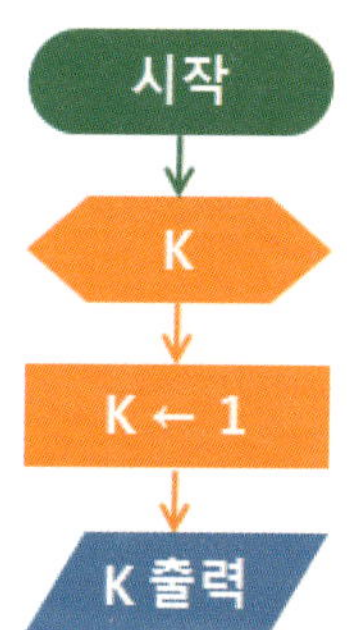

여기서 변수 K에 1을 더해주면서 K가 10이 될 때까지 반복하는 것이죠. 그리고 K가 10이 된다면 조건문이 끝나게 되는 거에요.

이 순서도의 내용은 반복문 상자를 썼던 순서도의 내용과 정확하게 일치해요. 출력되는 K가 1부터 10까지 출력되는 것이기 때문이죠.

이 또한 반복문을 표현하는 하나의 방법이 될 수 있어요. 하지만 우리는 더 간편하고, 쓰기 편한 반복문 상자를 이용해서 순서도를 만들 거에요. 물론 상황에 따라서는 조

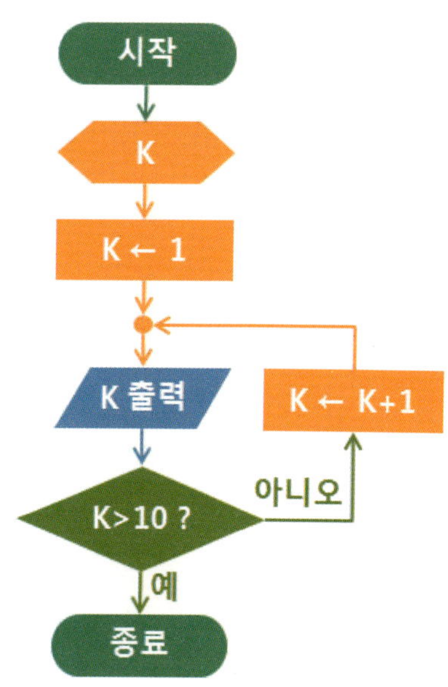

건문을 이용한 반복문도 만들 거구요. 상황에 따라서 적절한 순서도를 만들면 좋겠죠?

우리에게 가장 익숙한 반복문은 무엇이 있을까요?
바로 '구구단'이에요! 이일은 이, 이이 사, 이삼은 육.. 하고 외웠던 구구단 말이에요.

구구단의 구조를 잘 보면,
2 곱하기 1은 2, 2 곱하기 2는 4, 2 곱하기 3은 6..
하고 계속 반복되는걸 알 수 있어요. 참 익숙한 반복문이죠?
구구단 2단을 반복문의 구조로 살펴볼게요.

$$2 * 1 = 2$$
$$2 * 2 = 4$$
$$2 * 3 = 6$$
$$2 * 4 = 8$$
$$2 * 5 = 10$$
$$2 * 6 = 12$$
$$2 * 7 = 14$$
$$2 * 8 = 16$$
$$2 * 9 = 18$$

2단을 잘 보면, 고정되어 있는 숫자도 있고, 계속 변하는 숫자가 있어요. 이전에 배웠던 것이네요! 항상 똑같은 숫자인 '상수'와 계속 변하는 숫자인 '변수'의 개념이죠? 2단에서 상수는 '2'이고, 변수는 '1'부터 1씩 증가해서 '9'까지 변하는 숫자를 말해요.
변수를 'K'라고 놓으면,

$$2 * K = ?$$

라는 식이 생겨요.
여기서 K의 자리에 1부터 9까지 들어가는 거에요. '?'자리에는 2와 K를 곱한 값이 들어가겠죠?

K = 1	K = 2	K = 3	K = 4	K = 5	K = 6	K = 7	K = 8	K = 9
2 * K = 2 * 1	2 * K = 2 * 2	2 * K = 2 * 3	2 * K = 2 * 4	2 * K = 2 * 5	2 * K = 2 * 6	2 * K = 2 * 7	2 * K = 2 * 8	2 * K = 2 * 9

이걸 순서도로 표현해보면,

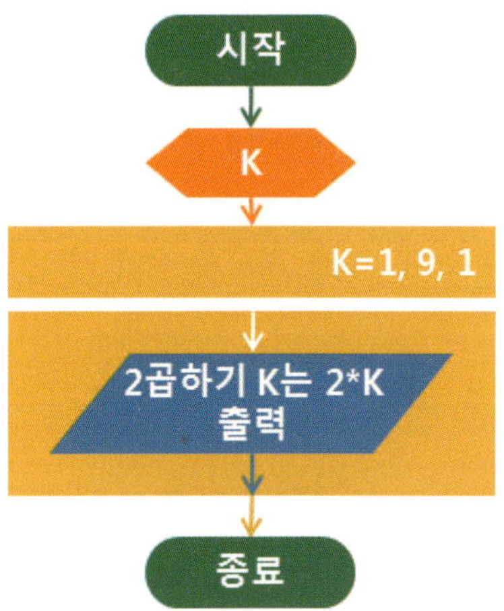

이런 과정을 볼 수 있어요. K의 값이 1씩 증가한다는 것만 잘 생각하면 어렵지 않은 반복문이에요. 구구단은 9까지 있으니까 K가 9보다 크면 안되겠죠? 따라서 K가 9까지 반복하는 것이 반복문의 내용이 될 거에요.

지난 번에 배운 조건문과 이번에 배운 반복문을 이용하면 다양한 알고리즘을 만들 수 있답니다! 참 재미있겠죠?

01 스크래치에는 여러 종류의 반복문이 있어요.

'제어'에 있는 블록들 중에 '반복하기'로 끝나는 블록들이 바로 반복문이죠.

먼저 '10 번 반복하기' 블록을 살펴 볼까요?

이 블록은 말 그대로 10번 반복하는 블록이에요. 10이라는 숫자를 바꿔서 원하는 만큼 반복하게 만들 수 있어요. 1을 써 넣으면 한 번 반복하고, 100을 써 넣으면 백 번을 반복하는 반복문이 돼요. 참 쉽죠?

02 그런데 수백만 번, 수천만 번, 수억 번.. 무한 번을 반복하고 싶으면 어떻게 될까요? 10이라는 숫자 자리에 '999,999,999,999,....,999'를 적어 넣으면 될까요?

아니죠! 바로 '무한 반복하기' 블록을 사용하면 되죠!

이 블록은 말 그대로 무한 반복하는 블록이에요. 그런데! 이 블록은, 블록 밑에 달린 블록끼리 맞물리게 할 수 있는 튀어나온 부분이 없죠? 이 블록 밑에는 다른 블록을 달 수 없는 거에요. 이 블록 안에서 해결해야 하는 것이죠. 그러니 잘 사용해야겠죠?

03 그런데! 무한 반복하면 어떻게 될까요? 영원히 반복되는 것을 기다려야 할까요? 십 년, 백 년, 천 년이 걸릴지도 몰라요! 그러면 안되겠죠?

따라서 어떠한 조건을 만족할 때 멈춰주어야 돼요. 무한 반복하게 내버려 두면 절대 안돼요!

그래서 이 '무한 반복하기' 블록은 항상 '모두 멈추기' 블록과 같이 사용해야 돼요.

어떤 조건에 따라 반복문이 멈추게 하는 블록이죠. '모두' 옆에 있는 아래 삼각형(▼)을 누르면 '이 스크립트'와 '스프라이트에 있는 다른 스크립트'를 선택할 수 있어요. 보통은 '이 스크립트'를 멈추기 위해 사용해요.

04 이 멈추기 블록은 '어떠한 조건'에 따라 멈춘다고 했어요. 따라서 항상 '조건문'과 같이 사용해야 되는 것이죠.

블록을 이렇게 만들어주면, 어떠한 조건이 맞는다면 반복문을 멈추게 할 수 있는 것이죠!

05 이제 무한 반복하기 반복문에 필요한 블록들을 다 합쳐볼까요?

짠! 블록 세 개가 합쳐진 반복문이에요. 무한 반복하는 대신에 어떤 조건이 맞다면 반복문이 멈추게 되는 블록이죠. 어렵지 않죠? 이 세 놈은 항상 같이 다닌다고 생각하면 돼요.

07 이제 마지막 남은 반복문을 볼까요? 바로, '까지 반복하기' 블록이에요.

이 블록은 '10번 반복하기' 블록과 비슷해요. 하지만 조건이 반복문 안에 들어가 있는 놈이죠. 정말 조건문에 들어가는 칸이 들어있는 것이 보이죠? 이 칸에 어떠한 조건을 넣어서 반복할 수 있는 것이죠. 어떻게 보면 반복문과 조건문을 합쳐놓은 것이라고 볼 수 있어요.

이 세가지 반복문을 상황에 따라 적절하게 사용하면 돼요. 정답이 없는 것이죠. 어떠한 반복문도 우리가 원하는 상황에 따라 맞게 바꾸어 사용할 수 있으니까요!

06 물론 '10번 반복하기' 블록에도 쓰일 수 있어요. 10번을 다 반복하지 않더라도, 조건을 만족하면 반복문을 멈추는 것이죠. 어렵지 않죠?

08 이제 각각의 반복문을 통해 구구단 2단을 출력해 볼까요?

구구단은 1부터 9까지 곱해주기 때문에 9번 반복하는 반복문이 필요해요. 9번 반복하는 반복문을 여러 가지 방법으로 만들어 볼게요.

먼저 '10번 반복하기' 블록으로 만들어 볼까요? 10번을 9번으로 고쳐주면 되겠죠? 구구단은 9까지 있으니까요!

초록 깃발을 클릭했을 때 9번 반복하는 반복문이 완성되었어요. 참 쉽죠?

09 이제 반복할 내용을 넣어주면 돼요.

K라는 변수를 하나 만들어 줄게요. 이 변수 K가 1부터 9까지 변하면서 2와 곱해주면 구구단 2단이 완성될 거에요.

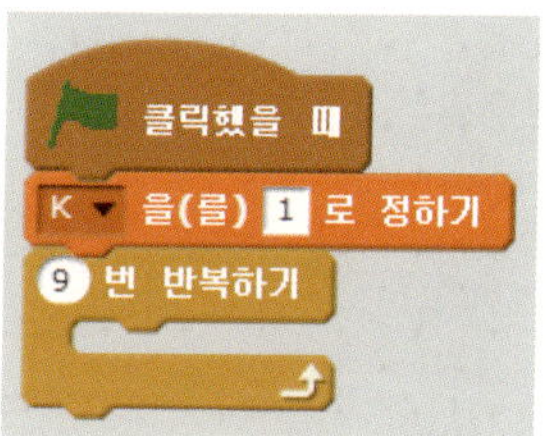

10 변수 K에 초기값으로 1을 넣어주었어요. 그리고 K에 1씩 더해나가면 되겠죠? 반복문 안에 K에 1씩 더하는 내용을 넣어주면 돼요.

이렇게 되면 처음에 K는 1이었지만 반복문이 반복되면서 K가 1씩 늘어나게 돼요. 사실 K가 처음에 1이었기 때문에 9번 반복하면 K는 나중에 10이 될 거에요. 이 문제는 조금 뒤에 다시 볼게요.

11 K에 1을 더해주기 위해 K를 K+1로 바꿔주었지만, 이 동작 하나를 위해서는 세 개의 블록을 사용해야 돼요. 낭비 같지 않나요?

그래서! '데이터'에 가면 'K 을(를) 1 만큼 바꾸기'라는 블록이 있어요. 이 블록을 이용하면 손쉽게 K에 1을 더할 수 있는 것이죠? '1 만큼 바꾸기'라는 뜻이 이상하죠? 아마 번역 과정에서 어색한 단어가 들어간 것 같아요. 아무튼 이 블록을 사용해 볼게요!

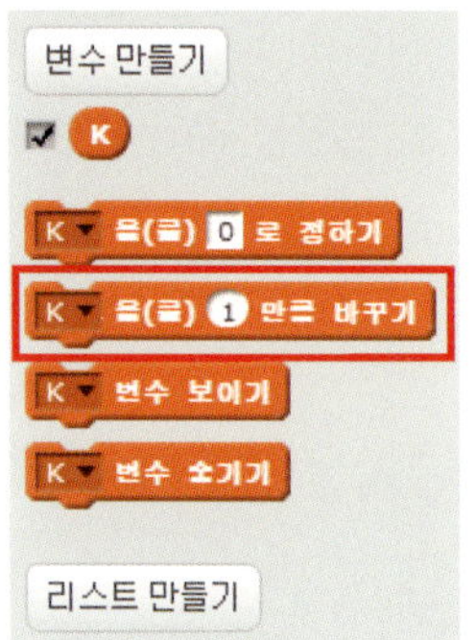

12 결국 `K 을(를) K + 1 로 정하기` 블록과 `K 을(를) 1 만큼 바꾸기` 블록은 같은 뜻이 되는 것이죠!
그럼 `K 을(를) K + 3 로 정하기` 블록과 `K 을(를) 3 만큼 바꾸기` 블록도 같은 뜻이 되는 것을 알 수 있겠죠?
숫자만 같다면요! 참 쉽죠?
이 블록을 이용해서,

이 스크립트를

이렇게 바꿀 수 있어요. 간단해졌지요? 훨씬 쉽구요!

13 이제 반복할 내용이 필요하겠네요! 앞서 말했듯이, K가 1부터 9까지 1씩 증가하기 때문에 2와 K를 곱해주면 구구단 2단이 되겠죠?
'2 곱하기 K' 말이에요.

처음에 K는 1이기 때문에 2곱하기 K는 2와 1을 곱해서 2가 될 거에요.
그 다음에 K는 1이 증가해서 2가 되었으니까, 2곱하기 K는 2와 2를 곱해서 4가 될 거구요.
그 다음에 K는 1이 증가해서 3이 되었으니까, 2곱하기 K는 2와 3을 곱해서 6이 되겠네요!
이렇게 9번 반복하면 되겠죠?

이것이 반복될 내용이에요.

14 이제 모든 블록을 합쳐 스크립트를 완성해 볼까요?

짠! K를 1로 정한 다음
9번 반복하는 반복문에서
2와 K를 곱한 값을 출력해주고,
K에 1을 더해주면 돼요!

15 참 쉽죠? 초록깃발을 클릭해서 스크립트가 제대로 작동하는지 확인해 볼까요?

고양이가 무사히 2단을 외웠어요! 참 똑똑한 고양이네요!

16 그런데!

2단이 끝났을 때 변수 K가 10이 된 것을 볼 수 있죠. 아까 말했던 문제에요. 변수 K의 초기값으로 1을 넣어주었고, K가 1씩 증가하는 반복문이 9번 반복되었으니 K가 10이 된 것이죠.

17 스크립트 블록의 순서 때문에 고양이는 2곱하기 9까지 밖에 말하진 않지만, '나는 K가 10이 아니라 9로 끝났으면 좋겠다!' 하는 친구들도 있을 거에요. 이런 친구들을 위해 스크립트 블록의 순서를 조금 바꿔볼까요?

이 스크립트 또한 우리가 만들었던 기존의 스크립트와 다를 것이 없어요. 스크래치에서는 변수를 만들 때 초기값으로 '0'이 들어가기 때문이죠. 반복문이 시작하자마자 K에 1을 더해주면서 시작하는 거에요. 그러면 9번 반복하면 K가 9가 되겠죠?

18 하지만! 변수가 0으로 초기화 되는 것은 스크래치만의 특징이라고 말했었죠? 다른 프로그램에서는 변수가 0으로 초기화 되지 않을 수 있어요. 따라서 변수를 초기화 해주는 습관을 들이는 것이 중요하답니다!

따라서 아무리 스크래치에서 0으로 초기화를 해준다고 해도, 우리가 다시 한 번 0으로 초기화를 해 줄 필요가 있어요! 이렇게 말이죠!

19 그리고 이 스크립트는 다음의 스크립트와 똑같은 결과가 출력된다는 것, 아시겠죠? K가 0부터 시작하냐, 1 부터 시작하냐의 차이에요. 스크립트 블록은 위에서 아래로 진행되는 것만 잘 알고 있으면 어려울 게 없죠!

반복문은 똑같은 결과가 출력되어도, 여러 가지 형태로 만들 수 있어요. 사람마다 취향이 다르기 때문에 여러 가지 방법을 알고 있으면 좋겠죠?

20 이제 다음 반복하기 블록을 볼까요? 두 번째 반복문 블록은 '무한 반복하기' 블록이에요. 무한 반복하기 또한 K가 1부터 1씩 증가하는 반복문의 형태가 필요해요.

21 그리고 반복문이 끝나는 조건도 필요하겠죠? K가 1씩 증가하다가 9보다 커질 때 반복문을 멈추게 할거에요. 조건문을 사용하면 되겠죠?

22 이제 이 블록들을 합쳐볼게요.

이제 K가 1부터 1씩 늘어나다가 9보다 커질 때 이 스크립트가 멈추는 반복문이 되었어요! 어렵지 않죠?

23 마지막으로 반복할 내용을 넣어주면 돼요. 반복할 내용은 이전과 똑같이 만들어주면 돼요.

24 하지만! 반복할 내용이 들어가는 곳이 중요해요! 적절한 위치에 넣지 않으면 K가 9보다 커져서 10이 되는 것까지 출력할 수 있어요. '2 곱하기 10은 20'까지도 출력될 수 있는 것이죠. 따라서 반복할 내용은 K가 어떻게 변하는지에 따라 잘 결정해서 넣어야 돼요.

이렇게 되면 적절한 위치에 들어간 것이에요. 보통 스크립트를 멈추는 블록은 반복문의 제일 마지막에 넣어요. 또, 'K를 1만큼 바꾸기' 블록은 '반복할 내용' 블록 보다 앞에 있으면 안되니까 제일 위에 있는 것이 좋죠. 논리적 흐름에 따라 블록의 위치를 잘 배치하는 것이 중요해요!

이 스크립트 또한 구구단 2단을 출력하는 스크립트이죠? 처음에 만들었던 '9번 반복하기' 블록이 들어있는 스크립트와 다를 것이 없어요!

25 자, 마지막으로 특정 조건까지 반복하는 반복문을 사용해 볼까요?

이 반복문은 조건이 반복문 안에 들어있기 때문에 조건을 입력해주면 끝이에요. 우리는 K가 1부터 9까지 반복되길 원하니까, K가 9보다 클 땐 반복하지 않게끔 조건을 만들어주면 돼요. 참 쉽죠?

26 이제 반복할 내용을 넣어주어야 돼요. 반복할 내용은 앞선 반복문들과 다를 것이 없어요. 똑같은 블록을 넣어주면 돼요.

이제 블록들을 합쳐서 스크립트를 완성해 볼까요?

깃발을 클릭했을 때 초기값으로 1이 들어있는 변수 K가 1부터 1씩 증가하면서 9까지 반복되는 반복문이 만들어졌어요! 어렵지 않죠?

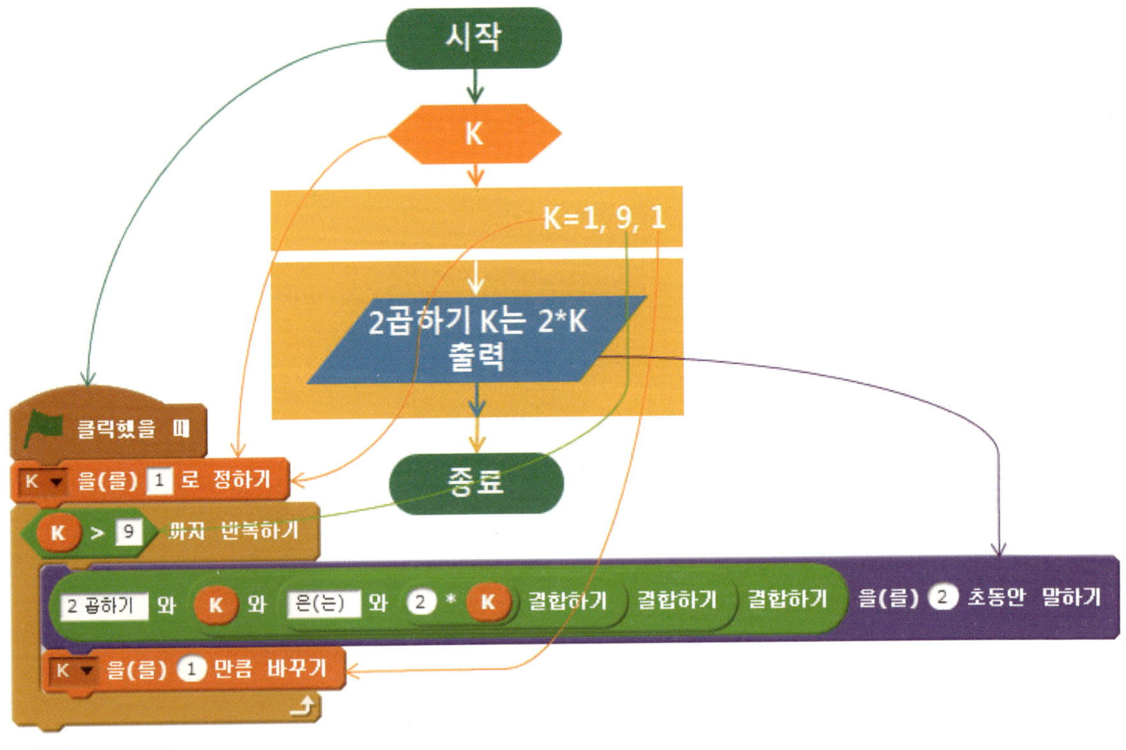

▲ 한 눈에 보기

27 만들었던 세 가지 반복문의 스크립트를 한 곳에 모아서 비교해볼게요! 보기 쉽게 말이에요!

1. '9번 반복하기'

2. '무한 반복하기'

3. '조건까지 반복하기'

32 어때요? 한 곳에 놓고 보니까 비교하기 쉽죠? 여러분은 어떤 반복문이 좋나요?'

보통 반복 횟수가 정해져 있을 땐 1. '9번 반복하기'와 같은 반복문이 좋아요.

반복 횟수가 정해져 있지 않고 범위가 무한대일 땐 2. '무한 반복하기'와 같은 반복문이 좋구요.

마지막으로 반복 횟수가 정해져 있지는 않지만 반복할 범위는 정해져 있다면 3. '조건까지 반복하기' 반복문이 좋아요.

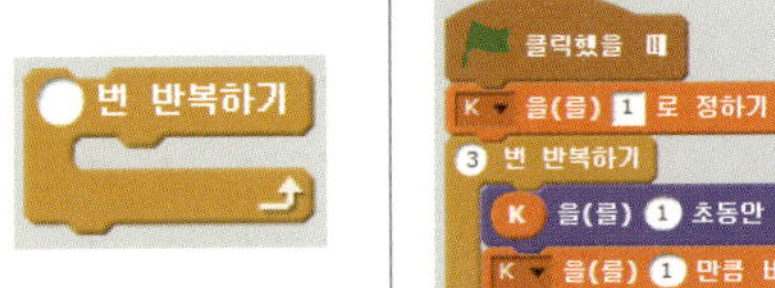

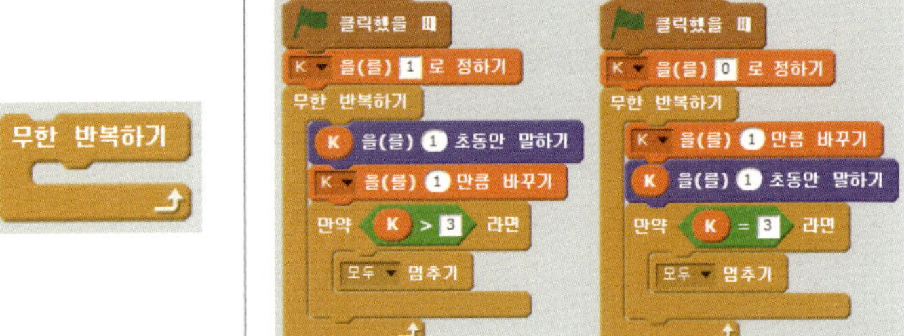

상황에 맞게끔 반복문을 쓰려면 여러 가지 반복문을 알고 있어야겠죠? 화이팅!

QR코드를 통해 동영상 강좌를 보실 수 있습니다.

Unit 01 같은 차이만큼 떨어져 있다옹! – 등차수열

등차수열이란 등급 등(等), 다를 차(差)자를 써서 어떤 수에 차례로 일정한 수를 더해 만들어진 수열을 뜻해요.

예를 들어

1, 3, 5, 7, ...

의 규칙을 갖고 있는 수열은 초항(첫 번째 항)이 1이고 공차(숫자들 사이의 차이)가 2인 등차수열인 거에요. 홀수네요. 어렵지 않죠?

만약 초항이 2이고 공차가 2인 수열은 어떻게 될까요?

2, 4, 6, 8, ...

와 같은 수열이 되겠죠? 짝수네요. 참 쉽죠?

이제 우리는 초항과 공차가 주어질 때 N번째 있는 숫자가 무엇인지 알아내는 프로그램을 만들 거에요. 만약 초항이 1, 공차가 2인 수열의 3번째 수는? 이라고 물었을 때 '5'라고 대답하면 되는 것이죠. 이제 반복할 내용을 넣어주어야 돼요. 반복할 내용은 앞선 반복문들과 다를 것이 없어요. 똑같은 블록을 넣어주면 돼요. 이번에는 반복할 횟수가 처음부터 N으로 정해지기 때문에 N번만큼 반복하면 돼요. 1로 시작하는 K 변수를 N번까지 반복하는 반복문을 만들면 되는 거에요.

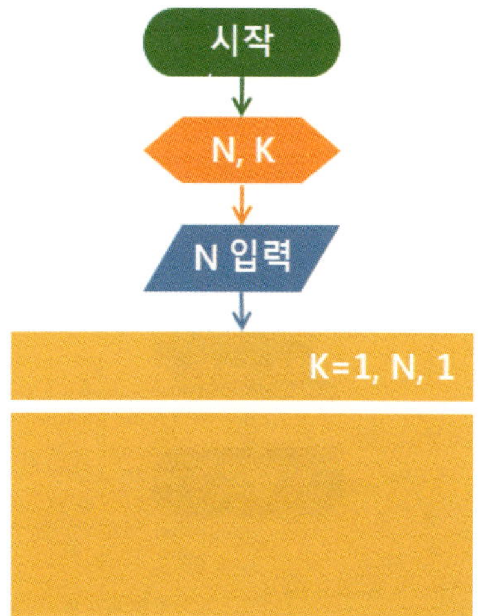

그 다음에는 반복할 내용이 필요하겠죠?

초항은 A, 공차는 D라는 변수로 정해줄 거에요. 그리고 만들어지는 수열은 AN라고 할게요.

첫 번째 반복문에서는 초항에 공차를 한 번 더해주면 돼요.
만약 초항이 2이고 공차가 2라면, 초항 2에 공차 2를 더한 값인 4가 될 거에요. 이것이 AN이 되는 것이죠. AN은 초항에 공차를 계속 더해서 넣어주는 변수가 되는 거에요.
두 번째 반복문에서는 AN에 다시 공차를 더해주면 돼요. 4에다가 2를 더해주면 되겠죠?
세 번째 반복문에서는 AN에 다시 공차를 더해주면 돼요. 6에다가 2를 더해주면 되겠죠?

이 과정을 K가 1부터 입력받은 N보다 하나 적은 수까지 반복하면 돼요.

K=1 (첫 번째 항)	K=2 (두 번째 항)	K=3 (세 번째 항)	...	... K=N (N 번째 항)
초항	초항에 공차를 한 번 더해줌	초항에 공차를 두 번 더해줌		초항에 공차를 N-1번 더해줌
초항	초항+공차	초항+공차+공차		초항+공차+...+공차
A	A+D	A+D+D		A+D+...+D

이런 식으로 반복되는 반복문을 만들면 돼요. 첫 번째 항이 이미 주어졌으니 N번을 반복하는 것이 아니라 N − 1 번 반복하는 것이죠. 어렵지 않죠? 순서도로 살펴볼게요.

이렇게 하면 등차수열의 N번째 항에 있는 숫자를 알아낼 수 있어요. 참 쉽죠?

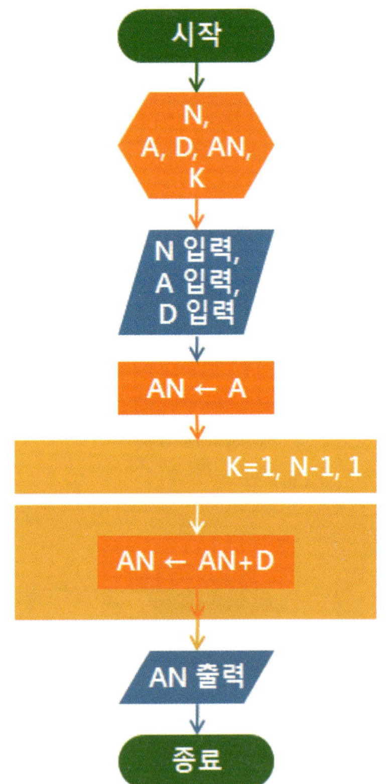

이제 반복문을 사용해서 등차수열을 공부했으니, 반복문을 사용하지 않고 N 번째 항에 있는 숫자를 구해볼게요.

초항을 A, 공차를 D라고 했을 때 등차수열을 생각해볼게요. 첫 번째 항은 초항이기 때문에 A가 되겠죠? 두 번째 항은 첫 번째 항에 공차를 한 번 더해준 값이 될 거에요. A+D가 되는 것이죠. 그리고 세 번째 항은 첫 번째 항에다가 공차를 두 번 더해준 값이 되는 거에요. A+D+D가 되는 것이죠. 그렇죠? 차례차례 써보면,

> **첫 번째 항 : A**
> **두 번째 항 : A+D**
> **세 번째 항 : A+D+D**
> **네 번째 항 : A+D+D+D**

이렇게 진행되는 수열이 되겠죠? 공차를 몇 번 더해주느냐에 따라서 N번째 항의 숫자가 정해지는 거에요. 첫 번째 항에서는 공차가 없었고, 두 번째 항에서는 공차를 한 번 더했죠? 각 항에서 공차는 각 항에서 하나 뺀 만큼의 더해준 거에요. 네 번째 항이면 네 번째에서 하나를 뺀 세 번 만큼 공차를 더해준 것이죠. 100번째 항에서는 공차를 99번 더해주겠죠?

> **첫 번째 항 : A+D * (1-1)**
> **두 번째 항 : A+D * (2-1)**
> **세 번째 항 : A+D * (3-1)**
> **네 번째 항 : A+D * (4-1)**

결국 N번째 항에서는 N에서 하나 뺀 만큼 공차를 더해주면 되는 거에요. N-1번 만큼이겠네요.

> **N 번째 항 : A+D * (N-1)**

이 과정을 순서도로 나타내면 반복문이 필요 없어요.

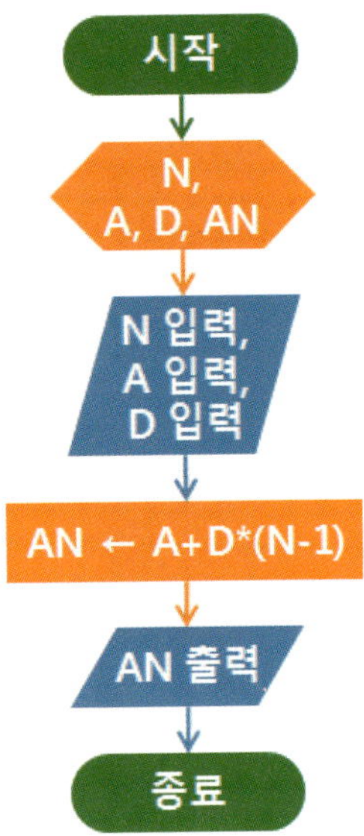

어때요? 더 간단해 보이나요?

이 공식이 바로 고등학교에서 배우는 '등차수열의 일반항' 공식이랍니다. 어렵지 않죠? 이 일반항을 이용하면 반복문 없이 바로 N번째 항에 있는 등차수열을 구할 수 있는 거에요.

'수열'이라고 불리는 규칙적인 숫자의 나열은 반복문을 이용하면 쉽게 원리를 파악할 수 있어요. 일반항 공식을 외우는 것도 중요하지만 먼저 원리를 익히는 게 먼저겠죠?

일정한 수를 더해서 이루어진 수열. 등차수열!

초항과 공차만 있으면 N번째 항이 몇인지 알 수 있다고 했죠? 이제 스크래치로 초항과 공차를 입력받아서 N번째 항이 몇인지 알아보는 프로그램을 만들 거에요.

먼저 반복문의 종류에 대해 복습해 볼까요?

01 우선 N번 반복하는 반복문이 필요하겠죠? N번 반복하는 것으로 정해져 있기 때문에 '제어'에 있는

블록을 사용할 거에요. '10' 번 자리를 'N'번으로 바꿔주기만 하면 되죠!

02 N을 입력받고 N번 반복하는 반복문을 만들어 줄게요.

초록 깃발을 클릭했을 때 N을 입력받고 N번 반복하게 만들어주면 돼요!

이제 N번 반복하는 반복문이 만들어졌죠?

03 스크래치의 다른 반복문을 이용해서 똑같이 N번 반복하는 반복문을 만들어 볼까요?

먼저 '무한 반복하기' 블록을 사용해 볼게요. '무한 반복하기' 블록은 조건문과 멈추기 블록을 같이 사용한다고 했죠? 그리고 N번까지 반복할 변수 K도 필요해요. 필요한 블록이 많죠? 한 번 만들어 볼까요?

무한 반복되는 반복문이에요. 하지만 변수 K가 1부터 시작해서 1씩 증가하다가 N보다 커지면 반복문이 멈추는 조건문이 들어있죠! 모양은 다르지만 처음에 만들었던 반복문이랑 똑같아요. N번 반복하는 반복문이 되는 것이죠!

04 다음에는 '조건까지 반복하기' 블록을 사용해 볼까요? 이 블록은 조건문이 반복문 안에 들어있는 조건문이었죠? 조건을 잘 정해주면 N번 반복하는 반복문을 만들 수 있을 거에요. 무한 반복하는 반복문과 마찬가지로 변수 K가 필요해요. K가 1부터 N까지 반복되는 조건을 넣어주기 위해서죠. 한 번 만들어 볼까요?

K가 1부터 N까지 반복되는 반복문이 되었죠? 결국 N번 만큼 반복하는 반복문이 된 것이죠! 세가지 반복문 모두 N번 반복되는 반복문이지만 모양이 달라요. 하지만 기능은 같기 때문에 상황에 따라 필요한 반복문을 사용하면 돼요. 우리는 제일 첫 번째 반복문을 이용할 거에요. 왜? 반복하는 횟수가 N번으로 정해져 있기 때문이죠!

06 어라! 근데 우리는 N번째 항에 있는 값을 구하기 위해 N번 반복하는 반복문을 만들었잖아요! N번째 항에 있는 값은 초항에 공차 D를 N-1번 더하는 것인데 말이에요! 따라서 반복문 또한 N번이 아니라 N-1번 반복하는 반복문으로 바꿔줄 필요가 있어요.

05 자 이제 등차수열을 스크래치로 만들어 볼까요? N번 반복하는 반복문을 만들었으면, 다른 필요한 변수들을 입력받아야겠죠?
초항을 변수 A에, 공차를 변수 D에, N번째 항의 값을 변수 AN이라고 할게요. 입력받게 만들어 볼까요?

변수 AN에 A를 넣는 이유는 뭘까요?
등차수열의 초항을 잘 생각해 보면, 초항 자체가 등차수열의 첫 번째 항이라는 뜻이잖아요?
이미 첫 번째 항이 존재하고 있는 거죠! 따라서 사실 우리는 등차수열의 두 번째 항부터 구하는 것이죠. 그럼 N번째 항에서 공차는 몇 번이나 더해질까요? 첫 번째 항은 초항 A이지요? 두 번째 항은 초항 A에다가 공차 D를 한 번 더해준 게 돼요. 세 번째 항은 초항에 공차 D를 두 번 더해준 것이죠. 그럼 N번째 항은 공차 D를 몇 번이나 더해줄까요? N번 더해줄까요? 아니죠! N번 보다 하나 적은 만큼 더해주겠죠? N-1 번 더해주는 거에요. 참 쉽죠?

N이 1일 때 (첫 번째 항) : A
N이 2일 때 (두 번째 항) : A+D (D를 한 번 더해줌)
N이 3일 때 (세 번째 항) : A+D+D (D를 두 번 더해줌)
  ...
N이 N일 때 (N 번째 항) : A+D+D+...+D (D를 N-1 번 더해줌)

 이제 반복문도 고쳐주었으니 반복할 내용이 필요해요! 반복할 내용은 초항에 공차를 더해주는 것이겠죠? 변수 AN에다가 초항 A에 공차 D를 차곡차곡 더해준 값을 넣어주면 돼요.

첫 번째 항 : AN ← A
두 번째 항 : AN ← AN+D
세 번째 항 : AN ← AN+D
 …
N 번째 항 : AN ← AN+D

첫 번째 항에서 AN은 반복문이 시작하기 전에 A로 정해 주었으니, 두 번째 항부터 반복하면 되겠죠? 반복할 내용은 변수 AN을 AN+D로 정하는 것이 되겠네요! 반복문을 완성해 볼까요?

등차수열의 스크립트가 완성되었어요! 초항과 공차를 입력했을 때 N번째 항이 무엇인지 출력하는 프로그램에요! 정말 스크래치 고양이가 제대로 말하는지 볼까요?

이제 초항과 공차만 알면 몇 번째 항에 들어있는 값이라도 출력해 낼 수 있어요! 어렵지 않죠? 다음에는 등차수열과 비슷한 등비수열을 배울 거에요! 참 재미있겠죠?

QR코드를 통해 동영상 강좌를 보실 수 있습니다.

 초항이 1, 공차가 2인 등차수열에서 5번째 항은 무엇일까요?
1, 3, 5, 7, 9
로 반복되는 수열에서 다섯 번째 항은 9가 되겠죠? 정말 9가 나오는지 볼까요?

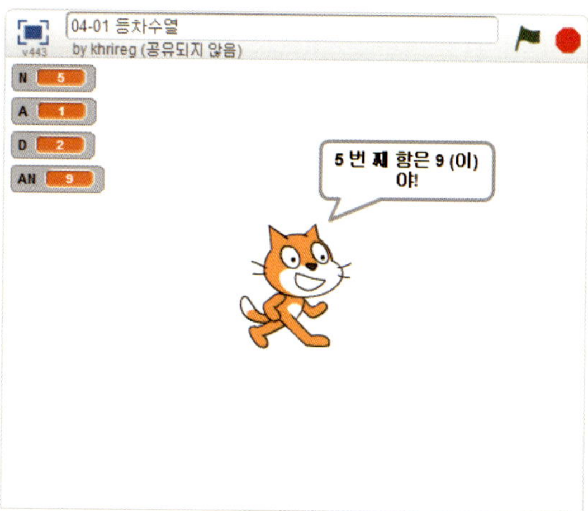

정말 9라고 말하는 것을 볼 수 있어요!

 이번엔 좀 더 어려운 것을 해볼까요?
초항이 2, 공차가 3인 등차수열에서 10번째 항을 구해 볼게요.
2, 5, 8, 11, 14, 17, 20, 23, 26, 29
로 반복되는 수열이 되겠네요! 10번째 항은 29이죠? 정말 스크래치 고양이가 29를 말하나 볼까요?

짠! 정말 29가 출력되었어요! 참 신기하죠?

Unit 01 　같은 비율만큼 떨어져 있다옹! – 등비수열

등차수열에 이어 등비수열을 배울 거에요.

등비수열은 등차수열과 마찬가지로 첫째 항에 일정한 숫자를 곱해 나가는 수열이에요. 곱해지는 일정한 숫자를 '공비'라고 해요. 만약 초항이 1이고 공비가 2라면,

> **1, 2, 4, 8, 16, ...**

이와 같은 수열이 되는 거에요. 만약 첫째 항이 2이고 공비가 3이라면,

> **2, 6, 18, 54, ...**

이와 같은 수열이 되겠죠?

K=1 (첫 번째 항)	K=2 (두 번째 항)	K=3 (세 번째 항)	...	K=N (N 번째 항)
초항	초항에 공비를 한 번 곱해줌	초항에 공비를 두 번 곱해줌		초항에 공비를 N-1번 곱해줌
초항	초항 * 공비	초항 * 공비 * 공비		초항 * 공비 * ... * 공비
A	A * R	A * R * R		A * R * ... * R

이번에도 N번째 항에 있는 숫자가 무엇인지 반복문을 통해 구해볼게요.

먼저 초항을 변수 A에, 공비를 변수 R에 넣어줄게요. 초항에 변수를 곱해서 만들어지는 수열은 AN이라고 할게요. 그 다음에 N번 반복하는 반복문을 만들어줘야겠지요? K가 1부터 시작해서 N이 될 때까지 반복을 하는 반복문이 있으면 될 거에요.

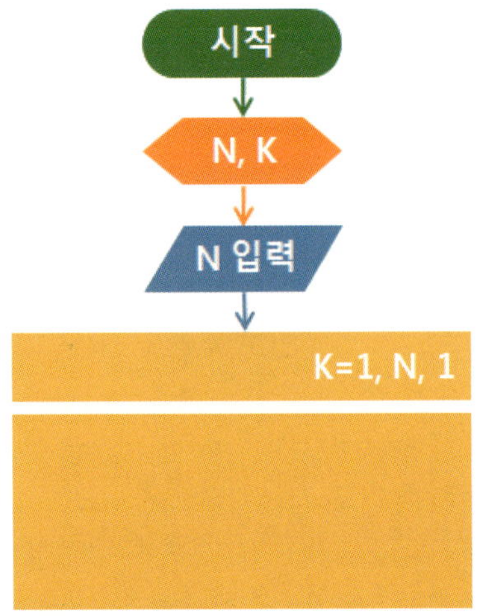

이제 반복할 내용을 만들어주면 돼요.

첫 번째 반복문에서는 초항에 R을 곱해주면 되겠지요? 이것을 변수 AN에 담아주면 돼요. 변수 AN에는 초항에 공비가 곱해지는 것이죠.
두 번째 반복문에서는 초항에 R을 두 번 곱해주면 될 거에요. 첫 번째 반복문의 결과인 변수 AN에 R을 곱해주면 되겠죠?
세 번째 반복문에서는 초항에 R을 세 번 곱해주면 돼요. 변수 AN에 R을 곱해주면 되는 것이죠.

위와 같은 방식으로 반복되는 내용을 넣어주면 돼요. 하지만 이미 초항 A가 존재하기 때문에 N까지 반복하는 것이 아니라 N-1까지 반복하는 것이죠. 등차수열과 똑같죠?

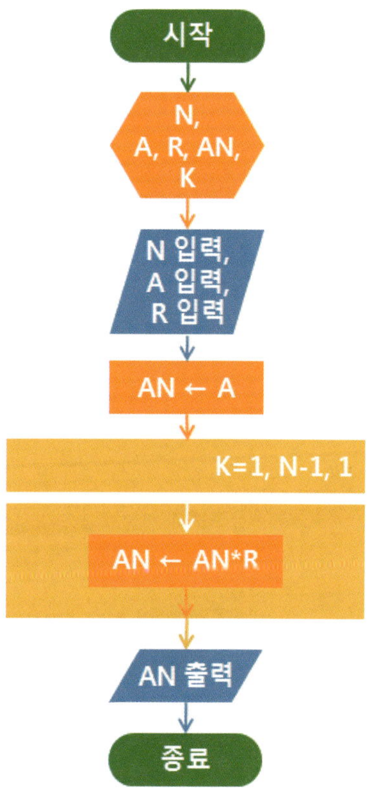

이제 N번째 항에 어떤 숫자가 있는지 알 수 있게 되었어요!

등차수열처럼 등비수열 또한 일반항이 있지 않을까요? 등비수열을 잘 살펴보면 공비 R을 계속해서 곱해주는 방식이에요.

> 첫 번째 항 : A
> 두 번째 항 : A * R
> 세 번째 항 : A * R * R

따라서 각 항에서 하나를 빼준 만큼의 횟수로 공비를 곱해주면 되는 거죠.

> 첫 번째 항 : $A * R^{(1-1)}$
> 두 번째 항 : $A * R^{(2-1)}$
> 세 번째 항 : $A * R^{(3-1)}$

그럼 N번째 항 또한 N에서 1을 빼준 횟수 만큼 공비를 곱해주겠죠?

> N 번째 항 : $A * R^{(N-1)}$

그런데 컴퓨터에서는 계속 곱해졌음을 의미하는 지수를 나타내기 어렵기 때문에 숫자 6 키에 있는 특수 문자 '^'를 이용해요. '^'기호를 이용해 지수를 쉽게 표현할 수 있는 것이죠.

> $A * R^{(N-1)} = A * R^{(N-1)}$

이 과정을 순서도 나타내어 볼까요? 반복문이 필요 없어요.

이것이 바로 학교에서 배우는 등비수열의 일반항이에요. 이 일반항을 이용하면 반복문을 사용하지 않고서도 N번째 항에 있는 값을 구할 수 있어요. 어렵지 않죠?

등차수열과 등비수열은 고등학교 수학 뿐만 아니라 취업 시험, 일상 생활 등에서 자주 쓰이는 수열이기 때문에 알고 있으면 참 좋아요!

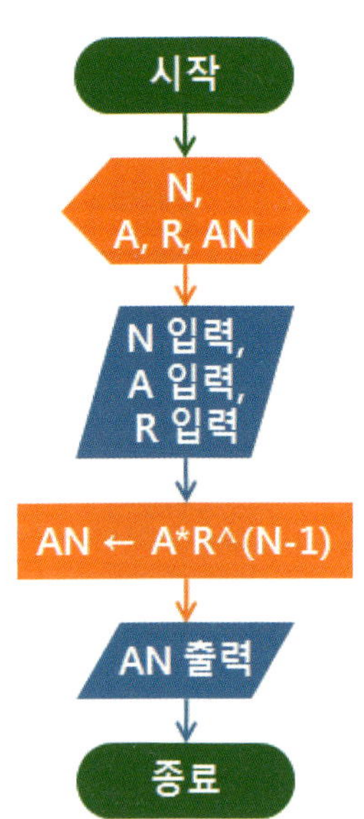

등차수열과 등비수열은 마치 쌍둥이 같아요. 퀵실버와 스칼렛위치처럼 말이죠!

등차수열이 초항에 공차를 계속 더해나갔다면, 등비수열은 초항에 공비를 계속 곱해나가는 것이에요. 공비란 공차와 마찬가지로 일정한 차이만큼 곱해 준 것을 말해요. 어렵지 않죠?

등차수열의 원리를 알았다면 등비수열은 누워서 떡 먹기이죠! 그렇다고 정말 누워서 떡을 먹으면 안돼요! 떡이 목에 걸려 위험할 수 있어요! 하핫!

01 등차수열과 마찬가지로 N번 반복하는 반복문이 필요해요. 이제 반복문 만드는 건 일도 아니죠? N번 반복하는 반복문을 만들어 주세요!

N번 반복하는 반복문이 생겼어요. 사실 여러분들도 이 책을 보고 계속 잘 따라해 왔다면, 지금쯤 블록 만들고 합치는 것은 도사가 되어 있을 거에요. 생각해 보세요. 아주 어렸을 때 레고 블록을 처음 갖고 놀 때를 말이에요. 그 땐 어느 블록을 어디다 끼워 맞추어야 되는지도 잘 몰라서 이리 저리 만져보고 입에 넣어도 보고 했잖아요? 하지만 금세 가지고 노는 방법을 알게 되어서 이리 맞추고 저리 맞추고.. 공룡도 만들고 자동차도 만들 수 있게 되지요!

가지고 노는 방법만 알게 된다면 그 다음부터는 여러분이 상상하는 대로 만들 수 있는 거에요. 스크래치 블록도 마찬가지이죠. 블록을 맞춰 끼우는 것만 알게 된다면 그 다음에는 여러분이 상상하는 모든 것을 만들 수 있어요. 상상력은 인간이 갖고 있는 제일 강한 능력이지요!

02 아무튼, 반복문을 만들어 주었으면 초항을 변수 A에, 공비를 변수 R에, 일반항을 변수 AN에 입력받게끔 만들어 줄게요. 등차수열이랑 똑같죠?

03 모든 변수들을 입력받았으면 반복할 내용이 필요해요.

등차수열과 마찬가지로 등비수열 또한 첫 번째 항을 알고 있죠. 초항이 첫 번째 항이잖아요!

따라서 등비수열도 N번 반복하는 것이 아니라 N–1번 반복하는 반복문으로 고쳐주어야 돼요. 첫 번째 항에 공비 R을 곱해 나가는 것이니까요!

첫 번째 항 : A
두 번째 항 : A * R (공비가 한 번 곱해짐)
세 번째 항 : A * R * R (공비가 두 번 곱해짐)
  …
N 번째 항 : A * R * R * … * R (공비가 N–1번 곱해짐)

스크립트를 N–1번 반복하는 반복문으로 고쳐볼까요?

이제 N–1번 반복하는 반복문이 완성되었어요.

04 반복할 내용만 있으면 되겠죠? N번째 항에 들어있는 값을 나타내는 AN에 초항 A부터 R을 차곡 차고 곱해 나가면 돼요.

첫 번째 항 : AN ← A
두 번째 항 : AN ← AN * R
세 번째 항 : AN ← AN * R
  …
N 번째 항 : AN ← AN * R

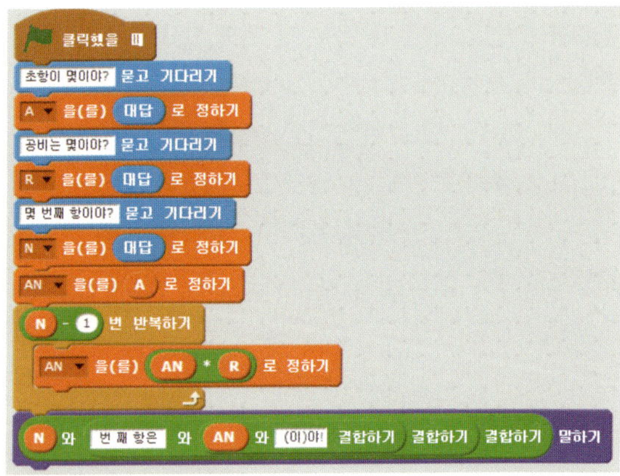

05 그러면 N 번째 항에 있는 값이 AN이 될 거에요. 반복할 내용도 만들어서 스크립트를 완성해 볼까요?

등차수열의 스크립트와 거의 똑같죠? 공차 D가 공비 R로 바뀌고 AN과 D를 더해준 것에서 AN과 R을 곱해 준 것으로 바뀌었어요. 정말 쌍둥이 같죠?

06 이제 숫자 몇 개를 넣어서 스크립트가 제대로 작동하는지 볼까요?

초항이 1, 공비가 2인 등비수열의 5번째 항이 무엇인지 출력해 볼게요.

A에 1을, R에 2를, N에 5를 입력하면 되겠죠?

1, 2, 4, 8, 16 으로 반복되는 수열이 될 거니까 16이라고 출력하면 정답이에요!

스크래치 고양이가 정답을 말했어요!

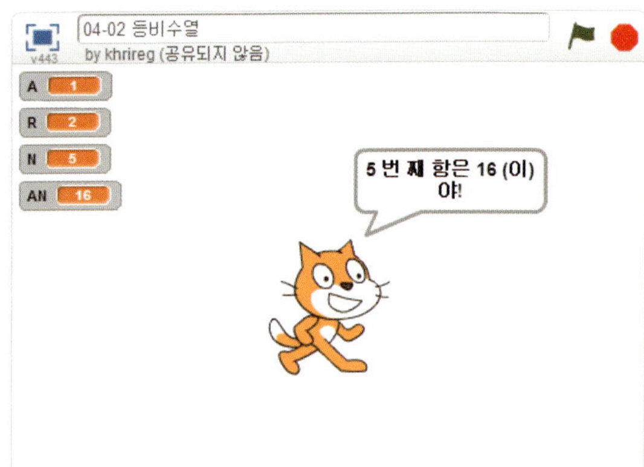

07 이제 좀 더 어려운 것을 해볼까요? 초항이 2, 공비가 3인 등비수열에서 10번째 항이 무엇인지 알아볼게요. 엄청 큰 숫자가 나오겠네요.

A에 2를, R에 3을, N에 10을 입력하면 되겠죠?

2, 6, 18, 54, 162, 486, 1458, 4374, 13122, 39366 과 같은 수열이 될 거니까 39366을 출력하면 성공이에요! 확인해 볼까요?

스크래치 고양이가 정답을 말했어요! 참 똑똑하죠? 아무리 큰 숫자라도 잘 맞출 수 있어요!

08 그런데 여러분! 초항이 0이거나 공비가 0이면 어떻게 될까요?

초항이 0, 공비가 3인 등비수열에서 10번째 항이 무엇인지 볼게요.

0이 되어버리죠! 왜냐하면 초항 0에 3을 곱하면 0이 되기 때문이에요. 그 다음에는 0에 0을 곱하니까 당연히 0이 되겠죠? 0, 0, 0, 0, ..., 0 과 같은 수열이 될 거에요.

그렇다면 초항이 3이고 공비가 0이면 어떨까요? 3에 0을 곱해도 0이기 때문에 초항을 제외한 모든 항들이 0이 되겠죠? 3, 0, 0, 0, ..., 0 과 같은 수열 말이에요.

그러니 등비수열에서는 항상 숫자 0을 조심해야 돼요! 0의 함정에 빠져버리면 모든 숫자가 0이 되어버리니까요! 아셨죠?

등차수열과 등비수열! 참 재미있는 쌍둥이네요! 하핫!

QR코드를 통해 동영상 강좌를 보실 수 있습니다.

Unit 01 　시그마가 뭐냐옹? 먹는 거냐옹? – 시그마와 가우스

$\sum$ 이런 기호를 본 적 있나요? '시그마'라고 불리는 이 기호는 어떤 숫자들을 모두 다 더할 때 쓰는 기호에요. 예를 들어서,

$$\sum_{i=1}^{10} i$$

이 뜻은 1부터 10까지 다 더하라는 뜻이에요. 1부터 10까지 다 더하면 55가 되겠죠?

$$\sum_{i=1}^{10} i = 1 + 2 + \ \ldots \ + 10 = 55$$

사실 이 기호는 고등학교 때 배우는 기호이지만 어렵지 않으니 시그마에 대한 프로그램을 만들어 볼 게요.

어떤 숫자를 입력받으면 1부터 그 숫자까지 다 더하는 프로그램을 만들 거에요.
3을 입력받으면 1+2+3을 해서 6을 출력해 줄 것이고, 10을 입력받으면 55를, 100을 입력받으면 5050을 출력해 주는 것이죠. 어렵지 않죠?

입력받을 숫자를 N이라는 변수에 담을 거에요. 그러면 1부터 N까지 다 더한 값을 출력해야겠죠? 이 럴 때 사용하는 것이 지난 번에 배운 반복문이에요.

반복문에 필요한 것이 무엇이었죠? '반복할 내용'과 '반복할 횟수'였죠? 반복할 내용은 1부터 1씩 증 가해서 더해주는 것이고, 반복할 횟수는 입력받는 N의 값이 될 거에요.

일단 제일 먼저 N번 반복하는 반복문의 틀을 만들어 볼게요. K라는 변수가 처음에 1이라는 값을 담 고 있다고 정해 놓는 거에요. 그 다음에 K라는 변수를 1씩 더해주어서 K가 N이 될 때까지 반복하면 되겠죠? 순서도로 살펴볼게요!

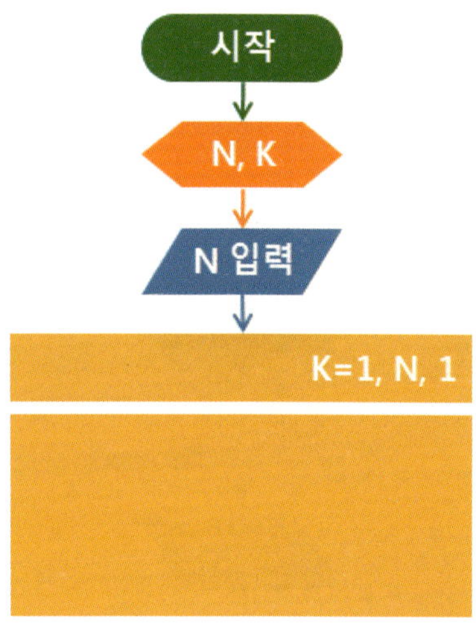

이러면 K가 1부터 1씩 증가해서 N까지 반복하는 반복문이 될 거에요. 참 쉽죠?

그 다음에 할 일은 반복되는 내용을 정해주는 일이에요. 이 프로그램은 숫자들을 다 더해야 하기 때문에 새로운 변수가 필요해요. 새로운 변수의 이름을 SUM이라고 정하고 초기값을 0으로 정해줄게요.

$$SUM \leftarrow 0$$

변수 SUM에는 숫자들을 차곡차곡 쌓아나가듯이, 하나씩 더해주는 거에요.

반복문이 시작되기 전에 변수 SUM 안에는 0이라는 숫자가 있었어요. 하지만 첫 번째 반복문에서 SUM은 0에 1을 더한 값인 1을 갖게 되는 것이죠.

$$SUM \leftarrow SUM+1$$

두 번째 반복문에서는 어떻게 될까요? SUM에다가 2를 더하면 되겠죠?

$$SUM \leftarrow SUM+2$$

세 번째 반복문 또한 마찬가지로 SUM에다가 3을 더하면 돼요.

$$SUM \leftarrow SUM+3$$

이런 과정을 정해진 만큼 반복하면, 결국에는 SUM에 숫자들이 차곡차곡 더해져 원하는 값을 얻을 수 있어요.

그런데, 사실 우리가 하나씩 더해주는 숫자는 반복문의 순번과 똑같죠? 첫 번째 반복문에서 1을 더해주고, 두 번째 반복문에서 2를 더해주었으니까요. 따라서 해당 반복이 몇 번째인지 나타내고 있는 변수 K를 이용할 거에요. K 번째 반복문에서는 K를 더해주는 것과 마찬가지니까요.

이것이 바로 반복문이 반복할 내용이 될 거에요. 순서도로 확인해볼게요.

변수 K와 변수 N을 이용해서 반복문이 N번 만큼 반복되게 만들었어요. 반복되는 내용은 변수 SUM에 변수 K를 더해서 숫자를 쌓아 나가는 것이에요. 변수가 많이 등장해서 어려워 보일 수도 있는데, 하나씩 차근 차근 살펴보면 숫자의 흐름이 보일 거에요!

반복문이 다 끝났을 때 SUM이라는 값을 출력해주면 우리가 원하던 1부터 N까지 다 더한 값이 되는 것이죠. 참 쉽죠?

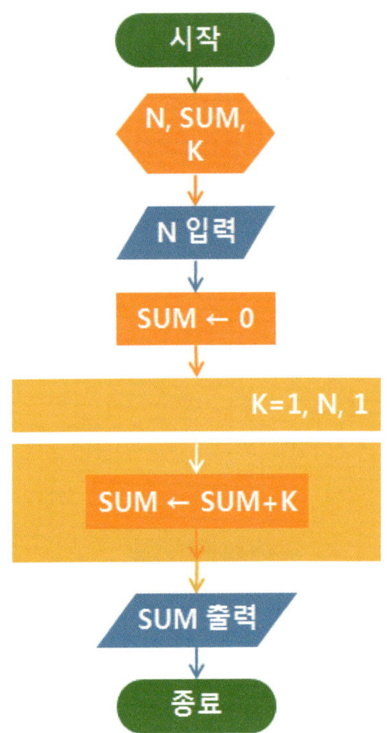

그런데!
수학자 '가우스'는 조금 다른 방법을 생각했어요. 독일의 수학자 가우스(Carl Friedrich Gauss)가 10살 때 생각해낸 방법이에요. 만 10살이면 우리나라 나이로 초등학교 4학년쯤 되겠네요! 대단한 친구죠?

1부터 100까지 더해보라는 선생님의 말씀에 가우스는 어떻게 대답했을까요?
다른 친구들이 1부터 숫자를 하나씩 늘려가며 더하고 있을 때, 가우스는 순식간에 "5050이요!"라고 대답했어요. 어떻게 금방 풀어낼 수 있었을까요? 컴퓨터도 아닌데!

가우스는 먼저 1부터 100까지의 숫자를 잘 살펴 보았어요. 무작정 먼저 더하는 것이 아니구요. 그리고는 생각했지요!
'1부터 100까지의 숫자를 반으로 나누면 어떻게 될까?'
가우스는 숫자를 반으로 나눈 거에요. 1부터 50까지, 51부터 100까지 이등분한 것이죠. 그 다음에 어떠한 규칙을 찾아 내었어요. 1과 100을 더한 것과 2와 99를 더한 것이 같다는 사실을 말이에요!
1과 100을 더한 것은 101이지요? 그런데 2와 99를 더해도 101이 나온답니다! 마찬가지로 3과 98을
더해도 101이 나오는 것을 알 수 있어요. 규칙을 발견한 거죠! 가우스는 이런 식으로 만들 수 있는
101이 몇 개나 될지 생각해 보았어요. 1과 100부터 시작해서 50과 51로 끝나는 것을 금방 알 수 있었
죠. 50과 51을 더해도 101이 나오지요? 결국 1부터 100까지 더한 것은 101이라는 숫자가 50개 있는
것과 마찬가지라는 것을 알게 되었어요. 101이 50개 있는 것은 101에 50을 곱하는 것과 같죠. 101에
50을 곱하면 5050이지요?
따라서 답이 5050이라고 빨리 대답할 수 있었던 거에요.

그렇다면, 가우스가 생각한 방식을 알고리즘으로 만들 수 있지 않을까요?
가우스는 첫 번째 숫자 1과 마지막 숫자 100을 더했어요. 그 다음에 100개의 숫자를 반으로 나눈 만
큼을 곱해 주었지요. 100의 반은 50이 되겠죠? 따라서 가우스의 방식을 식으로 정리해보면,

(첫 번째 숫자+마지막 숫자)× 전체 숫자의 개수를 반으로 나눈 수

가 될 거에요. 이렇게 하면 반복문을 쓸 필요도 없이 1부터 N까지 더한 값을 재빠르게 구할 수 있어
요! 어때요? 참 놀라운 방법이죠?

이 방식은 나중에 배울 등차수열의 일반항 공식을 응용해서 등
차수열의 합 공식으로 발전시킬 수 있어요.
첫 번째 숫자를 A,
마지막 숫자를 L,
전체 숫자를 N이라고 했을 때
순서도로 나타내어 볼까요?

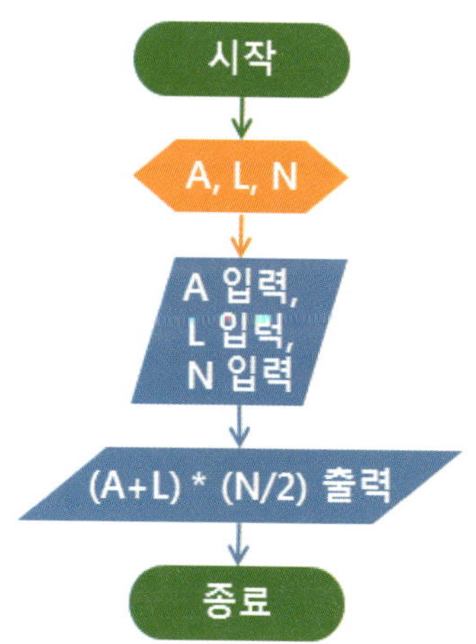

여러분은 반복문과 가우스의 방법 중에 어떤 것이 마음에 드나요? 어떤 사람들은 간단하게 구할 수
있는 가우스의 방법을 좋아할 수도 있고, 또 어떤 사람들은 프로그램의 작동원리를 볼 수 있는 반복
문을 좋아할 수도 있어요.
그러니 때에 따라 더 적절한 방법을 사용한다면 더 좋은 알고리즘이 될 거에요. 가우스의 방법 이외
에도 1부터 100까지 더하는 방법은 무궁무진 하니, 여러분들도 여러분만의 방법을 만들어보세요!
화이팅!

이번에는 1부터 N까지의 합을 구해 볼 거에요. 시그마(Σ)기호를 사용해서 나타낼 수 있다고 했죠? 1부터 10까지의 합은 55가 될 것이고 1부터 100까지의 합은 5050가 됐었죠! 정말인지 확인해 볼까요?

01 우선 입력받는 N까지 반복하는 반복문이 필요해요. 반복할 횟수가 N번으로 정해져 있기 때문에 '제어'에 있는

블록을 써야 할까요?
아니면 다른 반복문을 써야 할까요?

이번에는 1부터 N까지의 합이기 때문에 하나씩 바뀌는 숫자를 이용할 거에요.
예를 들어, 1번째 항은 1, 2번째 항은 2, 3번째 항은 3인데, 1과 2와 3을 더해야 하기 때문에 1과 2와 3이 필요한 거에요. 그래서 우리는 변수 K를 사용할 거에요. 변수 K가 1부터 N까지 반복하는 반복문이죠. 만들어 볼까요?

초록 깃발을 클릭했을 때 변수 N을 입력받은 다음, 변수 K에 초기값으로 1을 넣어줄 거에요. 그리고 K가 1부터 N까지 1씩 증가하는 반복문을 만들어주면 돼요.

02 이제 K가 1부터 N까지 반복되는 반복문이 만들어졌어요.
반복할 내용을 만들어야겠죠? 모든 숫자들을 다 더해주기 위해 SUM이라는 변수를 하나 만들어 줄게요. 이 SUM이라는 변수에 1부터 N까지 1씩 증가하는 K 변수를 차곡차곡 더해 넣는 거에요. 물론 변수 SUM은 아무 것도 들어있으면 안되니까 초기값으로 0을 넣어 줘야겠죠?

첫 번째 반복문에서는 K가 1이기 때문에 SUM에 1을 더해 넣어 줄 거에요.
두 번째 반복문에서는 K가 1증가해서 2가 되었고, 이 2를 SUM에 더해 넣어줄 거에요. 원래 SUM에 들어있던 1에다가 2를 더해 넣어주니까 SUM은 3이 되겠죠?
세 번째 반복문에서는 K가 1증가해서 3이 되었고, 이 3을 SUM에 더해 넣어줄 거에요. 원래 SUM에 들어있던 3에다가 3을 넣어 주니까 SUM은 6이 되겠죠?
이런 식으로 반복하면 돼요. 반복할 내용은
SUM ← SUM+K
가 되겠죠?

03 이제 반복할 내용을 반복문에 넣어서 스크립트를 완성해볼게요.

짠! 스크립트가 완성되었어요.

04 정말 1부터 100까지의 합이 5050이 나오는지 볼까요? N에 100을 넣어 볼게요.

정말 1부터 100까지의 합을 5050라고 말하네요! 스크래치 고양이가 점점 똑똑해지고 있죠? 사실 여러분이 똑똑해지는 것인데 말이에요! 하핫!

05 이 반복문을 잘 이해하면 1부터 1씩 증가하는 반복문이 아니라 1부터 2씩 증가하는 반복문, 즉 홀수 반복문도 만들 수 있어요. 첫 번째 항이 1, 두 번째 항이 3, 세 번째 항이 5.. N 번째 항이 2N−1이 되는 수열이죠. 이 홀수 수열에서 1부터 N번째 항은 어떻게 될까요?

만약 1부터 10번째 항까지의 합을 구하고 싶다면,
1+3+5+7+9+11+13+15+17+19 = 100
이 되겠죠? 어떻게 만들 수 있을까요?

홀수의 일반항을 생각해보면 돼요. 홀수는 2N-1의 일반항을 갖고 있기 때문에 이 2N-1을 이용하면 되죠. SUM에 K를 더하는 것이 아니라 SUM에 2K-1을 더하면 되는 거에요! 참 쉽죠?

SUM에 더해주는 값을 바꿔 주면 어떠한 규칙의 수열이라도 더해줄 수 있어요. 참 편리하죠? K가 홀수가 되는 것이 아니라 K를 이용해 홀수 수열을 만들어서 더해준다는 것! 명심하세요!

06 우리는 직접 하나씩 숫자를 바꿔서 더했지만, 1200년 전의 살았던 독일의 수학자 가우스는 다른 방법을 생각했었죠? 가우스가 꼬마였을 때 말이에요!
가우스는 첫 번째 숫자와 마지막 숫자를 이용해 숫자를 더하는 방법을 생각했어요.

1부터 100까지의 합을 보면,
1과 100을 더해서 101,
2와 99를 더해도 101,
3과 98을 더해도 101,
 …
50과 51을 더해도 101

이런 규칙을 이용해서 101을 50개 곱하면 1부터 100까지 합이 나온다는 것을 발견했죠! 우리도 이 가우스의 방법을 이용해서 합을 구해볼까요?

가우스의 방법을 이용하기 위해서는 첫 번째 숫자와 마지막 숫자 그리고 전체 숫자의 개수가 필요해요. 첫 번째 숫자를 A, 마지막 숫자를 L, 전체 숫자의 개수를 N이라고 하고 입력받아 볼까요?

07 그리고 출력되는 공식을 생각해 볼게요.

첫 번째 숫자와 마지막 숫자를 더한 다음, 전체 숫자의 개수를 반으로 나눈 만큼 곱해주면 되겠죠? 1부터 100까지의 숫자가 있다면, 첫 번째 숫자인 1과 마지막 숫자인 100을 더한 다음, 전체 숫자의 개수인 100을 반으로 나누어 50으로 만들고, 이 50을 1과 100을 더한 것에 곱해주면 되죠!

$$(A+L) * (N/2)$$
$$(1+100) * (100/2)$$

이 공식을 스크래치 블록으로 만들어 볼까요? 어렵지 않죠?

08 이제 블록들을 합쳐서 스크립트를 완성해 볼게요!

이 스크립트를 이용하면 모든 등차수열의 합을 구할 수 있어요. 1부터 1씩 증가하는 숫자가 아니더라도 1부터 2씩 증가해도 상관 없죠. 단! 첫 번째 숫자와 마지막 숫자, 모든 숫자의 개수를 알고 있어야 돼요. 가우스가 생각한 방법을 스크래치로 만들어 보니 참 놀랍지 않나요?

반복문을 쓰지 않아도 반복문을 쓴 것과 같은 결과를 낼 수 있어요. 반복문을 쓰는 것이 모든 과정의 흐름을 볼 수 있어서, 좋지만 시간이 오래 걸릴 수 있다는 단점이 있어요. 반면 가우스의 방법은 반복문을 쓰지 않고도 결과를 출력할 수 있지만, 과정을 볼 수 없다는 단점이 있죠.
여러 가지 상황에 맞게 적절한 알고리즘을 사용하면 좋겠죠? 화이팅!

QR코드를 통해 동영상 강좌를 보실 수 있습니다.

Unit 01 느낌표(!)가 팩토리얼이다옹! – 팩토리얼

지난 번에 배운 '시그마'에 이어서, 이번에는 '팩토리얼(Factorial)' 혹은 '계승'이라고 불리는 것을 배워 볼게요. 사실 팩토리얼 또한 시그마와 마찬가지로 고등학교에서 배우는 것이에요. 하지만 개념이 어렵지 않고 재미있으니 간단하게 알아볼게요!

팩토리얼은 1부터 어떤 수까지 모두 곱한 값을 말해요. 기호는 느낌표(!)를 쓰구요. 시그마와 비슷하죠? 시그마는 1부터 어떤 수까지 모두 더한 것이었지만, 팩토리얼은 모두 곱한 것이죠.

예를 들어 '3!(3팩토리얼)'은 1부터 3까지 모두 곱한 것을 뜻해요.

$$3! = 1 \times 2 \times 3 = 6$$

참 쉽죠?

팩토리얼에 대한 재미있는 이야기가 있어요.
'40-32/2'의 답이 무엇이냐고 했더니 초등학생이 '4!'이라고 대답했어요.
그랬더니 어떤 사람은 '역시 잘 모르는구나.'라고 했고, 또 다른 사람은 '잘 알고 있구나.'라고 했어요. 왜 일까요?
사칙연산에서 괄호()가 없을 땐 덧셈과 뺄셈보다 곱셈과 나눗셈을 먼저 계산해 주어야 돼요. 이 사칙연산의 규칙을 무시하고 앞에서부터 식을 풀면 답이 4가 나오는 것이죠.
하지만 사칙연산의 규칙을 지켜서 풀면 32/2를 먼저 계산한 다음, 40에서 빼줘야 해요. 그럼 답이 24가 되는 것이죠.
그런데 초등학생은 '4!'이라고 대답을 했어요. 그런데 4!은 숫자 '4'로 읽을 수도 있고, '4팩토리얼'로도 읽을 수 있지요. 4팩토리얼은 1과 2와 3과 4를 곱한 값이 되겠죠? 24가 나오네요. 사칙연산의 규칙을 지켜서 푼 답과 같지요?
그래서 어떤 사람은 '역시 잘 모르는구나.'라고 했던 것이고, 또 다른 사람은 '잘 알고 있구나.'라고 한 것이에요. 하핫!

팩토리얼의 개념, 어렵지 않죠? 5!은 1부터 5까지 모두 곱한 값이 될 것이고 120이 될 거에요.

이제 우리는 입력받은 자연수 N에 대하여, 1부터 N까지 모두 곱한 값을 출력하는 프로그램을 만들 거에요. N!을 구하는 것이죠.

가장 먼저 필요한 변수를 생각해볼게요. 입력받기 위해 필요한 변수 N과 반복문에 필요한 변수 K가 필요해요. 변수 K는 1이라는 값을 미리 넣어 둘게요.

그 다음에는 곱해 나가는 값을 저장할 수 있는 MUL이라는 변수를 하나 만들어 줄게요. 이 변수에도 1이라는 값을 미리 넣어줄 거에요. 주의할 것은, 변수 MUL에 0을 넣으면 안 된다는 것이에요. 0은 어떠한 숫자를 곱해도 0이 되기 때문에 0은 쓸 수가 없어요.

일단 N번 반복하는 반복문을 만들어 볼까요? 지난 번과 비슷하죠?

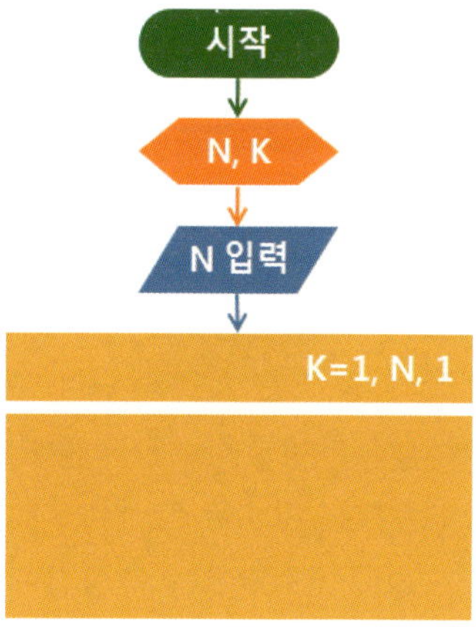

입력받는 N만큼 반복하는 순서도에요. 시그마에서 썼던 것과 똑같죠? 맨 처음에 K가 1로 시작해서 N이 될 때까지 하나씩 증가하고 있어요. K가 N이 될 때까지 반복하는 것이죠.

그 다음에는 반복할 내용을 볼세요.
하나씩 곱해주어야 하니까, 첫 번째 반복문에서는 MUL 변수에 1을 곱해주고, 두 번째 반복문에서는 MUL 변수에 2를 곱해주면 돼요. 세 번째는 당연히 세 번이 되겠죠? 그렇게 계속 반복하다가 N번째 반복문에서 MUL 변수에 N을 곱해주면 되는 거에요.

> 첫 번째 반복문 : $MUL \leftarrow MUL \times 1$
>
> 두 번째 반복문 : $MUL \leftarrow MUL \times 2$
>
> …
>
> N 번째 반복문 : $MUL \leftarrow MUL \times N$

이런 식으로 곱해나가면 되는 것이죠.

순서도로 볼까요?

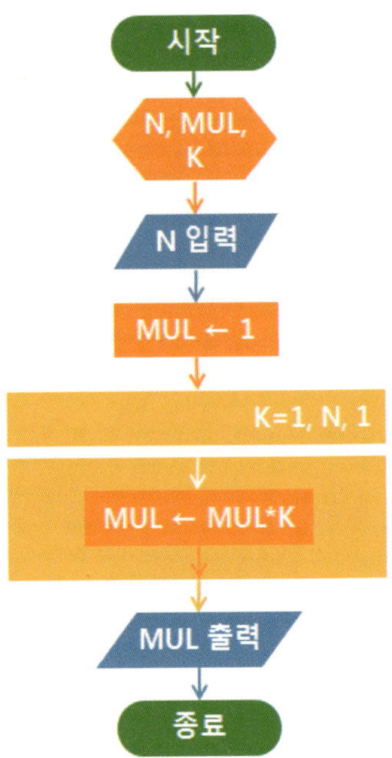

MUL 변수에 차근 차근 곱해지는 것을 알 수 있지요? 반복문이 N번 반복된 다음, MUL을 출력해주면 되는 것이에요. 이제 N에 어떤 숫자가 들어와도 다 구해낼 수 있겠죠? 100이든 1000이든 순식간에 다 곱해낼 수 있을 거에요! 참 쉽죠?

등차수열과 등비수열이 쌍둥이라면! 시그마와 팩토리얼도 쌍둥이지요!
시그마가 계속 더해 나가는 것이라면 팩토리얼은 계속 곱해 나가는 것이에요. 참 쉽죠?

개념이 비슷하니 알고리즘도 비슷할 거에요. N! (N팩토리얼) 즉, 1부터 N까지 모두 곱하는 프로그램을 만들어 볼까요? 벌써 어떻게 만들어질지 예상이 되지요?

01 먼저 N번 반복하는 반복문이 필요할 거에요. 시그마와 마찬가지로 K가 1부터 N까지 반복되는 반복문이 필요해요. 하지만 이번에는 시그마와 다른 반복문을 써볼게요. N번 반복하는 반복문이에요. 똑같이 하면 재미가 없잖아요?

02 이제 앞서 말했던 변수 K가 필요해요. 그리고 1부터 N까지 1씩 증가하는 K를 곱해 넣을 변수 MUL도 만들어 줄게요. 변수 MUL은 시그마에서 변수 SUM과 같은 역할을 해요.

이 반복문은 시그마에서 만들었던 까지 반복하기 반복문과 동일해요. 하지만 이번에는 조건까지 반복하지 않고

번 반복하기 반복문을 사용했어요. 모습은 다르지만 똑같은 기능을 갖고 있다는 것 기억하지요?

03 이제 반복할 내용이 필요해요. K가 1부터 시작해서 1씩 증가하면서 MUL에 곱해지면 되겠죠? 여기서 중요한 것이 있어요! 위의 스크립트를 잘 보면 변수 MUL의 초기값을 0이 아닌 1로 정해준 것을 볼 수 있어요. 왜 그럴까요? 변수 MUL이 0이면 어느 숫자를 곱해도 전부 0이 되기 때문이에요! 어떤 숫자든지 간에 0을 곱하면 0이 되니까요! 따라서 변수 MUL에는 0이 아닌 1을 초기값으로 넣어주어야 돼요.

첫 번째 반복에서 K가 1일 때 MUL도 1이 되지요. MUL에 K와 MUL을 곱해서 넣으면 돼요. 1과 1을 곱하면 1이 되겠죠? 이 값을 MUL에 넣으면 돼요.

MUL ← K * MUL

MUL ← 1 * 1

두 번째 반복에서 K는 1증가해서 2가 되고, MUL은 1로 그대로 있어요. MUL에 K와 MUL을 곱한 값을 곱해주면 돼요. 1에 2를 곱해주면 되겠죠?

MUL ← K * MUL

MUL ← 2 * 1

세 번째 반복에서 K는 1증가해서 3이 됐어요. MUL은 2가 되었구요. K와 MUL의 곱을 MUL에 곱해 넣어 줄까요?

MUL ← K * MUL

MUL ← 3 * 2

이런 식으로 N까지 반복하면 되겠죠? 반복되는 내용은 변수 MUL에 K와 MUL의 곱을 곱해서 넣어 주는 것이에요.

04 이제 블록들을 합쳐서 스크립트를 완성시켜 볼까요?

05 반복할 횟수와 반복할 내용이 있으면 반복문 만드는 것은 식은 죽 먹기나 다름이 없죠? 이제 스크래치 고양이가 정말로 제대로 된 답을 말하나 확인해 볼까요?

1부터 5까지 곱한 값을 물어볼 거에요. 5!(5팩토리얼)이 되겠죠? 5!은 1 * 2 * 3 * 4 * 5라는 뜻이고, 120이 되겠네요! 정말 120을 말하나 볼까요?

스크래치 고양이가 제대로 된 답을 말했네요! 참 영리한 고양이에요! 하나 기르고 싶네요! 스크래치 고양이만 있으면 숙제도 쉽게 할 수 있을 텐데 말이에요! 하핫!

가우스와 시그마의 개념은 사실 고등학교 때 배우는 개념이에요. 하지만 더하기와 곱하기로만 이루어져 있는 개념이기 때문에 덧셈과 곱셈만 알아도 충분히 이해할 수 있으리라 생각했어요. 가우스도 10살 때 배운 개념이니까요! 용어는 어려워 보이지만 막상 내용은 어렵지 않죠?

모르는 것이 있어도 두려워하지 말고 호기심을 갖는 것이 중요해요! 틀리면 어때요? 상관 없잖아요! 하핫!

QR코드를 통해 동영상 강좌를 보실 수 있습니다.

Unit 01 약수터에서 약수 마시냐옹? – 약수

약수를 아시나요?

약수터에서 마시는 물! 이 먼저 떠오르는 친구들도 있죠? 하핫.

약수란, 어떤 수를 나누어 떨어지게 하는 수에요. 예를 들어, 8의 약수는 8을 나누었을 때 나머지가 0인 숫자들이에요.

> 8을 1로 나누면 몫이 8, 나머지가 0이 돼요.
>
> 8을 2로 나누면 몫이 4, 나머지가 0이 돼요.
>
> 8을 3으로 나누면 몫이 2, 나머지가 2가 돼요.
>
> 8을 4로 나누면 몫이 2, 나머지가 0이 돼요.
>
> 8을 5로 나누면 몫이 1, 나머지가 3이 돼요.
>
> 8을 6으로 나누면 몫이 1, 나머지가 2가 돼요.
>
> 8을 7로 나누면 몫이 1, 나머지가 1이 돼요.
>
> 8을 8으로 나누면 몫이 1, 나머지가 0이 돼요.

따라서 8의 약수는 1, 2, 4, 8이 있겠죠?

특히 1은 모든 수의 약수가 될 수 있어요. 어떠한 수도 1로 나누면 나누어 떨어지기 때문이죠! 이제 약수가 무엇인지 알겠죠? 지난 번에 배운 나머지 연산자(%)를 통해 약수의 개념을 살펴볼까요?

8의 약수를 판별하기 위해 나머지 연산자를 사용해 볼게요. 어떤 수를 X라고 놓고, 8을 어떤 수로 나누었을 때 나머지가 0이 되어야 하니까,

$$8 \% X = 0$$

이면 X는 8의 약수가 되겠죠? 8의 약수를 구하기 위해서 8번의 나눗셈을 했잖아요? 너무 너무 귀찮은 일이에요. 만약 숫자가 8이 아니라 100이면 어떡하죠? 정말 힘들 일이 될 거에요. 그래서 우리는 약수를 출력하는 프로그램을 만들 거에요. 이 프로그램의 알고리즘은 어떻게 만들 수 있을까요?

이제부터는 조건문과 반복문을 함께 사용해야 돼요. 어려울 것 같나요? 아니에요! 차근차근 생각해 보면 어렵지 않답니다!

먼저 8의 약수를 구하기 위해 8번 반복하는 반복문을 만들어
줄게요.
변수 K가 1부터 시작해서 8이 될때까지 하나씩 증가하는 반
복문을 만들면 돼요!

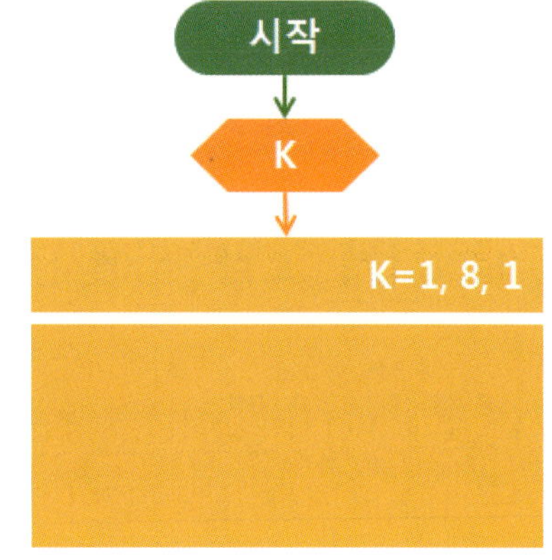

이제 반복할 내용을 넣어주어야 돼요.
반복할 내용에는 나머지 연산자를 이용할 거에요. 1부터 시작해서 8까지 숫자를 차례로 넣어주면서
나누어보면 되겠죠? 그래서 만약 나머지가 0이 나오는 숫자가 있다면, 그 숫자가 바로 8의 약수인 거
에요.

우리는 이미 변수 K를 이용해서 1부터 8까지 숫자를 사용하기로 했으니, 변수 K를 사용해서 약수를
구해볼게요!

만약 8을 K로 나누었을 때 나머지가 0이면(나누어
떨어지면) K는 8의 약수가 될 거에요. 이 조건문을
순서도로 나타내어 볼게요.

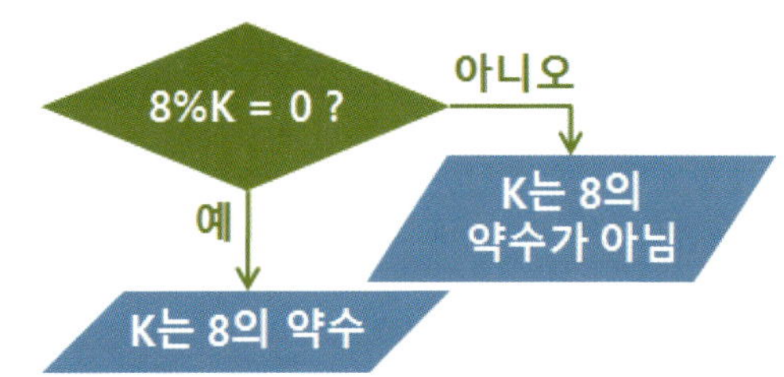

이제 반복문과 조건문을 합쳐 볼까요?

첫 번째 반복문에서 8을 K로 나누었을 때 나머지가 0이면 K는 8의 약수가 되겠죠? 그리고 첫 번째
반복문에서 K는 1이구요.
그리고 같은 방법으로 두 번째 반복문에서 8을 K로 나누어서 나머지가 0이 되면 이 K또한 8의 약수
가 될 거에요. 두 번째 반복문에서 K는 1이 더해져서 2가 되구요.

이런 방법으로 K가 8이 될 때까지 반복하면 8의 약수를 모두 구할 수 있을 거에요! 어렵지 않죠? 순서도로 나타내 볼게요!

각 반복문에서 나머지가 0이 나올 때마다 K를 출력해주는 반복문이에요. 참 쉽죠?
이렇게 하면 8뿐만 아니라 백이든 천이든 어떠한 숫자든지 간에 약수를 모두 구할 수 있어요. 참 쉽죠?

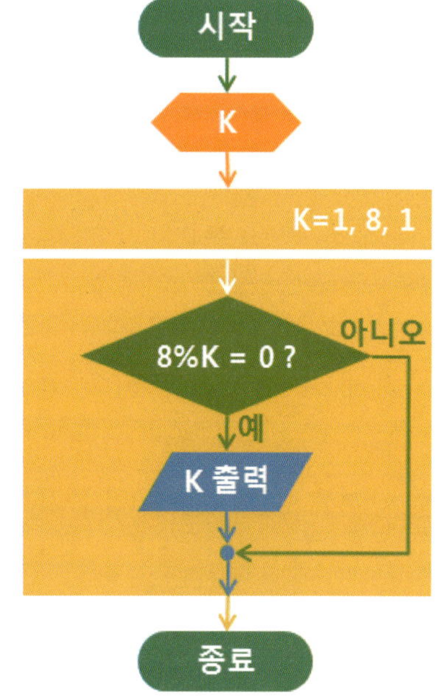

그런데 여러분,
약수의 비밀을 눈치 채셨나요?

8의 약수를 다시 볼게요.
8의 약수는 1, 2, 4, 8이었죠? 이 숫자들에 비밀이 있어요!

잘 보면, 8을 1로 나누면 몫이 8이고, 8을 2로 나누면 몫이 4이죠?
또, 8을 4로 나누면 몫이 2이고, 8을 8로 나누면 몫이 1이 돼요.

즉, 왼쪽 끝에 있는 1과 오른쪽 끝에 있는 8을 곱하면 8이 되고, 한 칸 안 쪽으로 이동해서 2와 4를 곱해도 8이 되는 거에요. 약수마다 짝꿍이 있는 것이죠. 조금 더 큰 숫자로 확인해볼까요?

24의 약수를 볼게요. 24의 약수는 1, 2, 3, 4, 6, 8, 12, 24가 있어요. 마찬가지로 양 끝에 있는 1과 24를 곱해볼까요? 24가 되네요! 한 칸 안쪽으로 이동해서 2와 12를 곱해볼까요? 마찬가지로 24가 나오겠죠? 이렇게 24가 나오는 숫자의 짝꿍을 찾아서 한 쌍씩 묶을 수 있어요.

(1, 24)
(2, 12)
(3, 8)
(4, 6)

이 규칙은 약수의 개수가 홀수여도 적용이 가능해요. 16의 약수를 볼까요?

1, 2, 4, 8, 16으로 다섯 개네요. 마찬가지로 쌍으로 묶어 볼게요.

(1, 16)

(2, 8)

(4, 4)

이렇게 같은 숫자를 두 번 써서 쌍으로 묶을 수 있었어요.

이 규칙을 사용하면 100번 돌릴 반복문을 10번만 돌려도 돼요! 엄청난 이익이죠?

먼저 루트($\sqrt{}$) 혹은 제곱근(Root)의 개념을 알아야 돼요.
제곱은 제 자신을 두 번 곱한 것이죠? 제곱근은 그 반대가 돼요. A라는 수를 제곱하여 B가 되었으면, A는 B의 제곱근이 되는 거에요.

만약, 4를 제 자신은 4와 곱하면 몇이 될까요? 4곱하기 4는 16이에요. 따라서 16의 제곱근은 4가 되는 것이죠. 그럼 25의 제곱근은 얼마일까요? 5를 제 자신인 5와 곱하면 25가 되니까, 25의 제곱은 5가 되겠죠? 어렵지 않죠?

16의 약수를 다시 보면, 16의 제곱근이 4이기 때문에 반복문을 4까지만 돌린 다음, 각각의 숫자에 대한 짝을 찾아주면 되는 거에요.

먼저 16을 1부터 4까지 나누어서 나머지가 0이 되는 숫자들부터 구해야겠죠? 1, 2, 4가 나오네요. 그 다음에는 각각의 숫자에 어떤 수를 곱해서 16을 만들어주면 돼요. 1에다가 16을 곱하면 16이 되겠죠? 2에다가 8을 곱하면 16이 되고, 4에다가 4를 곱하면 16이 될 거에요. 어렵지 않죠?

이러면 16의 약수를 구하기 위해 반복문을 16번 돌리는 것이 아니라, 4번만 돌리면 돼요. 참 편리하죠? 만약 100의 약수를 구하려면 100번이 아니라 10번만 돌리면 되는 거에요. 100의 제곱근이 10이기 때문이에요. 엄청나게 줄어들었죠?

이제 이 규칙을 이용해서 100의 약수를 구하는 프로그램을 만들어 볼게요.

먼저 100의 제곱근을 구해야 되겠죠? 그 다음에 K가 1부터 100의 제곱근까지 반복되는 반복문을 만들어야 돼요. 반복될 내용은 어떻게 될까요?

100을 K로 나누었을 때 나누어 떨어지는 숫자를 구해준 다음, 그 숫자와 다른 어떤 숫자를 곱했을 때 100이 되는 숫자를 구해주면 돼요. 만약 5라는 숫자가 나왔으면 곱해서 100이 되는 20을 만들어주면 되겠죠? 이런 식으로 반복해서 100의 제곱근인 10까지 반복해주면 되는 거에요. 참 쉽죠?

하지만 이 방법은 짝궁이 없는 약수가 중복으로 출력된다는 단점이 있어요. 이 문제를 어떻게 해결하면 좋을까요? 한 번 생각해보세요!

여러분, 과학자가 갖추어야 될 능력 중에 가장 중요한 것이 무엇일까요? 저는 바로 '관찰력'이라고 생각해요. 세상에 대해서 잘 관찰하고 탐구하다 보면 중요한 원리를 발견할 수 있는 것처럼, 컴퓨터 과학 또한 마찬가지가 아닐까요? 약수를 잘 들여다보고 관찰해서 짝이 지어지는 원리를 발견한다면, 100번 반복해야 될 일을 10번 반복해서 해낼 수 있는 거에요.

여러분도 어떤 것이든 호기심을 갖고 관찰하고, 탐구하여 훌륭한 과학자가 되었으면 좋겠어요! 화이팅!

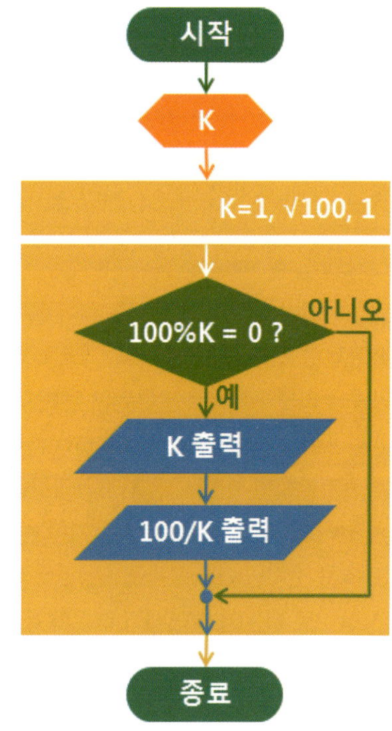

약수에 관한 예제를 만들어 볼 거에요. 약수터에 있는 약수물 아니죠! 어떤 수 A를 나누어 떨어지게 하는 숫자가 약수에요! 알면 약이 되는 약수! 약수의 세계로 추울~발!

01 이번에는 8의 약수를 알아 볼게요. 8을 나누어 떨어지게 하는 숫자들이 8의 약수가 되겠죠? 하지만 어떤 수라도 1로 나누면 나누어 떨어지기 때문에 1은 당연히 모든 수의 약수가 될 거에요. 1은 모든 수의 약수! 반대로 말하면, 어떤 수든지 1을 곱하면 그 숫자가 나오는 것이죠. 곱셈에서 1은 참 신기한 숫자이죠?

그 다음 숫자인 2를 볼게요. 8을 2로 나누면 어떻게 될까요? 2로 나누어 떨어지기 때문에 몫이 2, 나머지가 0이 되겠죠? 2도 8의 약수가 될거에요.

그 다음 숫자인 3을 볼게요. 3은 8로 나눌 수 있을까요? 안되죠! 8을 3으로 나누면 몫이 2가 되고 나머지도 2가 나오니까요! 나머지가 0이 아니기 때문에 3은 8의 약수가 될 수 없겠죠?

이런 식으로 1부터 8까지의 숫자 중에서 8을 나누었을 때 나누어 떨어지는 숫자가 8의 약수가 되는 거에요. 참 쉽죠?

8의 약수 : 1, 2, 4, 8

02 이제 우리가 했던 과정을 반복문으로 만들어 볼까요? 8의 약수를 구하는 것이기 때문에 8번 반복하는 반복문이 필요하겠죠? 8번 반복한다고 정해져 있기 때문에

반복문을 쓰면 될까요?

아니면 1부터 8까지 1씩 증가하는 숫자를 써야 하기 때문에

반복문을 쓰면 될까요?

둘 다 가능하지만 이번에는 1부터 1씩 증가해서 8까지 숫자들이 필요하기 때문에

반복문을 쓸거에요!

반복문을 만들어 볼까요? 변수 K를 만들어 준 다음, K가 1부터 8까지 반복되는 반복문을 만들어주면 돼요.

이제 이 정도는 만드는 일은 땅 짚고 헤엄치기죠? 하핫!

03 그 다음에는 반복할 내용이 필요해요. 8을 나누어 떨어지게 하려면 어떻게 할까요? 나머지가 0이 되면 되겠죠? 8을 K로 나누었을 때 나머지가 0인 숫자를 찾으면 돼요!

나머지를 찾기 위해 '연산'에 있는 　나누기　의 나머지　블록을 쓸 거에요. 이 블록을 통해 나머지에 대한 조건을 만들 수 있어요. 이 블록의 빈 공간을 숫자 8과 변수 K로 채워 준 다음, 나머지가 0이 되게 만들면 되겠죠?

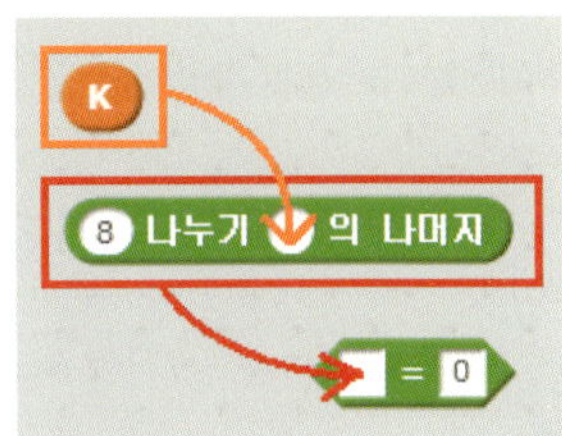

04 변수 K를 나머지 블록에 넣고, 나머지 블록을 '=' 연산 블록에 넣어주면 돼요.

자! 이제 8의 약수의 조건, 즉 '8나누기 K의 나머지가 0' 이 되는 조건이 완성되었어요! 참 쉽죠?

05 하지만 여기서 끝난 것이 아니에요. 위의 조건을 넣을 조건문이 필요하겠죠? 방금 만든 조건은 K가 8의 약수가 되는 조건이에요. 반대로, 방금 만든 조건을 만족하지 못한다면 K는 8의 약수가 아니겠죠? 조건문을 사용해서 나타내어 볼까요?

06 '만약' 밑에 블록이 들어갈 자리에는 'K는 8의 약수이다!'라는 것이고, '아니면' 밑에 블록이 들어갈 자리에는 'K는 8의 약수가 아니다!'라는 것이에요.

스크래치 고양이가 약수가 맞는지, 아닌지 말하도록 블록을 만들어 볼까요?

짠! 조건문이 완성되었어요! 조건문에 쓰인 블록은 많지만.. 내용은 참 쉽죠?
K가 8의 약수면 스크래치 고양이가 'K는 8의 약수야!' 라고 말하는 것이고,
K가 8의 약수가 아니라면 스크래치 고양이가 'K는 8의 약수가 아니야!'라고 말하는 것이에요.

07 이제 앞서 만들었던 반복문과 조건문을 합쳐 볼까요? 변수 K가 1씩 증가하는 것! 까먹으면 안돼요!

08 8의 약수를 구하는 스크립트가 완성되었어요! 정말 스크래치 고양이가 약수를 제대로 말하는지 볼까요? 숫자가 너무 많으니까 초록 깃발을 클릭한 다음, 숫자 3과 숫자 4만 확인해 볼게요. 3은 8의 약수가 아니기 때문에 '약수가 아니야'라고 말해야 할 것이고, 4는 8의 약수이기 때문에 '약수야!'라고 말해야 하겠죠? 정말 그런지 볼까요?

스크래치 고양이가 정답을 말했어요! 갈수록 똑똑해지는 고양이죠? 하핫!

09 우리는 알고리즘을 통해 8의 약수를 쉽게 구할 수 있었어요. 하지만 이보다 더 쉽게 구하는 방법이 있다면 어떨까요?

이 방법의 비밀은 '약수의 성질'에 있어요. 약수는 모두 짝꿍을 갖고 있다는 것, 아시나요?

8의 약수를 다시 한 번 볼게요.

1, 2, 4, 8

8을 1로 나눌 수 있다는 뜻은 뭘까요? 바로 1에 8을 곱하면 8이 된다는 말이에요.
8을 2로 나눌 수 있다는 뜻은 뭘까요? 바로 2에 4를 곱하면 8이 된다는 말이에요.
8을 4로 나눌 수 있다는 뜻은 뭘까요? 바로 4에 2를 곱하면 8이 된다는 말이에요.
8을 8로 나눌 수 있다는 뜻은 뭘까요? 바로 8에 1을 곱하면 8이 된다는 말이에요.

1은 8과 짝꿍이 되고, 2는 4와 짝꿍이 되는 것이죠! 모든 약수는 짝꿍을 갖고 있어요. 24의 약수가 어떤 짝꿍을 갖고 있는지 볼까요?

24의 약수 : 1, 2, 3, 4, 6, 8, 12, 24			
1 * 24 = 24	2 * 12 = 24	3 * 8 = 24	4 * 6 = 24
1과 24는 짝꿍	2와 12는 짝꿍	3과 8은 짝꿍	4와 6은 짝꿍

24 의 약수를 1, 2, 3, 4 와 6, 8, 12, 24 로 나누어서 짝꿍을 구할 수 있었어요. 어렵지 않죠? 하지만 짝꿍이 없는 놈들도 있답니다! 36의 약수를 볼까요?

36의 약수 : 1, 2, 3, 4, 6, 9, 12, 18, 36				
1 * 36 = 36	2 * 18 = 36	3 * 12 = 36	4 * 9 = 36	6 * 6 = 36
1과 36은 짝꿍	2와 18은 짝꿍	3과 12는 짝꿍	4와 9는 짝꿍	6은 왕따

다른 놈들은 다 짝꿍이 있는데 6만 짝꿍이 없네요! 6은 자기 자신인 6을 곱해야 36이 나오기 때문에 짝이 없어요. 36과 같이, 같은 수를 두 번 곱하는 수를 '완전제곱수(Perfect Square Number)'라고 해요. 2를 제곱(자신을 두 번 곱함)한 4, 3을 제곱한 9, 4를 제곱한 16 등도 완전제곱수에요. 이런 완전제곱수들만 약수에 짝이 없는 왕따가 있어요. 나머지 숫자들은 모두 약수가 짝꿍으로 이루어져 있구요..

10 우리는 완전제곱수가 아닌 숫자들의 약수를 구해볼 거에요. 약수가 가지고 있는 짝꿍을 이용해서 말이에요!

24의 약수 중에서 1, 2, 3, 4 와 6, 8, 12, 24를 나누는 기준은 무엇이 있을까요? 4와 6 사이에는 5라는 숫자가 있지만.. 5가 기준일까요? 우리는 이 기준을 '완전제곱수'에서 찾을 수 있어요.

36을 잘 보면 6을 기준으로 왼쪽에 1, 2, 3, 4 와 오른쪽에 9, 12, 18, 36 가 있는 것을 알 수 있어요. 6이 기준이 되는 것이죠. 6은 어떻게 해서 기준이 됐을까요? 바로 36은 6을 두 번 곱해야 하기 때문이죠.

6을 제곱한 숫자가 36이라면, 6은 36의 '제곱근(Root)'이 되는 거에요. 25의 제곱근은 5가 되겠죠? 우리는 이 '제곱근'을 기준으로 약수의 짝꿍을 찾을 거에요. 제곱근만 찾으면 제곱근을 기준으로 약수의 짝꿍을 찾을 수 있는 것이죠.

스크래치에서 제곱근은 '연산'에 있는  블록을 쓰면 돼요. 이 블록을 통해 제곱근을 구할 수 있어요. 9의 제곱근은 무엇일까요? 어떤 수를 두 번 곱해서 9가 되게 만들어야 하니까 3이 9의 제곱근이 되겠네요! 참 쉽죠? 잠깐 확인해 볼까요? 스크래치 고양이에게 9의 제곱근이 무엇이지 물어볼게요!

11 초록 깃발을 클릭하면 9의 제곱근을 알려주겠죠? 정말 3이라고 말하는지 볼까요?

정말 3이라고 말하네요. 이제 '제곱근' 블록을 어떻게 사용하는지 알겠죠? 이제 이 제곱근 블록을 이용해서 약수를 출력해 볼게요. 제곱근 블록을 이용하면 아무리 큰 숫자라도 금방 약수를 구할 수 있어요. 왜일까요? 숫자 100을 생각해 보세요. 숫자 100은 엄청 큰 숫자이지만 100의 제곱근은 10이에요. 따라서 약수가 갖고 있는 제곱근의 성질을 이용하면 반복문 100번 돌릴 것을 10번만 돌려도 되는 것이죠. 100번에서 10번! 90번이나 줄었어요! 엄청나죠?

12 이제 100의 약수들을 구해볼까요? 먼저 반복문이 필요할 거에요. 100번 반복하는 반복문? 아니죠! 100의 제곱근 만큼 반복하는 반복문이 있으면 돼요!

13 이제 이 반복문을 이용해서 100의 약수를 구해볼게요. 이번에는 약수가 아닌 것들은 출력하지 않고 약수만 출력할 거에요. 100을 K로 나누었을 때 나머지가 0이 되는 놈들이 100의 약수가 되겠죠? 이 조건은 앞서 8의 약수를 구할 때 만들었던 조건문과 똑같아요.

14 여기서 끝이 아니죠! 우리는 K의 짝꿍을 찾아주어야 돼요. 만약 K가 1이고 100을 1로 나누었을 때 나누어 떨어진다면 1의 짝꿍 또한 같이 출력해주는 것이죠. K에 어떤 숫자를 곱했을 때 100이 나오면 그 숫자가 1의 짝꿍이 되겠죠? 바꿔 말하면, 100을 K로 나눈 몫이 K의 짝꿍이 되는 거에요. K가 2라면, 100을 2로 나눈 50이 K의 짝꿍이 되는 것이죠! 짝꿍도 같이 출력해 줄게요!

15 이제 K와 K의 짝꿍 모두 100의 약수가 되겠죠? K의 짝꿍도 조건문에 합쳐줄게요!

이러면 100을 K로 나누었을 때 나머지가 0인 수, 즉 100의 약수를 2초 동안 말한 다음, 그 약수와 짝꿍이 되는 수를 2초 동안 말하는 거에요. 어때요, 참 쉽죠?

16 이제 앞서 만들었던 반복문과 합쳐볼까요?

짠! 100의 약수를 구하는 스크립트가 완성되었어요! 그것도 100번에서 90번이 줄어든 10번 반복만으로요! 엄청나죠?

17 스크래치 고양이가 어떻게 말하는지 볼까요?

K가 4일 때 짝꿍인 25도 같이 말하는 것을 볼 수 있어요! 4에 25를 곱하면 정말 100이 나오죠? 똑똑한 고양이네요!

18 그런데! 문제는 10에 있어요. 10은 분명 100의 약수이지만 짝꿍이 없는 왕따 숫자이죠. 스크래치 고양이가 K가 10일 때 어떻게 말하는지 볼까요?

10은 분명 100의 약수이지만, 10을 두 번 말하고 있어요. 똑같은 약수를 중복으로 말하는 것이죠. 이 문제를 어떻게 해결하면 좋을까요?

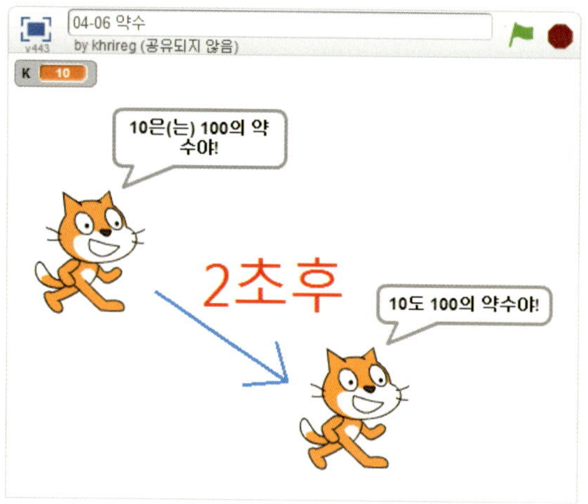

19 이 문제를 해결하기 위한 여러 가지 방법들이 있어요.

① 약수를 알아보기 위한 최초의 수가 완전제곱수인지 아닌지 판별해서 제곱근은 따로 출력하는 방법
② K를 제곱근전까지 출력한 다음, 완전제곱근은 따로 출력하는 방법
③ K와 100/K가 같은지 아닌지 판별하는 방법
④ 기타 등등..

여러 가지 방법들이 있겠지만 이번에는 세 번째 방법을 써 볼게요. 왜냐하면 우리가 만들었던 블록을 수정하지 않고, 새로운 블록 하나만 추가해서 만들 수 있기 때문이죠.
만약 K와 짝꿍이 같은 숫자라면 그 숫자는 한 번만 출력되게 하면 되는 것이에요. 참 쉽죠?
이 방법을 위해서는 새로운 조건문이 하나 필요해요. 조건은 어떻게 될까요?
K와 100/K가 같다면 짝꿍을 출력하지 않는 것이죠? 반대로 K와 100/K가 같지 않다면 짝꿍을 출력하면 돼요. 우리는 이미 짝꿍을 출력하는 블록을 만들어 놓았기 때문에 K와 100/K 즉, K와 짝꿍이 같지 않다면 짝꿍을 출력하는 방법을 쓸게요.
먼저 K와 100/K가 같다는 블록을 만들어야겠죠?

20 그 다음에 이 조건이 같지 않다는 조건을 넣어주어야 해요. '연산'에 있는 [가(이) 아니다] 블록을 사용하면 돼요. 두 블록을 합쳐 주세요.

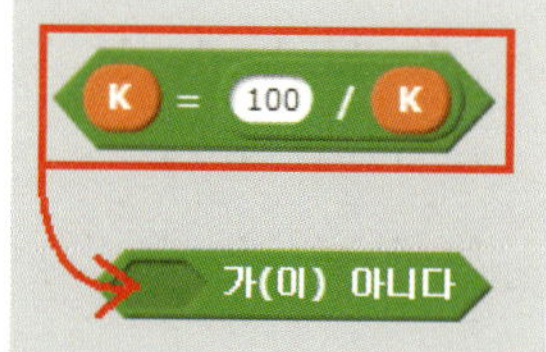

이 조건의 뜻은 K가 100/K가 아니다 라는 뜻이에요. 사실 스크래치에서 '=' 기호의 반대인 '≠' 블록을 제공했으면 한 번에 해결됐을 건데.. '≠' 블록이 없기 때문에 '가(이) 아니다' 블록을 추가해야 돼요. 참 번거롭죠?

21 이제 만들어진 조건을 조건문에 넣어볼까요?

이 조건문은 'K가 100/K가 아니라면 K의 짝꿍을 2초 동안 말해!'라는 뜻이에요. 정말 어렵지 않죠? 블록은 많이 들어갔는데.. 내용은 정말 쉬워요.

23 이 스크립트에서 100을 N으로 바꾸고 N을 입력 받도록 만들면 그 어떤 수라도 약수를 구할 수 있는 것 이죠! 참 쉽죠? 여러분이 원하는 대로 모습을 바꿀 수 있어요! 스크래치는 참 재미있네요!

22 드디어! 이 조건문을 이용해서 스크립트를 완성 시켜 볼까요? 드디어!

와우! 스크립트가 완성되었어요! 완벽한 스크립트에요! 100의 약수를 열 번 만에 구해버리는 스크립트이죠. 놀 랍지 않나요? 마치 여러 가지 블록을 이용해서 예쁜 성 을 만든 기분이에요! 스크래치 나라의 스크립트 성이 네요! 하핫!

이제 약수에 대해서 잘 아시겠죠? 약수는 초등학교 때 부터 고등학교, 심지어 대학교 때까지 계속 배 우기 때문에 알고 있으면 좋아요! 스크래치를 통해 재미있게 배웠으니 잊어버 리지 않겠죠?

QR코드를 통해 동영상 강좌를 보실 수 있습니다.

Unit 01   공약수 중에 제일 큰 놈이다옹! – 최대공약수

약수를 배웠으니 최대공약수도 배워볼까요?

먼저 '공약수'라는 말부터 알아야 돼요. '공약수'란, 공통으로 가지고 있는 약수를 말해요. 두 개 이상의 숫자들의 약수들을 구한 다음, 겹치는 것들을 구하면 그것이 바로 공약수이죠. 예를 들어 볼까요?

8의 약수는 1, 2, 4, 8이고, 12의 약수는 1, 2, 3, 4, 6, 12에요. 여기서 겹치는 것들은 1, 2, 4가 되지요? 따라서 1, 2, 4를 8과 12의 공약수라고 하는 거에요.

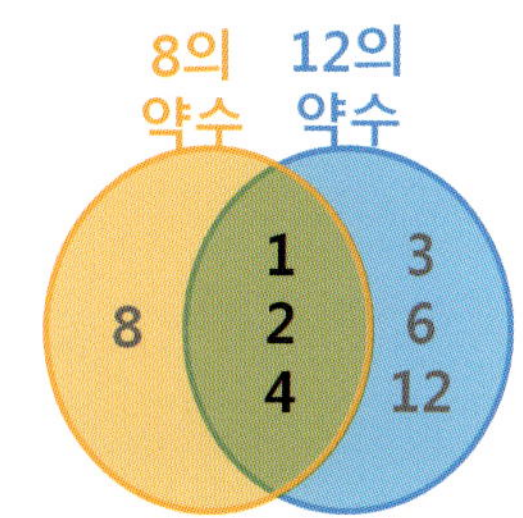

그럼 최대공약수는 뭘까요? 공약수 중에서 가장 큰 값, 가장 최대 값을 바로 최대공약수라고 하는 거에요. 그럼 8과 12의 최대공약수는 뭘까요? 1, 2, 4 중에 가장 큰 숫자인 4가 바로 최대공약수가 되는 거에요. 참 쉽죠?

최소공약수가 없는 이유는, 1이 모든 수의 약수가 될 수 있기 때문이에요. 최소공약수는 생각할 필요도 없이 1이겠지요? 하하.

이제 우리는 어떤 두 수가 주어졌을 때 최대공약수를 구하는 프로그램을 만들 거에요. 이 프로그램의 알고리즘은 어떻게 될까요?

먼저 공약수를 구하기 위해 두 수의 약수를 구해야겠지요? 그런데 잘 생각해보면, 최대공약수는 두 숫자 중에서 더 작은 수에 초점이 맞추어져 있어요.

두 수의 약수를 구해서 가장 큰 숫자를 구할 건데, 두 숫자 중에서 더 큰 수의 약수는 작은 수의 약수보다 커질 수 있거든요. 8과 12의 약수를 보면 12의 약수 중 12는 8보다 한참 크죠? 따라서 최대공약수는 주어지는 두 숫자 중 작은 수보다 클 수 없는 거에요.

또, 최대공약수는 주어지는 두 숫자 중에서 작은 수 자체가 될 수 있어요.
4와 8의 공약수를 볼게요. 4는 1, 2, 4를 약수로 가지고, 8은 1, 2, 4, 8을 약수로 갖고 있어요. 4와 8의 공약수는 1, 2, 4가 되겠죠? 그 중에 가장 큰 수는 4가 되는데, 4는 주어진 두 숫자 중에서 더 작은 숫자이죠.
즉, 최대공약수의 범위는 1부터 두 숫자 중 더 작은 숫자까지가 될 거에요. 1이 될 수도 있어요.
3과 7은 약수가 1과 자신밖에 없기 때문에 공약수인 1이 최대공약수가 되는 것이죠.

이제 이러한 단서들을 가지고 알고리즘을 만들어볼까요?

제일 먼저 할 일은 입력되는 두 가지 숫자 중에서 어느 것이 더 큰지 판별하는 것이에요. 조건문을 사용하면 어렵지 않죠? 입력되는 두 수를 A와 B라고 하고, 더 작은 숫자를 변수 N에 담을게요. A보다 B가 작으면 변수 N에 A숫자를 담고, 그렇지 않으면 변수 N에 B숫자를 담으면 되겠죠?

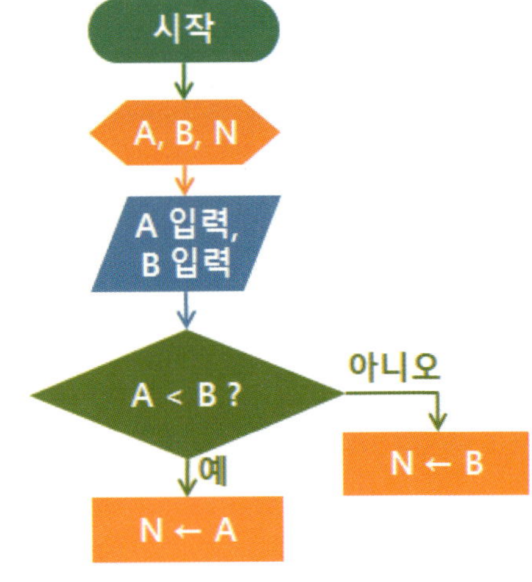

이제 더 작은 숫자를 찾았으니 N번 반복하는 반복문을 만들어주면 될 거에요. 약수를 구할 때와 달리 제곱근의 규칙은 사용할 수 없으니, 할 수 없이 N번 모두 반복하는 반복문을 만들어야 돼요. K가 1부터 N이 될 때까지 반복되는 반복문을 만들면 되겠죠?

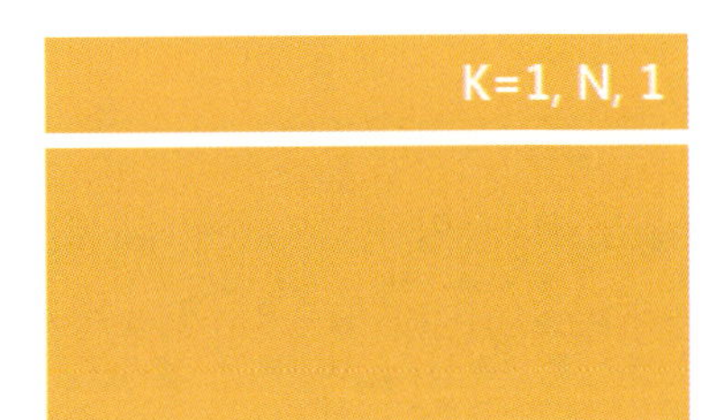

그 다음은 반복할 내용을 만들어줘야 돼요.
반복할 내용에는 나머지 연산자와 논리 연산자 중에서 'AND' 연산자를 쓸 거에요. 이 연산자들은 윤년을 구할 때 사용했던 연산자들이죠? 숫자가 두 개가 있고 두 개의 숫자에서 동시에 만족하는 조건을 찾아내야 하기 때문에 논리 연산자가 필요한 거에요.

어떤 수의 약수를 구하기 위해서는 나누어 떨어지는 수, 즉 나머지가 0인 수를 구하면 되겠죠? A를 어떤 수 K로 나누었을 때 나누어 떨어지는 수는

A%K = 0

이라고 할 수 있어요.
마찬가지로 B가 어떤 수 K로 나누어 떨어진다면,

B%K = 0

라고 할 수 있죠.

이 두 가지 조건을 동시에 충족해야 하기 때문에 '동시에'라는 뜻을 가진 논리 연산자 'AND'를 사용할 거에요.

이러면 어떤 숫자 K에 대해 A와 B모두 나누어 떨어지는 숫자를 찾을 수 있어요.
하지만 우리는 공약수를 구하는 것이 아니라 최대공약수를 구하려는 것이죠? 최대공약수를 MAX라는 변수라고 정하고, MAX에 초기값 0을 넣어 놓을 거에요.
그 다음에 위의 조건, A와 B의 공약수의 조건을 만족한 숫자들에 대해서 MAX와 비교를 해주는 것이죠. 만약 두 조건을 만족하는 K가 MAX보다 크다면 MAX를 K로 만드는 거에요.

조건문을 사용해서 순서도로 나타낼 수 있을 거에요.

이렇게 되면, 두 조건을 만족하는 공약수 중에 큰 숫자들만 계속 MAX가 될 거에요. 4와 8을 예로 들어 볼게요.

첫 번째 반복문에서 4와 8을 1로 나누고, 나누어 떨어지는지 볼 거에요. 나누어 떨어지기 때문에 1을 MAX에 담겨있는 0과 비교할 수 있어요. 1은 0보다 크기 때문에 MAX 변수에 1을 넣어줘야겠죠?

이제 두 번째 반복문을 볼게요. 두 번째 반복문에서 4와 8을 2로 나누고, 나누어 떨어지는지 볼 거에요. 나누어 떨어지기 때문에 2를 MAX에 담겨있는 1과 비교할 거에요. 2는 1보다 크기 때문에 MAX 변수에 2를 넣어주면 되겠죠?

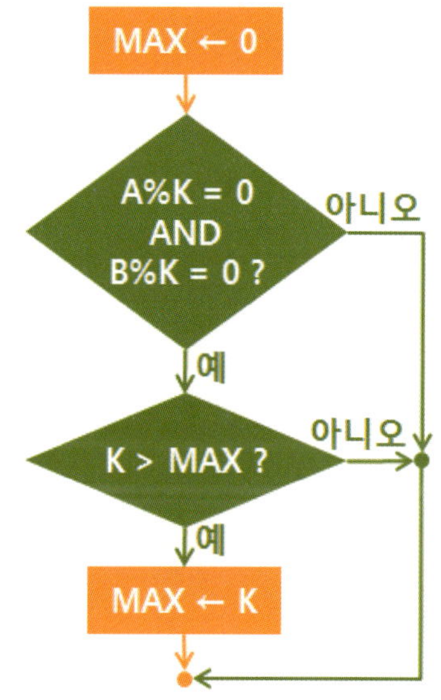

세 번째 반복문은 두 숫자 모두 3으로 나누어 떨어지지 않기 때문에 아무런 동작 없이 넘어갈 거에요.

네 번째 반복문에서 두 숫자 모두 4로 나누어 떨어지죠? 따라서 MAX에 담겨있는 2와 비교할 수 있어요. 4는 2보다 크기 때문에 이제 MAX는 4가 되는 것이죠.

반복문을 다 돌았기 때문에 알고리즘은 종료가 될 것이고, 최대공약수로 정한 MAX 변수에는 최대공약수가 들어가있어요! 순서도로 살펴볼까요?

하지만 이 방법은 1부터 차례대로 공약수를 찾아가면서 구하는 방법이기 때문에 최대공약수를 구할 땐 적합하지 않을 수 있어요. 최대공약수는 공약수 중에 가장 큰 숫자인데, 가장 작은 공약수인 1부터 시작하는 것이기 때문이죠. 따라서 우리는 공약수가 될 수 있는 가장 큰 숫자부터 작은 숫자까지 차례대로 찾아나갈 거에요. 만약 A와 B를 어떤 수로 나누었을 때 나누어 떨어지면 거기서 반복문이 끝나는 것이죠. 왜? 그 수가 가장 큰 공약수기이 때문이에요.

다시 4와 8을 예로 들어 볼게요.
4와 8의 공약수 중 가장 큰 공약수가 될 수 있는 것은 4지요? 두 숫자 중에 더 작은 숫자 말이에요. 따라서 우리는 4부터 1씩 감소하면서 공약수를 찾아나가는 프로그램을 만들 거에요. 그런데 4는 4와 8의 공약수이기 때문에 4가 최대공약수가 되는 것이죠.

만약 8과 12라면?
두 숫자 중에 8이 작은 숫자이기 때문에 8부터 시작할 거에요. 8부터 1씩 감소하면서 공약수를 찾는 것이죠.
8은 8의 약수이지만 12의 약수가 아니기 때문에 공약수가 아니에요.
7은 8의 약수도, 12의 약수도 아니기 때문에 공약수가 될 수 없어요.
6은 12의 약수이지만 8의 약수가 아니기 때문에 공약수가 아니에요.
5는 8의 약수도, 12의 약수도 아니기 때문에 공약수가 될 수 없어요.
4는 8의 약수이면서 12의 약수이기 때문에 공약수가 되는 것이죠.
따라서 8과 12의 최대공약수는 4가 되는 것이에요. 참 쉽죠?

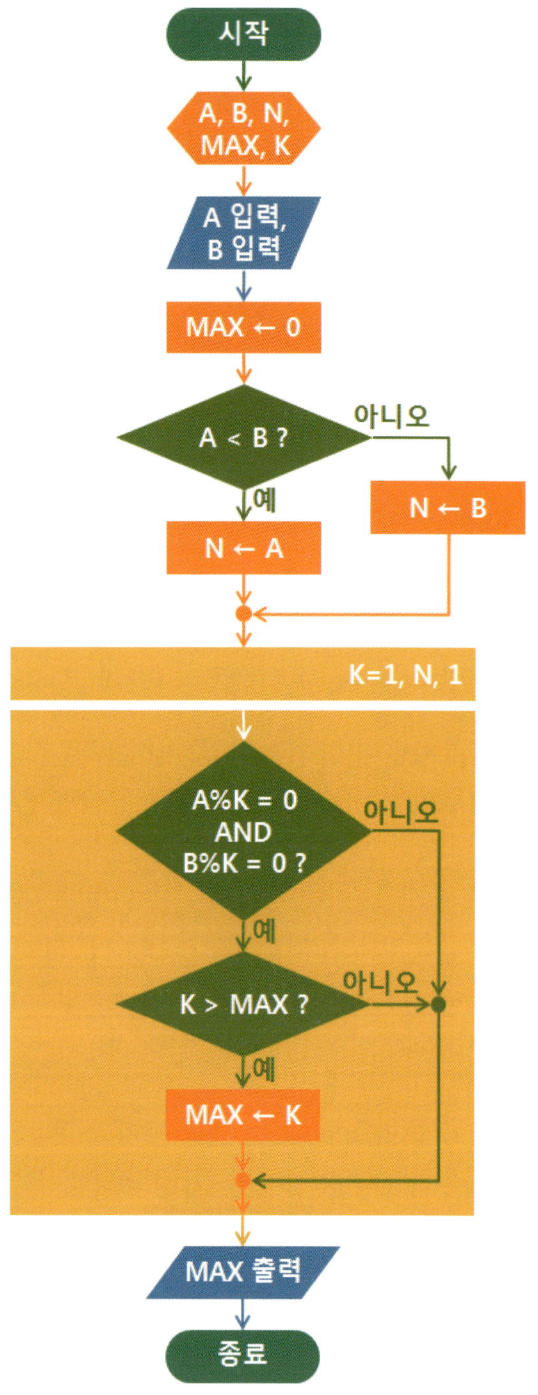

이 과정을 순서도로 나타내 볼까요?

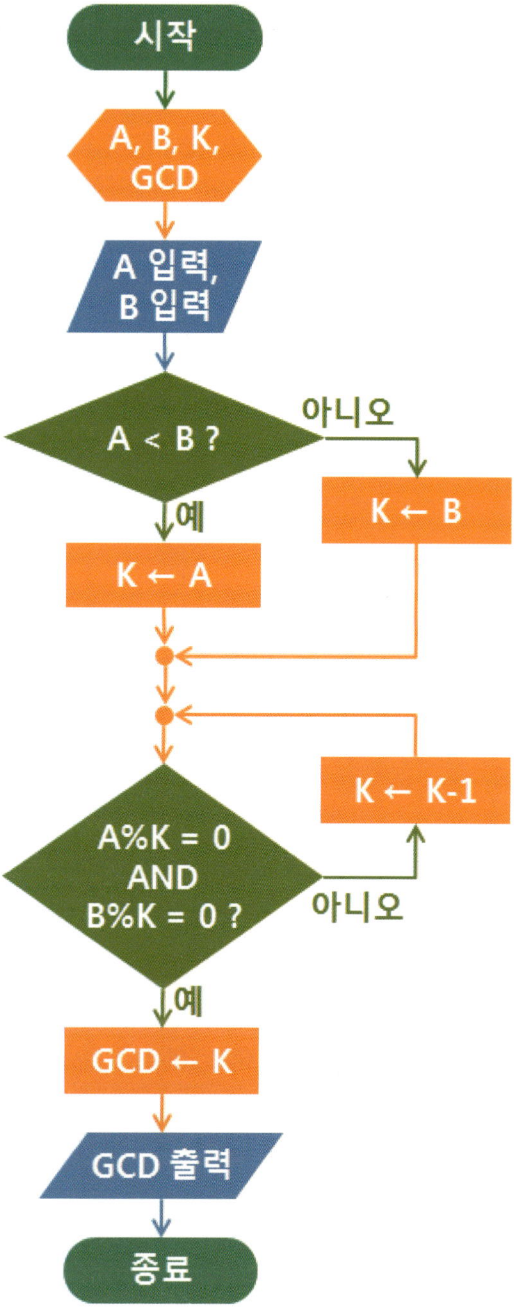

마찬가지로 입력받는 두 숫자를 변수 A와 변수 B에 담을 거에요. 그리고 두 숫자 중에 더 작은 숫자를 변수 K에 담을 거구요. 우리는 K부터 1씩 감소하면서 공약수를 찾으면 되는 것이죠. 만약 A와 B가 K로 나누었을 때 나누어 떨어진다면 이 K를 변수 GCD에 담을 거에요. GCD는 최대공약수의 영어 단어인 'Greatest Common Divisor'의 약자에요.
마지막으로 우리가 구한 최대공약수 변수 GCD를 출력해주면 프로그램이 끝나는 것이죠.

어때요? 참 쉽죠?
최대공약수를 1부터 구하는 것은 우리가 학교에서 배운 방법이에요. 종이에 두 수의 공약수를 1부터 차례대로 써 가면서 구하는 방법이죠. 사실 이 방법이 정석이라고 할 수 있어요.

하지만 프로그래밍의 관점으로 보면 이 과정은 불필요한 반복 과정이 들어갈 수 있어요. 우리가 필요한 것은 '최대공약수' 단 하나의 숫자니까요.

어떤 것이 더 좋은 알고리즘일까요?

정답은 없어요. 최대공약수의 원리를 배우기 위해서는 첫 번째 알고리즘이 더 좋을 수 있어요.
하지만 효율적인 방법은 두 번째 알고리즘이라고 할 수 있죠.

여러 가지 방법을 알고 있어야만 상황에 맞는 방법을 적용할 수 있겠죠? 원리도 더 잘 이해할 수 있을 것이구요. 그러니 여러분들도 여러 가지 알고리즘을 만들어보는 연습을 했으면 좋겠어요. 혹시 알아요? 더 좋은 알고리즘을 만들 수 있을지!

최대공약수는 두 개 이상의 숫자를 입력받아야 하기 때문에 변수도 두 개 이상 만들어줘야 해요. 숫자가 많아지면 최대공약수를 구하는데 어려움이 있기 때문에 우리는 두 개의 숫자에서 최대공약수를 구할 거에요. 사실 세 개 이상의 숫자에서 최대공약수를 구하는 일은 잘 없어요. 숫자가 두 개 일 때 두 수의 최대공약수만 구할 줄 알아도 큰 문제가 없죠! 하나의 숫자는 최대공약수를 구할 수 없다는 것 알고 있죠? 공약수의 뜻 자체가 공통된 약수인데 하나의 숫자는 약수 밖에 없기 때문이죠!

01 두 수의 최대공약수를 구하기 위해 두 수를 각각 A와 B라는 변수에 입력받을게요. 변수 A와 B를 입력받는 스크립트를 만들어야겠죠?

02 여기서 중요한 것이 있어요! 우리는 A와 B 중에 어떤 숫자가 더 큰 숫자인지 알아야 해요. 최대공약수를 구하기 위해 반복하는 횟수 때문이죠! A와 B 중에 더 작은 숫자 만큼 반복한다고 했었죠? 따라서 입력받은 A와 B 중에 더 작은 숫자를 찾아야 해요. 더 작은 숫자를 찾아서 변수 N에 넣어 줄게요. N만큼 반복하기 위해서 말이에요!

더 작은 숫자를 찾기 위해서는 조건문을 사용하면 되겠죠? 만약 A가 B보다 작다면 변수 N을 A로, A가 B보다 크다면 변수 N을 B로 정하면 돼요.

03 이제 반복할 횟수를 정했으니 반복문을 만들 수 있겠죠? 반복문은 약수를 구할 때처럼 하나씩 증가하는 숫자를 써야 하기 때문에

 블록을 쓸 거에요. 이 블록에 들어갈 조건은 어떻게 될까요?

변수 K에 초기값으로 1이 들어있다면, K가 N까지 반복하면 되겠죠? 물론 1씩 증가하구요! K가 1부터 1씩 증가해서 N까지 반복하는 반복문을 만들어주면 돼요.

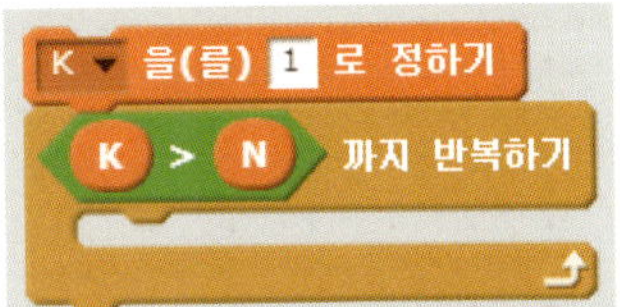

04 이제 반복문 안에 들어갈 내용을 만들어주면 돼요. A와 B의 공약수를 먼저 구해야겠죠? 공약수에 대해 잠깐 복습을 해보면, 공약수는 A가 가지고 있는 약수와 B가 가지고 있는 약수 중에서 공통된 숫자들을 말해요. 이 말은 바꿔 말하면, 어떤 수로 A와 B를 동시에 나누었을 때 나누어 떨어지는 수가 바로 A와 B의 공약수라는 말이죠! 당연히 1은 모든 수의 공약수가 되겠죠? 1은 모든 수의 약수니까요!
6과 9의 공약수를 보면 6과 9는 3으로 나누어 떨어지기 때문에 3은 6과 9의 공약수라고 할 수 있죠. 참 쉽죠?
그럼 A와 B의 공약수를 어떻게 나타낼 수 있을까요? '연산'에 있는 [그리고] 블록을 이용하면 돼요! 이 블록은 어떤 연산을 '동시에' 할 때 쓰는 블록이에요. 영어로는 'AND'가 되겠죠? 그리고, 동시에, AND, & 다 똑같은 말이에요. 잊지 마세요!
'그리고' 블록을 이용해서 공약수를 구할 거에요. A를 K로 나눈 나머지가 0인 조건과 B를 K로 나눈 나머지가 0인 조건을 동시에 넣어주면 돼요.

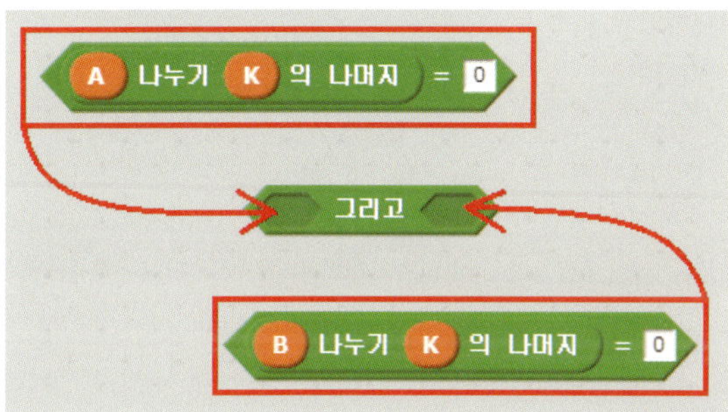

05 블록의 길이가 길지만 뜻은 간단하죠? '윤년' 알고리즘을 만들 때 [그리고] 블록을 썼었죠. 기억 나시나요?

06 이제 우리는 두 숫자가 가지고 있는 공약수 중에 가장 큰 공약수를 찾을 거에요. 그것이 바로 '최대공약수'가 되는 것이죠.
보통 최대공약수는 'Greatest Common Divisor'의 약자를 따서 'GCD'이라고도 해요. 그래서 최대공약수를 담는 변수 명도 GCD으로 많이 지어요. 하지만 우리는 공약수 중에 가장 큰 숫자를 찾는 다는 의미에서 MAX라는 변수를 하나 만들어 줄 거에요. 이 변수 MAX에 공약수 중에 가장 큰 수를 넣는 것이죠.

K가 1부터 N까지 1씩 증가하면서 반복하다가 A와 B를 동시에 나누어 떨어지게 하는 숫자가 있으면 변수 MAX에 넣는 거에요. 조건문을 이용하면 되겠죠? 조건은 위에서 '그리고' 블록을 이용해서 만들었던 조건을 넣어주면 돼요.

07 이제 모든 블록들이 준비되었어요! 조건문들과 반복문들을 합쳐서 스크립트를 완성해볼까요?

08 이번에는 스크립트의 크기가 크기 때문에 구조를 나누어서 설명을 붙여 놓았어요. 여러분! 스크립트의 크기가 크다고 해서 겁먹으면 안돼요! 절대로! 구조를 잘 보면 이미 우리가 다 아는 내용들을 붙여 놓은 것 뿐이랍니다! 내용이 많다고 해서 겁먹거나 피하면 안돼요! 아무리 어려운 문제라도 우리 친구들이 이해할 수 있도록 도와줄 테니 걱정 말고 덤비세요!

마지막으로 완성된 스크립트를 볼게요!

09 이제 이 커다란 스크립트가 잘 작동하는지 확인해 봐야겠죠? A에 12를, B에 16을 넣어 볼게요. A의 약수, B의 약수, A와 B의 공약수를 볼까요?

A의 약수 (12의 약수)	1, 2, 3, 4, 6, 12
B의 약수 (16의 약수)	1, 2, 4, 8, 16
A와 B의 공약수 (12와 16의 공약수)	1, 2, 4

공약수 중에 가장 큰 숫자가 최대공약수가 되겠죠? 12와 16의 최대공약수는 4가 될 거에요. 스크래치 고양이가 정말 4를 말하는지 볼까요?

짠! 정말로 스크래치 고양이가 4를 말하고 있어요. 변수 N에는 12와 16중 더 작은 숫자인 12가 담겨 있는 것도 볼 수 있구요.

10 그런데, 이것보다 더 간단한 방법은 없을까요?

사실 위에서 만든 스크립트는 우리가 손으로 최대공약수를 구할 때 쓰는 방법이에요. 제일 작은 숫자부터 하나씩 올려 가면서 어떤 수가 최대공약수가 되는지 보는 방법이죠. 하지만 우리는 스크래치를 이용해 더욱 간단하게 최대공약수를 구할 수 있어요.

'최대' 공약수잖아요? 따라서 공약수 중에 제일 큰 숫자만 찾으면 되는 것이죠. 일일이 하나씩 숫자를 올려가면서 최대공약수를 찾는 것이 아니라, 공약수 중에 제일 큰 놈만 찾으면 반복문을 탈출해 버리는 것이죠.

따라서 K가 1부터 1씩 증가하는 것이 아니라, K가 A와 B 중에 작은 숫자부터 1씩 감소하면 되는 거에요. 만약 A와 B 중에 작은 숫자부터 감소하다가 공약수를 발견하면 반복문이 멈추는 것이죠.

12와 16의 공약수를 볼까요? 1, 2, 4가 공약수였어요. 기존의 방법은 공약수를 찾은 다음 K를 1 증가시켜서 더 큰 공약수를 찾는 것이었죠? 하지만 새로운 방법은 K를 공약수가 될 수 있는 가장 큰 숫자부터 1씩 감소시키는 거에요. 만약 A와 B가 K로 나누어 떨어진다면 그 숫자가 최대공약수가 되는 것이죠. 12와 16을 보면 12부터 시작해서 1씩 감소하다가 4에서 공약수를 찾고 멈추는 것이죠. 더 간단해졌죠?

다른 블록들은 거의 비슷하지만, 반복문이 달라요. 또, K가 1부터 N까지 반복하지 않기 때문에 변수 N이 필요 없어요. A와 B 중에 더 작은 숫자를 변수 K에 담으면 되는 것이죠.

11 그 다음에 반복문을 만들어줘야 돼요. 반복문은 조건이 맞으면 조건문을 멈출 것이기 때문에 '무한 반복하기' 블록을 쓸 거에요. 무한 반복하기 블록은 항상 조건문과 멈추기 블록을 같이 써야 한다고 했죠?

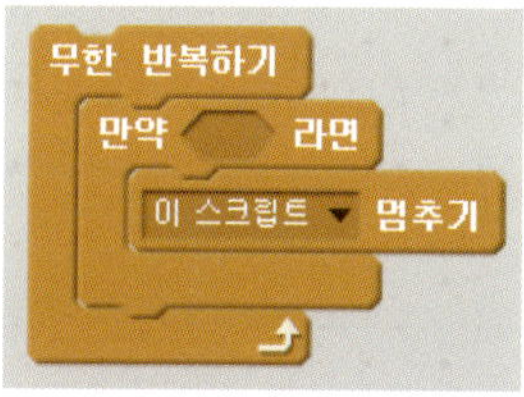

그런데 우리는 K가 1씩 증가하는 것이 아니라 1씩 감소시킬 것이기 때문에 K를 '1' 만큼이 아닌 '−1' 만큼 바꿔 주어야 해요. K가 입력받은 A와 B 중에 작은 숫자부터 시작해서 1씩 감소하는 반복문이 되는 것이죠.

12 이 블록들 안에 반복문을 멈추는 조건과 반복할 내용을 넣어주면 돼요. 반복문을 멈추는 내용은 당연히 최대공약수를 찾는 것이겠죠? 여기서는 GCD라는 변수에 최대공약수를 찾아서 넣어줄 거에요. 그리고 첫 번째로 찾아내는 공약수가 최대공약수가 되겠죠?

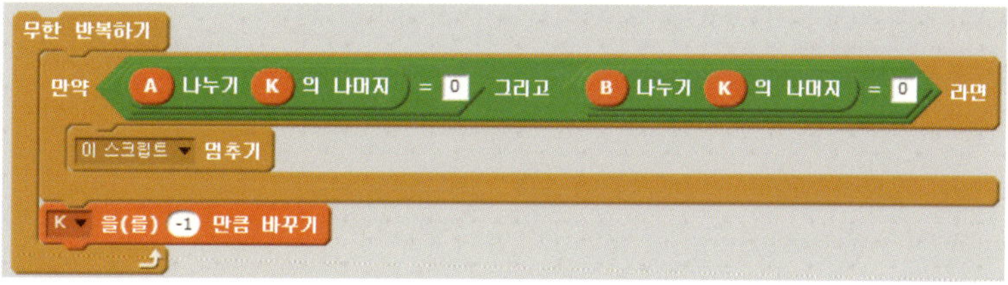

13 이제 마지막으로 조건문의 내용을 넣어주면 돼요. 조건문의 조건은 A와 B를 K로 나누었을 때 나누어 떨어지는 것이기 때문에, 조건문이 맞다면 변수 GCD에 K를 넣어주면 되는 것이죠!

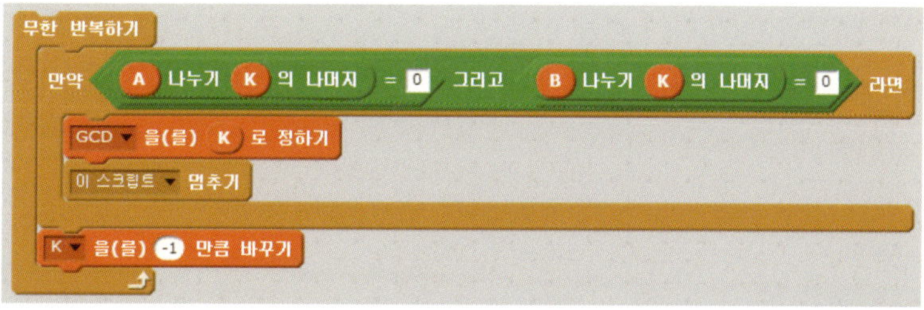

14 그리고 이것을 출력하면 그것이 바로 최대공약수가 되겠죠?

15 이제 모든 블록들이 만들어졌어요! 스크립트를 완성시켜 볼까요?

16 처음에 만들었던 스크립트와 굉장히 비슷하죠? 하지만 변수를 하나 덜 쓰고, 조건문을 하나 덜 썼는데도 과정이 간단해졌다는 걸 알 수 있어요! 스크래치 고양이에게 A에 16, B에 12를 입력해서 최대공약수를 제대로 말하는지 볼까요?

짠! 스크래치 고양이가 최대공약수를 찾아 내었어요! 더 쉽고 간단한 방법으로 말이에요!

참 재미있지 않나요? 이제 아무리 크고 복잡한 숫자라도 두 수의 최대공약수를 단 번에 구할 수 있어요. 우리에겐 스크래치 스크립트가 있으니까요! 신난다!

QR코드를 통해 동영상 강좌를 보실 수 있습니다.

Unit 01 공배수 중에 제일 작은 놈이다옹! – 최소공배수

최대공약수를 배웠으니, 최소공배수도 배워볼까요?

먼저 '공배수'의 의미부터 알아야겠죠?
공배수란 공약수와 마찬가지로 배수들 중에서 '공통된' 것들을 말해요. 그럼 '배수'란 무엇일까요?
말 그대로 곱한 숫자를 뜻하죠! 바꿔 말하면, 어떤 수를 약수로 갖는 숫자들을 말해요.

예를 들어 2의 배수는 2를 약수로 갖는 숫자들을 말하는데,
2, 4, 6, 8, 10, … 과 같은 숫자들이에요. 어렵지 않죠? 배수는 끝이 없어요. 무한대로 있을 수 있죠. 약수와 다르죠?

두 개의 숫자가 주어졌을 때, 두 수의 배수를 구한 다음, 같은 것들을 찾으면 그것들이 공배수가 되겠죠? 3과 4의 공배수를 볼까요?

3의 배수는 3, 6, 9, 12, 15, 18, 21, 24, 27, … 이 있을 거에요. 4의 배수는 4부터 시작해서 4, 8, 12, 16, 20, 24, 28, 32, … 등이 있을 거구요. 이 중에서 겹치는 것들을 뽑아볼까요?

12와 24가 겹치네요! 이렇게 공통된 배수들을 공배수라고 해요. 그럼 최소공배수는 무엇일까요? 당연히 공배수들 중에 가장 작은 숫자를 말하셨죠? 공배수는 무한개가 있으니까 그 중에 가장 작은 숫자를 찾으면 그것이 최소공배수가 되는 거에요. 참 쉽죠?

이제 두 수가 주어질 때 최소공배수를 출력하는 프로그램을 만들어 볼까요?
공배수가 무한 개 있으니까 반복문도 무한 번 돌려야 할까요?
아니죠! 최대공배수 또한 최대공약수를 구할 때처럼 범위가 있답니다!

최소공배수는 두 숫자 중에서 더 큰 수 그 자체가 될 수 있어요. 당연히 작은 수는 공배수가 될 수 없겠죠? 예를 들어 볼게요. 만약 3과 6의 최소공배수를 찾는다면, 3의 배수인 3, 6, 9, .. 와 6의 배수인 6, 12, 18, .. 중에 겹치는 숫자를 찾아야겠죠? 그 중에 가장 작은 숫자는 6이네요! 그런데 6은 두 숫자 중에서 큰 숫자이죠. 따라서 최소공배수의 최소범위는 두 숫자 중에서 더 큰 숫자가 될 거에요. 이제 최대 범위만 찾으면 되겠죠?

최소공배수의 최대범위는 간단해요. 두 숫자를 곱한 것이죠. 만약 두 숫자를 곱한다면, 그 숫자를 만들기 위해 숫자 두 개를 곱한 것 이잖아요? 바꿔 말하면 두 숫자를 약수로 쓰는 숫자가 탄생한 것이죠! 3과 7이라는 두 숫자가 주어졌을 때, 3과 7을 곱하면 21이 되겠죠? 21의 약수는 1, 3, 7, 21이 될 거구요. 따라서 21은 3과 7을 약수로 쓰는 숫자에요.

이제 최소공배수의 최소범위와 최대범위를 알았으니 반복문을 만들어 볼까요? K가 A와 B 중에 더 큰 숫자 만큼 시작해서 A와 B를 곱한 만큼 반복되는 반복문을 만들면 될 거에요. 이 반복문을 위해서는 A와 B 중에 더 큰 숫자가 무엇인지 찾아야겠지요?

비교한 숫자 중 더 큰 숫자를 N이라는 변수에 담아볼게요. A가 B보다 크다면 변수 N에 A숫자를 담으면 될 거에요. 반대로 B가 A보다 크다면 변수 N에 B에 있는 값을 담으면 되겠죠? 조건문을 사용하면 돼요!

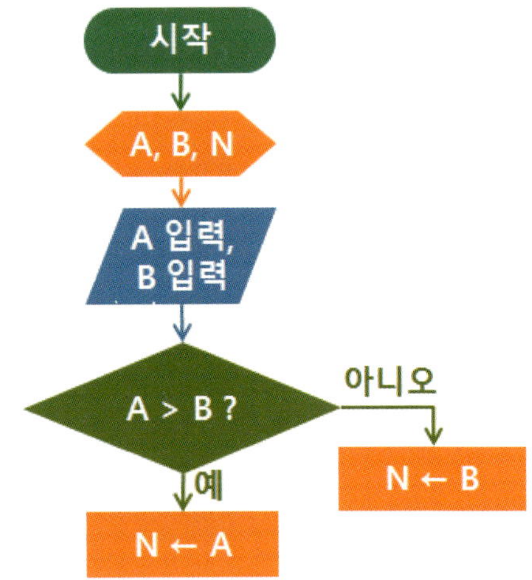

그 다음에는 K가 N부터 A와 B를 곱한 숫자 만큼 반복하는 반복문을 만들면 돼요. 만약 A가 3이고 B가 7이라면, K가 7부터 21까지 반복되는 반복문을 만들면 되는 거에요. 어렵지 않죠?

이제 반복할 내용을 정해주어야 돼요. 최대공약수를 구할 때처럼 나머지 연산자와 논리 연산자를 사용할 거에요. 내용 또한 최대공약수를 구하는 것과 똑같아요. 어떤 수 K를 A와 B로 나누었을 때 나누어 떨어지는 수가 공배수가 되는 거에요.

$$K\%A = 0 \ \ AND \ \ K\%B = 0$$

그리고 그 중에서 가장 작은 숫자를 찾아야 하기 때문에 MIN이라는 변수를 하나 만들어줄게요. 이 MIN이라는 변수에는 초기값으로 A와 B를 곱한 값을 넣어둘게요. 최소공배수의 최대값은 A와 B의 곱이기 때문에 미리 최소공배수를 담을 MIN이라는 변수에 담아 두는 거에요. 반복문을 진행하면서 A와 B의 곱 보다 작은 숫자가 나오면 그 숫자를 MIN이라는 변수에 바꿔 담으면 되는 것이죠.

$$K \langle MIN$$
$$MIN \leftarrow K$$

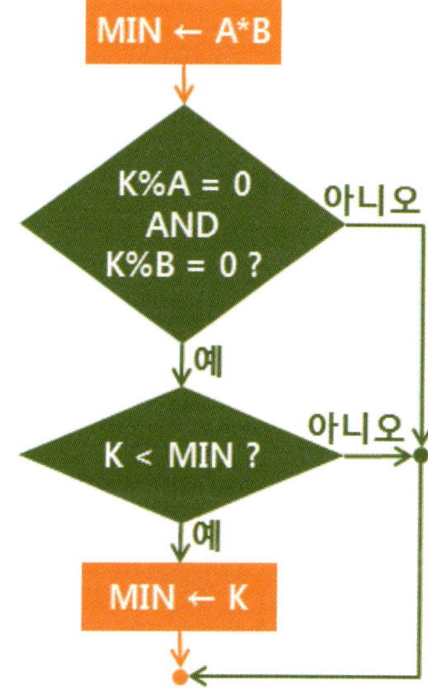

4와 6을 예로 들어 볼까요? 먼저 반복문의 최소 범위는 4와 6중에 더 큰 숫자인 6이 될 거에요. 그리고 최대 범위는 4와 6을 곱한 만큼인 24가 되겠죠?

첫 번째 반복문에서는 A가 4, B가 6 그리고 K가 6이 될 거에요. K에 들어있는 6을 4와 6으로 나누어봤을 때 나누어 떨어지는지 보면 돼요. 하지만 6은 4로 나누어 떨어지지 않기 때문에 아무런 동작 없이 다음 반복문으로 넘어가는 것이죠.

두 번째 반복문에서는 A와 B는 그대로 이지만 K는 7이 되겠죠? 7 또한 나누어 떨어지지 않으니 아무 일 없이 다음 반복문으로 넘어갈 거에요.

이 과정을 계속 반복하다가 K가 12가 될 때 4와 6으로 나누어 떨어지는 거에요. 그리고 12는 MIN에 들어있는 24보다 작기 때문에 MIN에 12를 넣어주는 것이죠.

그리고 마침내 K가 24가 될 거에요. 24 또한 4와 6으로 나누어 떨어지는 수이지요? 하지만 24는 MIN에 들어있는 12보다 크기 때문에 아무런 동작 없이 반복문이 끝나게 돼요.

반복문이 끝난 다음, MIN 변수에 들어있는 값이 바로 4와 6의 최소공배수가 되는 것이죠. MIN에는 12가 들어있고요. 참 쉽죠? 순서도로 살펴볼게요.

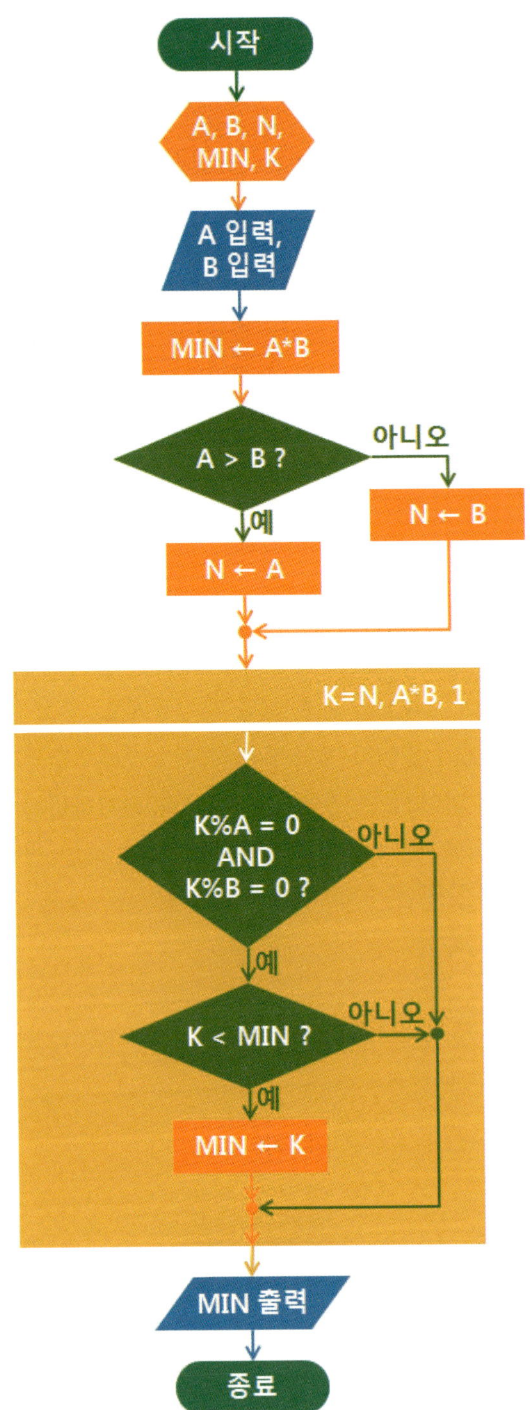

K가 입력받은 두 숫자 중 더 큰 숫자부터 두 숫자의 곱까지 1씩 증가하는 반복문에서 최소공배수를 찾는 방법을 알아 보았어요.

하지만 이 방법 또한 공배수를 구한 다음, 제일 작은 숫자를 찾는 것이기 때문에 불필요한 반복 과정이 들어갈 수 밖에 없어요.

따라서 우리는 K가 공배수 중에서 가장 작은 공배수를 찾을 때 반복이 끝나는 반복문을 만들 거에요. 그러면 최소공배수를 구하는 과정이 더 줄어들겠죠?

변수 A와 B에 두 수를 입력받은 다음, 더 큰 숫자를 변수 K에 담을 거에요. 그런 다음 변수 K부터 1씩 증가하면서 최소공배수를 찾는 것이죠. K를 A와 B로 나누었을 때 나누어 떨어지면 K는 A와 B의 공배수가 되겠죠? 우리는 공배수가 될 수 있는 가장 작은 숫자부터 찾기 시작했기 때문에 제일 처음으로 찾은 공배수가 최소공배수가 되는 것이죠.

이렇게 찾은 최소공배수 K를 변수 LCM에 담을 거에요. LCM은 최소공배수의 영어 단어 'Least Common Multiple'의 약자에요.

마지막으로 변수 LCM을 출력해주면 프로그램이 종료되는 것이죠.

최대공약수와 비슷한 과정으로 최소공배수를 구할 수 있었어요. 하지만 반복문의 범위가 달라지기 때문에 잘 생각하고 알고리즘을 짜야 돼요.

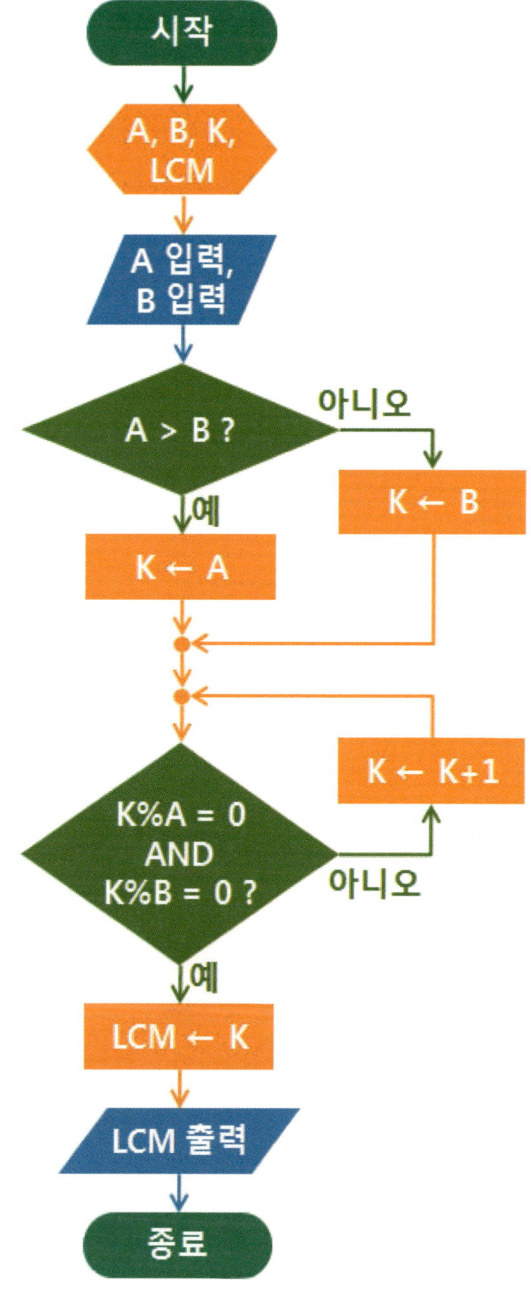

이제 최대공약수와 최소공배수에 대해 잘 아시겠죠? 반복문을 통해 꼼꼼하게 배웠으니 헷갈리지 않을 거에요! 최대공약수와 최소공배수는 물건을 나눌 때, 편을 가를 때 등 일상생활에서도 자주 쓰이는 것이니까 유용하게 사용해보세요!

두 수의 최대공약수를 구해봤으니, 최소공배수도 구해봐야죠? 최소공배수를 구하는 과정은 최대공약수를 구하는 과정과 아주 많이 비슷해요. 최대공약수를 구할 줄 안다면 최소공배수는 껌이죠!

01 먼저 두 수 A와 B를 입력받아야겠죠?

02 그 다음에는 반복할 횟수를 정하기 위해 변수 N을 정해주어야 되는데.. 여기서!

여기서! 최대공약수와 다른 점이 생겨요! 최대공약수는 두 수 중에 더 작은 숫자를 N에 넣어 주었지만, 최소공배수는 두 수 중에 더 큰 숫자를 N에 넣어줄 거에요. 최소공배수는 배수(곱한 수)이기 때문에 입력된 숫자보다 작은 숫자가 나올 수 없기 때문이에요.

조건문을 통해 A와 B 중에 더 큰 숫자를 N에 담을 수 있겠죠? 최대공약수를 구할 때처럼 조건문을 사용하면 돼요!

03 이제 반복할 횟수가 정해졌으니 반복문을 만들 수 있겠죠? K가 1부터 N까지 반복하면 될까요? 아니죠! 배수는 1부터 시작하지 않기 때문에 K의 초기값이 1이 되면 안돼요! 두 수의 공배수는 A나 B보다 작을 수 없다고 했죠? 따라서 K가 1부터 시작하는 것이 아니라, K가 N부터 시작하는 거에요. N은 A와 B 중에 더 큰 숫자라고 했죠? K가 N부터 시작하는 반복문을 만들어 줄 거에요.

그럼 N부터 몇까지 반복하면 될까요? 공배수가 최대가 되는 값을 정해주면 돼요. 모든 수의 약수가 1이었던 것처럼, 가장 큰 공배수도 정해져 있어요. 바로 A와 B를 곱한 값이죠.

A와 B를 곱한 값은 A로도 나눌 수 있고 B로도 나눌 수 있죠. 당연하죠? 따라서 A와 B를 곱한 값은 A와 B가 가질 수 있는 가장 큰 최소공배수가 되는 것이죠. A와 B의 공배수는 무한히 있다고 했죠? 그래서 최대공배수라는 용어가 없는 거에요.

이제 반복할 범위가 정해졌으니 반복문을 만들 수 있겠죠? K가 N부터 1씩 증가해서 A와 B의 곱까지 반복하는 반복문을 만들어주면 돼요.

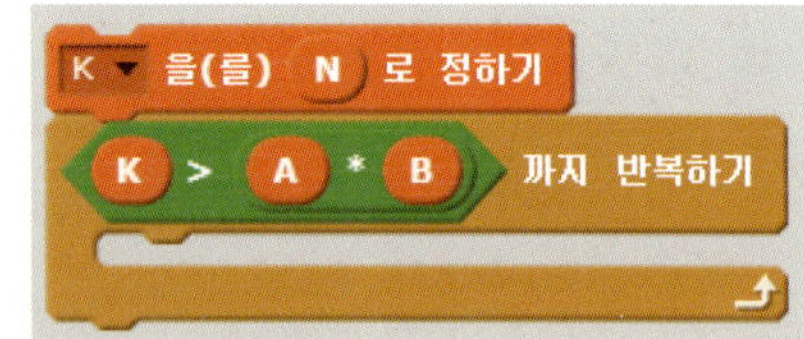

04 이제 반복할 내용을 정해주면 되겠죠?

K가 N부터 1씩 증가하고 있어요. 이번에는 A와 B에서 K를 나누는 것이 아니라 K에서 A와 B를 나누어야 돼요. 왜일까요? K는 N으로 정했죠? N은 A와 B 중에 더 큰 숫자예요. 따라서 당연히 더 큰 숫자에서 더 작은 숫자를 나누어 주어야 할 것이에요.

또, 배수의 개념은 어떤 수를 A로 나누었을 때 나누어 떨어지면 어떤 수는 A의 배수가 되는 것이잖아요? 따라서 K를 A와 B로 나누어서 나누어 떨어지면 K는 A와 B의 배수가 되는 것이죠! 두 숫자를 동시에 나누어 떨어지게 했으니 공배수가 되겠죠?

K를 A와 B로 나누었을 때 나머지가 0인 조건을 만들어 볼까요?

05 그리고 이 조건을 이용해서 최소공배수를 찾는 조건문을 만들어 볼게요. 최소공배수를 담을 변수는 보통 'Least Common Multiple'의 줄임말인 'LCM'을 쓰는데요, 이번에는 K가 1씩 증가하면서 최소값을 찾을 거니까 MIN이라는 변수에 최소공배수를 담아 볼게요.

MIN 변수에 최소공배수가 될 수 있는 가장 큰 수를 넣고 시작할거에요. 가장 큰 수는 A와 B의 곱이 되겠죠? 이렇게 제일 큰 공배수를 넣고 시작하는 이유는, A와 B의 공배수가 A와 B의 곱 밖에 없을 수 있기 때문이에요. 최대공약수를 구할 때도 약수가 1밖에 없는 경우가 있었죠? 3과 7의 공약수는 1밖에 없죠. 따라서 1이 최대공약수가 될 것이구요.

최소공배수도 마찬가지에요. A와 B의 공배수가 A와 B를 곱한 수밖에 없을 경우에는 MIN을 그대로 출력해주면 되는 것이죠. 하지만 어떤 숫자 K가 A와 B로 나누어서 나누어 떨어진다면, 그 숫자를 MIN에 넣어주면 돼요. 만약 K가 MIN보다 작으면 변수 MIN에 K를 넣어 주는 것이죠.

정리하면, K가 N부터 A * B까지 1씩 증가하는 반복문이에요. 이 반복문에서 K를 A와 B로 나누었을 때 나누어 떨어진다면, K가 MIN보다 작을 때 MIN에 K를 넣어주면 되는 것이죠! 참 쉽죠?

06 이제 완성된 반복문을 기존의 블록들과 합쳐서 스크립트를 완성해 볼까요?

07 블록이 많지만 최대공약수를 구할 때와 다를 것이 없죠? 이제 스크립트가 제대로 만들어졌나 확인해 볼까요?

10과 15의 최소공배수를 구해볼게요. 10과 15의 최소공배수는 10에 3을 곱한 30, 15에 2를 곱한 30이 될 거에요. 정말 30을 말하는지 볼까요?

와우! 스크래치 고양이가 정말로 30을 말했어요! 똑똑한 고양이죠?

08 이번에는 다른 과정으로 최소공배수를 출력하는 프로그램을 만들어 볼까요?

최대공약수에서 쓴 것과 같이 '무한 반복하기'를 이용해서 최소공배수를 한 번에 찾아낸 다음 반복문을 멈출 거에요.

먼저 A와 B 중에 더 큰 숫자를 변수 K에 넣을 거에요.

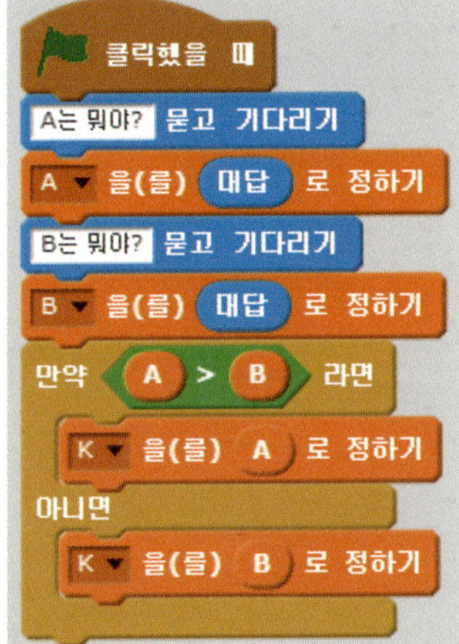

09 그 다음엔 반복문을 만들어줘야겠죠? 조건에 맞을 때 반복문을 멈추는 무한 반복문을 만들어 줄게요.

10 우리는 '최소' 공배수를 구하고 있기 때문에 작은 숫자부터 하나씩 증가시킬 거에요. 최대공약수는 최대공약수가 될 수 있는 가장 큰 숫자부터 시작했기 때문에 K가 1씩 감소했지만, 최소공배수는 최소공배수가 될 수 있는 가장 작은 숫자부터 시작해야 하기 때문에 1씩 증가하는 것이에요.

두 수의 공배수 중 가장 작은 숫자가 될 수 있는 것은, A와 B 중에 더 큰 숫자겠죠? 그래서 K에 A와 B 중에 더 큰 숫자를 넣었구요. K가 A와 B 중에 더 큰 숫자부터 하나씩 증가하는 반복문이 되면 되겠죠?

11 이제 조건문의 조건이 필요해요. 조건문의 조건은 K가 A와 B의 배수가 되는 것이에요. 따라서 K를 A와 B로 동시에 나누었을 때 나누어 떨어지면 되는 것이죠.

12 이 조건이 조건문에 들어가면 되고, 조건이 맞았을 때 실행될 내용은 무엇일까요?

K가 제일 작은 공배수인 것이 조건문의 조건이기 때문에 변수 LCM에 K를 넣는 것이 실행될 내용이 되겠죠? 그리고 최소공배수를 넣은 변수 LCM을 출력해주면 돼요.

13 모든 블록이 완성되었어요! 이제 스크립트를 완성해 볼까요?

14 이 스크립트가 제대로 작동하는지 보기 위해 숫자를 넣어 볼까요? A에 15를, B에 10을 입력해 볼게요. 과연 고양이가 두 수의 최소공배수인 30을 제대로 말할까요?

고양이가 정말 30을 말했어요! 더 간단한 과정으로 최소공배수를 구해내었죠?
이제 어떤 수를 입력해도 최소공배수를 구할 수 있게 되었어요! 참 편리하죠?

QR코드를 통해 동영상 강좌를 보실 수 있습니다.

Unit 01 음메~ 숫자는 아니다옹! – 소인수분해

사실 학교에서 약수를 구하는 방법을 배울 땐 '소인수분해'를 통해 약수를 구하죠. 소인수분해가 무엇인지 알기 위해선 먼저 '소수(Prime Number)'에 대해서 알아야 돼요.

소수란, 어떤 수의 약수가 1과 자신 밖에 없는 자연수를 말해요. 단, 1은 1자체가 자신이 되기 때문에 소수가 될 수 없어요. 2나 3처럼 약수가 1과 자신 밖에 없는 수가 소수가 될 수 있죠. 소수를 조금 나열해보면,

2, 3, 5, 7, 11, 13, 17, 19, 23, 29, 31, ...

과 같은 것들이 있어요. 이것들을 소수라고 해요. 소수의 비밀은 나중에 더 알아보기로 하고 이번에는 소인수분해에 대해 알아볼게요.

소인수란 인수 중에서 소수인 것들을 말해요. 여기서 인수란, 어떤 숫자를 곱셈으로 나타냈을 때 사용되는 숫자들이에요. 그리고 어떤 숫자를 곱셈으로 나타내는 것을 '인수 분해'라고 해요.
'소인수분해'는 소수인 인수들의 곱셈으로 어떤 숫자를 나타내는 것이겠죠?

예를 들어볼까요? 28란 숫자가 있어요. 이 숫자를 소인수분해 하기 위해서는 일단 28의 약수 중 가장 큰 소수로 나눠줄 필요가 있어요. 하지만 단번에 가장 큰 소인수가 떠오르지 않을 수도 있기 때문에 그보다 작은 소인수로 나누어주어도 상관없어요.
28의 소인수 중 가장 큰 숫자는 7이고 가장 작은 소인수는 2가 될 거에요. 7로 나누어주면 좋겠지만 2로 나누어도 상관 없어요. 2로 나누어 볼까요?

28 / 2 = 14

28을 2로 나누었더니 14가 되었죠? 이제 다시 14를 14의 소인수로 나누어주면 돼요. 14의 소인수 또한 2와 7이 있네요. 2로 나누어 볼까요?

14 / 2 = 7

14를 2로 나누었더니 7이 나왔어요. 7은 소수이기 때문에 더 이상 나눌 수가 없죠. 따라서 소인수분해 과정은 이로써 끝이 났어요. 맨 처음에 2로 나누어주었고 그 다음에도 2로 나누어 주었죠. 그리고 마지막에 나온 소수가 7이었기 때문에, 28은

2 * 2 * 7 = 28

과 같이 표시할 수 있는 거에요. 참 쉽죠?

큰 숫자라도 금방 소인수분해를 할 수 있어요. 864라는 숫자를 보면 아래와 같은 과정으로 소인수분해를 할 수 있죠.

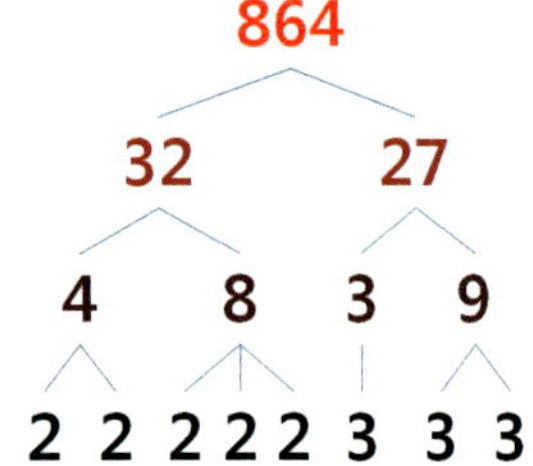

864는 2의 5제곱과 3의 3제곱을 곱한 것으로 표시할 수 있겠죠?

$$(2 * 2 * 2 * 2 * 2) * (3 * 3 * 3) = 864$$

어렵지 않죠?

그렇다면 하나의 숫자를 소인수분해 해서 얻을 수 있는 정보는 또 무엇이 있을까요? 소인수를 통해 약수를 구하는 것 이외에도 약수의 총 개수도 구할 수 있답니다. 정말 간단하게 말이에요!
864를 소인수분해 하면 2의 5제곱과 3의 3제곱으로 나타낼 수 있었죠? 여기서 2의 지수와 3의 지수를 이용해서 약수의 개수를 구할 수 있어요. 지수란 제곱한 만큼을 뜻해요. 2의 5제곱에서 2의 지수는 5가 되는 것이고 3의 지수는 3이 되는 것이에요.
어떠한 수를 소인수분해할 경우,

$$N = a^m \times b^n$$

와 같은 형태가 돼요. 여기서 m과 n이 각각 a와 b의 지수가 되는 것이고 이 지수를 통해 약수의 개수를 구할 수 있는 것이죠. N의 약수의 개수는 지수 m에서 1을 더한 값과 지수 n에서 1을 더한 값을 곱해주면 돼요.

$$(m+1) * (n + 1)$$

이것이 바로 어떤 수 N이 갖고 있는 약수의 개수가 되는 것이죠. 864의 경우 2의 지수 5에 1을 더한 값인 6과 3의 지수 3에 1을 더한 값인 4를 곱하면 약수의 개수가 나오는 것이죠.

$$(5 + 1) * (3 + 1) = 24$$

864가 가지고 있는 약수의 개수는 24개이네요!

좀 더 작은 숫자로 확인해볼까요?

24가 가지고 있는 약수는 1, 2, 3, 4, 6, 8, 12, 24로 8개이지요. 24를 소인수분해 하면

$$(2 * 2 * 2) * (3) = 2^3 * 3^1$$

이 돼요. 2의 3제곱과 3의 1제곱의 곱으로 나타낼 수 있는 것이죠. 여기서 2의 지수인 3과 3의 지수인 1을 이용해서 약수의 개수를 구할 수 있어요. 2의 지수인 3에 1을 더하고 3의 지수인 1에 1을 더한 값을 곱해주면 되는 것이죠.

$$4 * 2 = 8$$

정말 8개가 나왔죠? 이 방법을 이용하면 아무리 큰 숫자라도 순식간에 약수의 개수가 몇 개인지 구할 수 있답니다! 정말 편리한 방법이죠?

소인수, 특히 소수에 대해서는 아직도 밝혀진 것이 많지 않고 인류가 풀어나가야 할 큰 숙제이기도 해요. 그 중에 우리는 가장 간단한 알고리즘을 배워보았고, 여러분들도 여러분만의 알고리즘도 만들어보세요!

이미 초등학생 때 배웠던 것들을 프로그램으로 만들려니까 색다른 기분이 들지요? 쉽지도 않구요. 우리가 기존에 알고 있다고 생각했던 지식들을 다른 방법으로 접근하는 것은 마치 새로운 것을 배우는 느낌이 들어요. 이것이 알고리즘을 공부하는 재미 아닐까요?

Unit 01 소수 종합세트다옹! – 소인수분해와 최대공약수 최소공배수

지난 번에 소인수분해를 이용해 약수의 개수를 구한 것에 이어, 이번에는 소인수분해를 이용해서 최대공약수와 최소공배수를 구해볼까요?
사실 이 방법은 최대공약수와 최소공배수를 구할 때 학교에서 가장 많이 쓰이는 방법이면서 가장 간단한 방법이지요!

먼저 최대공약수와 최소공배수를 구하기 위한 두 개의 숫자가 필요해요. 편의상 두 개의 숫자를 A와 B라고 할게요.

A와 B를 동시에 소인수분해 해야 하는 것이 첫 번째 할 일이에요. 잠깐 복습하면, 18과 30을 예로 들어서 소인수분해를 해볼게요.

가장 먼저 18과 30의 공통된 소인수 중 가장 작은 숫자로 두 숫자를 나누어 주세요. 2가 되겠죠?

2	18	30
	9	15

이제 18과 30을 2로 나눈 숫자들, 9와 15를 나누어 주어야 하죠? 9와 15의 공통된 소인수인 3으로 두 숫자를 나누어 주세요.

2	18	30
3	9	15
	3	5

9와 15를 3으로 나누었더니 3과 5가 나오지요? 그런데 3과 5, 두 숫자를 하나의 소수로 더 이상 나눌 수 없기 때문에 소인수분해 과정은 이것으로 끝이 났어요. 여기서 잘 볼 것이 바로 가장 왼쪽에 있는 2와 3이에요. 처음에 18과 30을 2로 나누었고, 그 다음에 9와 15를 3으로 나누었죠? 여기서 사용된 2와 3이 최대공약수를 구하기 위한 열쇠에요!
바로 2와 3을 곱하면 18과 30의 최대공약수가 되기 때문이죠. 엄청 간단하죠? 2와 3을 곱한 값인 6이 바로 18과 30의 최대공약수가 되는 것이에요. 정말 6이 최대공약수가 맞는지 확인해볼까요?

18의 약수는

1, 2, 3, 6, 9, 18

그리고 30의 약수는

1, 2, 3, 5, 6, 10, 15, 30

이지요.

따라서 공약수는 1, 2, 3, 6 이고 공약수 중에 가장 큰 수인 최대공약수는 6이 되는 것이죠. 소인수분해로 구한 최대공약수와 같지요?

소인수분해를 통해 최대공약수를 구하는 방법을 알아보았으니, 이제 최소공배수도 구해볼까요? 최소공배수 또한 소인수분해 과정을 통해 구할 수 있어요. 2와 3을 곱했던 것에 마지막에 남은 3과 5를 곱해주면 되는 것이죠.

2	18	30
3	9	15
	3	5

왼쪽에 있는 2와 3을 곱해서 최대공약수를 만들었지요? 이제 소인수로 나누어주고 남은 값인 3과 5 또한 2와 3에 곱해주면 돼요. 2와 3, 3과 5를 모두 곱해주면 어떻게 될까요?

2 * 3 * 3 * 5 = 90

90이 나오네요! 정말 90이 18과 30의 최소공배수인지 알아볼까요?

먼저 18의 배수를 보면,

18, 36, 54, 72, 90, 108, ...

그리고 30의 배수를 보면

30, 60, 90, 120, 150, ...

이 되지요? 공배수중에 가장 작은 숫자는 90이 맞지요? 소인수분해를 통해 정말 쉽게 구할 수 있었네요!

반복문을 통해 최소공배수와 최대공약수를 구하는 방법도 있지만, 컴퓨터가 아닌 종이에 쓰면서 구할 땐 소인수분해를 하여 구해내는 것이 더 빠르고 간단하겠죠? 여러분도 한 번 해보세요!

Unit 01　2300년 전의 방법이다옹! – 유클리드 호제법

최대공약수를 구하기 위한 또 다른 방법을 알아볼까요?

기원전 300년, 그리스의 수학자 유클리드(Euclid)가 고안한 방법을 배울 거에요. 기원전 300년이라니.. 지금으로부터 약 2300년 전이지요? 2300년 전의 알고리즘을 공부하고 있으니, 마치 타임머신을 탄 것 같네요!

유클리드 호제법, 또는 호제법(互除法)이란?
서로 번갈아 들 '호' 자와 없앨 '제' 자를 써서 '번갈아 없애는 방법'이라는 뜻이에요. 유클리드의 이름을 따서 '유클리디언 알고리즘(Euclidean Algorithm)'이라고도 해요. 어떤 식으로 작동하는지 볼까요?

먼저 최대공약수에 대해 복습해 볼게요.
최대공약수란, 두 수가 가지고 있는 각각의 약수 들 중에서 겹치는 수(공약수)중에 가장 큰 수라고 배웠죠?
최대공약수를 구하기 위한 알고리즘은 나머지 연산자(%)를 이용해서 구할 수 있었구요.

유클리드 호제법은 조금 다른 방식으로 최대공약수를 구해낼 수 있어요.

두 수를 A와 B라고 하고, A를 B로 나눈 나머지를 R이라고 하면,
먼저 A를 B로 나누어 나머지 R을 구해요.
그 다음엔 A가 B가 되고, B가 R이 되는 거에요.
이제 다시 A를 B로 나누어 나머지를 구해요.
그 다음에 또 다시 A가 B가 되고, B가 R이 되는 거에요.
다시 A를 B로 나누어 나머지를 구하면 돼요. 이 과정을 계속 반복하는 것이 유클리드 호제법이에요. 계속 반복되는 알고리즘이기 때문에 말로 하면 헷갈릴 수 있어요. 하지만 숫자로 예를 들어 보면 굉장히 간단하다는 것을 알 수 있지요!

146과 64의 최대공약수를 유클리드 호제법으로 구해볼게요.

A ← 146, B ← 64

먼저 146을 64로 나누어야 돼요. 그러면 몫이 2, 나머지가 18이 나올 거에요. 이 방법에선 몫이 필요 없기 때문에 나머지만 사용할게요.

$$146 / 64 = 2 \ldots 18 \; (R \leftarrow 18)$$
$$A \leftarrow 64, \; B \leftarrow 18$$

다음 단계는 64를 18로 나누는 것이죠. 그러면 몫이 3 나머지가 10이 되겠죠?

$$64 / 18 = 3 \ldots 10 \; (R \leftarrow 10)$$
$$A \leftarrow 18, \; B \leftarrow 10$$

이제 다시 몫은 버리고 나머지만 사용할 거에요. 18을 10으로 나누는 것이죠. 18을 10으로 나누면 몫이 1, 나머지가 8이 되겠죠?

$$18 / 10 = 1 \ldots 8 \; (R \leftarrow 8)$$
$$A \leftarrow 10, \; B \leftarrow 8$$

이번에도 몫은 버리고 나머지만 사용해서 위 과정을 반복해 볼게요. 10을 8로 나누는 것이죠. 몫이 1, 나머지가 2가 되겠죠?

$$10 / 8 = 1 \ldots 2 \; (R \leftarrow 2)$$
$$A \leftarrow 8, \; B \leftarrow 2$$

이제 숫자가 많이 작아졌네요. 다시 한 번 8을 2로 나누어 볼게요. 몫이 4 나머지가 0이 되겠네요.

$$8 / 2 = 4 \ldots 0 \; (R \leftarrow 0)$$

드디어 끝났습니다! 나머지가 0이 나오는 순간 유클리드 호제법은 끝이 나요. 나머지가 0이 나올 때의 몫이 바로 최대공약수가 되는 것이죠. 8을 2로 나누었을 때 나누어 떨어졌기 때문에 2가 바로 146과 64의 최대공약수가 되는 것이에요. 참 쉽죠?

$$146 / 64 = 2 \ldots 18$$
$$64 / 18 = 3 \ldots 10$$
$$18 / 10 = 1 \ldots 8$$
$$10 / 8 = 1 \ldots 2$$
$$8 / 2 = 4 \ldots 0$$

이제 두 수를 A와 B라고 하고 나머지를 R이라고 한 뒤 구조를 다시 살펴볼게요.

먼저 A를 B로 나누는 과정이 첫 번째 과정이 되겠죠? 그리고 그 나머지를 R이라고 할게요.

$$R \leftarrow A\%B$$

이 때 나머지로 정했던 R이 0이 되면 B가 A와 B의 최대공약수가 될 거에요.
다시 말해, 만약 A에서 B를 나눈 나머지 R이 0이라면, B가 최대공약수가 되는 것이죠!

하지만 만약 R이 0이 아니라면, 다시 한 번 과정을 반복해야 돼요. A는 B가 되고, B는 R이 되는 과정이요.

$$A \leftarrow B, B \leftarrow R$$

지난 번에 배운 최대공약수와 달리 유클리드 호제법은 '그리고(AND)'를 사용하지 않고서도 최대공약수를 구할 수 있어요. 과정도 더 간단하구요. 순서도로 나타내어 볼까요?

정말 간단한 방법으로 최대공약수를 구할 수 있었죠? 그것도 2300년 전의 방식으로 말이에요! 참 신기하지 않나요?

유클리드 호제법에 적용된 방법은 알고리즘을 만드는 데 있어 굉장히 중요한 방법이랍니다. A와 B로 R을 만들어 내고, 다시 A가 B가 되고 B가 R이 되는 방법 말이에요. 이러한 구조를 어렸을 때부터 익히면 고정된 시각으로 세상을 바라보지 않고 다양한 흐름을 관찰할 수 있을 거에요.

이것이 가장 어렵기도 하지만, 재미있지 않나요? 어느 하나 고정된 것 없이 계속해서 흘러가는 것이에요. 마치 세상사는 이치와 같죠? 시간이 흐르고, 계절이 바뀌고 세월이 흐르고..
거리에 있는 사람들도 어느 한 사람 멈춰있지 않고 계속 움직이는 것처럼 말이에요.
유연한 사고를 갖는 것. 굉장히 중요하답니다!

Unit 02 유클리드 호제법 : 스크래치 예제

최대공약수를 구하는 알고리즘을 알아봤었죠? 여러분 미안합니다. 사실 더욱 간단한 방법이 있어요.. 하핫

학교에서는 손으로 니은(ㄴ)자 모양을 그려놓고 작은 수로 나누어서 구하는 것을 배울텐데요, 이번에는 학교에서 배우지 않는 방법! '유클리드 호제법'을 배워볼게요!

유클리드 호제법은 변수가 계속 변하기 때문에 정신을 바짝 차려야 이해할 수 있어요!

01 먼저 두 숫자가 필요하기 때문에 A와 B를 입력받아야겠죠?

02 그런데! 이번에는 반복문을 위한 K나 N이 필요 없어요. A를 B로 나누었을 때 나머지를 담을 ' 변수 R' 하나만 필요해요. 이 변수 R을 통한 연산으로 최대공약수를 구하는 것이죠.

A를 B로 나눈 나머지를 변수 R로 정하는 것이 첫 번째 반복이고, 변수 A에 B를, 변수 B에 R을 놓고 똑같은 과정을 반복하는 것이 반복문의 내용이 되는 것이죠!

반복 횟수는 정해져 있지 않아요. 나머지가 0이 나올 때까지 반복하면 변수 A자리에 있는 숫자가 최대공약수가 되는 것이죠!

식으로 정리해볼까요?
무한 반복하는 반복문에서,
 변수 R을 A와 B로 나눈 나머지로 정하고,
만약 R이 0이라면 B가 최대공약수가 되는 것이죠.
하지만 R이 0이 아니라면,
변수 A를 B에 들어있는 값으로 정하고,
변수 B를 R에 들어있는 값으로 정하는 거에요. 참 쉽죠?

변수 A, B, R이 계속 바뀌는 것이 정말 중요해요. 글로 읽는 것보다 숫자를 하나씩 대입하면서 어떻게 바뀌나 살펴보는 것이 유클리드 호제법의 핵심이에요!
이 반복문이 반복되다가 R이 0이 되면 반복문을 멈추고 B를 출력해주면 돼요! 참 쉽죠? 정말 쉽죠?

먼저 반복문을 만들어 볼게요. 무한 반복하는 반복문에서 R이 0이 될 때 반복문이 멈추면 되겠죠? 이 때 B가 최대공약수가 될 것이고, R은 A와 B를 나눈 나머지가 될 거에요.

03 이제 반복할 내용을 정해주면 돼요!
반복할 내용은 변수들이 서로 이리저리 바뀌는(호제법) 것이 되겠죠?

만약 R이 0이 아니라면, 변수 A를 B로 정하고, 변수 B를 R로 정하는 것이죠.

04 이제 모든 블록들이 다 만들어졌어요! 정말 간단하게 말이죠! 완성된 스크립트를 볼까요?

05 지난 번에 만들었던 최대공약수 알고리즘 보다 훨씬 간단하게 만들 수 있었어요!
스크래치 고양이가 어떻게 답을 말하는지 볼까요? 8과 20의 최대공약수를 출력해 볼게요!
8의 약수는 1, 2, 4, 8 이 있고, 20의 약수는 1, 2, 4, 5, 10, 20 이 있어요.
이 중에서 공약수는 1, 2, 4 이고 공약수 중에 제일 큰 숫자는 4이죠?
바로 이 4가 최대공약수가 되는 것이죠! 확인해 볼까요?

와우! 정말 스크래치 고양이가 4라고 말했어요! 좌측 상단에 있는 변수를 잘 보면, A는 4, B는 0이 된 것을 볼 수 있어요. 스크래치 고양이는 A에 담겨있는 4를 말한 것이고, 반복문은 B가 0이기 때문에 멈춘 것이죠!

06 여러분! 변수가 이리저리 바뀌는 반복문은 결과를 출력하는 것도 중요하지만 과정을 보는 것이 훠~어~얼~씨~인 중요해요!

그래서 우리는! 이 스크립트의 과정을 보기 위해 블록 하나를 추가해 줄 거에요.

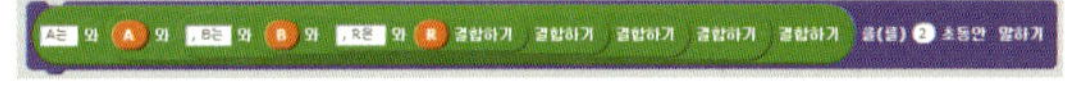

이 블록을 반복마다 추가해주면 A와 B 그리고 R이 어떻게 변하는지 알 수 있는 것이죠!

이 블록을 통해서 반복마다 과정을 볼 수 있어요. 다른 알고리즘에서도 과정을 잘 모르겠다 싶으면 과정을 볼 수 있는 블록을 반복문에 넣어보세요. 이해가 더 잘 될걸요?

사실 결과에는 전~혀~ 필요 없는 블록이지만요. 하지만 여러분! 제가 뭐라고 했죠? 결과보다 과정이 훨씬 중요하다고 했죠?

이 유클리드 호제법 뿐만 아니에요. 지금 우리 사회는 과정보다 결과가 중요시 되고 있어요. 하지만 여러분, 결과는 과정에서 나오고 실패한 결과는 있어도 실패한 과정은 없답니다! 과정에서 배울 수 있는 것이 훨씬 많으니 결과가 어찌 되었든 도전해 보는 것이 중요하지 않을까요?

결과는 속일 수 있어도 과정은 속일 수 없으니까요! 화이팅!

QR코드를 통해 동영상 강좌를 보실 수 있습니다.

Unit 01   토끼가 계속 많아진다옹! – 피보나치 수열

최대공약수를 구하기 위한 또 다른 방법을 알아볼까요?

아마 피보나치 수열은 알고리즘 예제 중에 가장 유명한 것이 아닐까요?
피보나치 수열이란 이탈리아의 수학자 피보나치(Fibonacci)가 발견한 수열이에요. 마치 축구 선수 이름 같죠?

피보나치 수열이란 한 쌍의 토끼가 새끼를 낳는 이야기부터 출발해요.
한 쌍의 토끼가 태어난 지 첫 번째 달에는 토끼를 낳지 않고, 두 번째 달부터 매달 한 쌍의 토끼를 낳는다면, 이 토끼들은 어떤 식으로 늘어나게 될까요?

처음에 한 쌍의 토끼가 있었어요. 편의상 이 한 쌍의 토끼를 A라고 할게요. 첫 번째 달에는 토끼를 낳지 않기 때문에 A는 그대로 있어요.
첫 번째 달 : A

하지만 두 번째 달에는 한 쌍의 토끼를 낳았지요. A가 낳은 한 쌍의 토끼를 B라고 할게요.
두 번째 달 : A, B

이제 A는 매달 토끼를 낳기 때문에 세 번째 달에 또 한 쌍의 토끼를 낳아요. 하지만 A가 낳은 B는 첫 번째 달에는 토끼를 낳지 않기 때문에 세 번째 달에 토끼를 낳지 않는 것이죠. A가 낳은 한 쌍의 토끼를 C라고 할게요.
세 번째 달에 : A, B, C

이제 네 번째 달이 되었어요. A는 매달 한 쌍의 토끼를 낳기 때문에 네 번째 달에도 한 쌍의 토끼를 낳았겠죠? A가 낳은 한 쌍의 토끼를 D라고 할게요. 이제 B도 두 번째 달이 되었기 때문에 새끼를 낳을 수 있어요. B가 낳은 한 쌍의 토끼를 E라고 할게요. C는 태어난 지 한 달 밖에 안되었기 때문에 새끼를 낳을 수 없구요.

이런 식으로 반복되는 수열이 피보나치 수열이에요. 글로 읽었더니 헷갈리죠? 그림으로 볼까요? 새끼를 낳을 수 없는 토끼는 빨간색으로, 새끼를 낳을 수 있는 토끼는 초록색으로 표시할게요. 화살표는 낳은 토끼를 나타내요. A→B 라면 A가 B를 낳은 것이죠.

	토끼	전체 토끼의 쌍
태어난 달	A	1쌍
첫 번째 달	A	1쌍
두 번째 달	A→B	2쌍
세 번째 달	A→C, B	3쌍
네 번째 달	A→D, B→E, C	5쌍
다섯 번째 달	A→F, B→G, C→H, D, E	8쌍
여섯 번째 달	A→I, B→J, C→K, D→L, E→M, F, G, H	13쌍

초록색 : 출산 가능, 빨간색 : 출산 불가능,

우리가 주목할 것은 전체 토끼의 쌍이 늘어나는 과정이에요.

맨 처음에 1쌍의 토끼가 있었다면,

태어난 달에는 1쌍, 첫 번째 달에는 1쌍, 두 번째 달에도 2쌍, 세 번째 달에는 3쌍, 네 번째 달에는 5쌍, 다섯 번째 달에는 8쌍..

정리하면 1, 1, 2, 3, 5, 8, 13, ... 식의 수열의 되는 것이죠.

1항	2항	3항	4항	5항	6항	7항	...
1	1	2	3	5	8	13	...

규칙이 보이시나요? 피보나치 수열은 앞의 두 항을 더해서 다음 항을 만드는 수열이에요. 잘 보면, 1항과 2항을 더한 값이 3항이 되고, 2항과 3항을 더한 값이 4항이 되는 것이죠. 당연히 3항과 4항을 더한 것이 5항이 되겠죠?

이것이 토끼가 늘어나는 비밀이죠. 우리가 피보나치 수열의 알고리즘을 만들 수 있으면 토끼가 어떤 식으로 늘어나는지 알 수 있는 것이죠. 한 번 볼까요?

피보나치 수열에서 기장 중요한 것은 1항과 2항에 있어요. 1항과 2항은 어떻게 만들어 지는 것일까요? 3항은 앞의 두 항을 더해서 만들어 진다는 것을 알겠지만.. 1항과 2항은? 유일하게 피보나치 수열의 규칙이 적용되지 않는 것이 1항과 2항이에요. 따라서 1항과 2항을 잘 다룰 수 있으면 피보나치 수열을 만들 수 있는 것이죠.

토끼는 첫 번째 달에 새끼를 낳지 않았죠? 즉, 아무 것도 늘어나는 것 없이 그대로 있는 거에요. 아무 것도 늘어나는 것이 없다는 말은 무엇일까요?

아무 것도 없는 숫자, '0'과 관련 있지 않을까요?

두 번째 항이 첫 번째 항과 0을 더해서 만들어졌다면, 모든 항이 피보나치 수열의 규칙을 따르게 되는 것이죠. 0번째 항에 0을 추가하는 거에요. 아무 것도 늘어나지 않는다는 것은, 0을 더하거나 0을 뺀다는 말과 같으니까요!

0항	1항	2항	3항	4항	5항	6항	7항	...
0	1	1	2	3	5	8	13	...

이제 2항은 앞에 있는 두 항, 0항과 1항을 더해서 만든 값이 될 수 있겠죠? 피보나치 수열의 규칙을 적용받는 거에요.

초항은 어떨까요? 초항은 그냥 정해주면 돼요. 다른 여러 가지 수열이 그렇듯이, 초항은 수열의 규칙에 적용을 받지 않는 유일한 항이에요. 오히려 수열의 규칙을 만들어 내는 숫자이죠.

그래서 우리도 초항을 입력받아서 피보나치 수열을 만들 거에요.

만약 토끼가 최초에 한 쌍이 아니라 두 쌍이 있을 수도 있잖아요? 세 쌍이 있을 수도 있구요. 초항은 어떤 숫자라도 될 수 있어요.

만약 토끼가 최초에 두 쌍이 있었다면, 2, 2, 4, 6, 10, 16, 26, ... 과 같은 수열이 만들어지겠죠?

규칙은 같지만 초항에 의해 숫자가 달라지는 것이죠.

우리는 0항을 이용해서 피보나치 수열을 만들 거에요.

피보나치 수열은 하나 앞에 있는 항과 두 개 앞에 있는 항의 합으로 만들어지는 수열이죠? 이 규칙을 통해 피보나치 수열을 다시 정리해 볼게요.

0항	1항	2항	3항	4항	5항	6항	7항	...
0	1	1	2	3	5	8	13	...
		0항+1항	1항+2항	2항+3항	3항+4항	4항+5항	5항+6항	...

각 항은 앞의 두 항의 합으로 이루어져있기 때문에 각 항을 앞의 두 항의 합으로 나타낼 수 있어요.

0항	1항	2항	3항	4항	...
0	1	1	2	3	...
		0항+1항	1항+2항	2항+3항	...
			1항+(0항+1항)	(0항+1항)+(1항+2항)	
				(0항+1항)+{1항+(0항+1항)}	

우리는 이 규칙을 이용해서 알고리즘을 만들 거에요.

맨 처음 0항의 0을 FIBO라는 변수에 담고, 1항 즉, 초항을 A라는 변수에 담을 거에요. FIBO와 A를 사용해 피보나치 수열을 만들어 볼까요?

0항	1항	2항	3항	4항	...
0	1	1	2	3	...
FIBO	A	FIBO＋A	A＋2항	2항＋3항	...
			A＋(FIBO＋A)	(FIBO＋A)＋(A＋2항)	
				(FIBO＋A)＋{A＋(FIBO＋A)}	

이제 규칙이 보이시나요? 앞에 두 항을 더해서 다음 항을 만든다는 것만 알면 어렵지 않은 수열이에요.

가장 먼저 변수 A를 입력받고 A를 출력해주어야 돼요. A를 출력해 주는 이유는 초항이 피보나치 수열의 규칙에서 벗어나기 때문이죠.

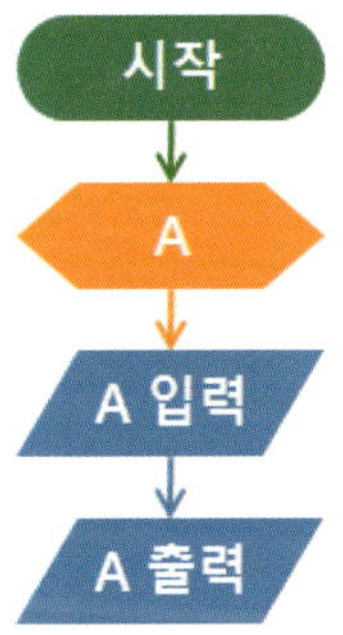

하지만 그 전에 변수 FIBO를 만들어줘야겠죠? FIBO에는 초기값으로 0이 들어 있어요. 0을 A에 더해 주어야 하니까요! 그리고 FIBO 변수와 초항을 더하고, 변수에 들어있는 숫자를 바꿀 때 사용할 임시변수 TEMP도 만들어 줄게요.

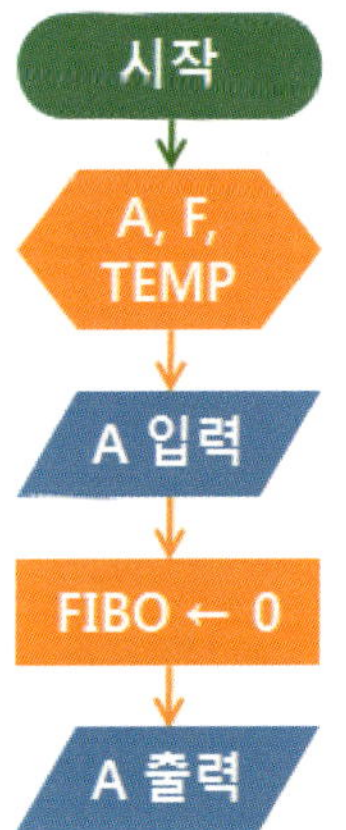

이제 초항을 출력했으니 다음 항을 만들어줘야겠죠? 0이 들어 있는 FIBO와 초항 A를 더해서 나온 것이 두 번째 항이 돼요. FIBO와 A를 더해서 출력해주면 되는 것이죠.

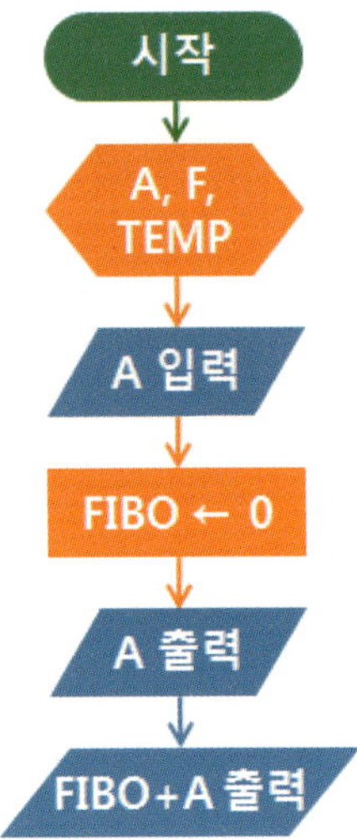

이제 이 과정을 반복해주면 돼요. FIBO와 A를 더해서 출력해 주는 것이죠. FIBO는 두 번째 전 항이 되는 것이고, A는 첫 번째 전 항이 되는 것이죠.

이제 변수 FIBO와 변수 A에 값을 바꿔 주는 과정이 필요해요. 1항과 2항을 더해서 된 3항을 2항과 더해서 4항이 되는 것처럼 말이에요.

먼저 변수 FIBO에 A에 들어있는 값을 넣어 주어야 돼요.
그 다음엔 변수 A에 FIBO와 A를 더한 값을 넣어주면 되는 것이죠. 하지만 이 과정에서 변수 FIBO에 A값이 들어가기 때문에 변수 FIBO에 들어있던 값을 따로 빼 놓을 필요가 있어요.
이 때 필요한 것이 임시 변수에요. 임시 변수에 FIBO에 들어있던 값을 저장해 놓으면 되겠죠?

임시 변수에 FIBO에 들어있던 값을 저장한 다음,
변수 FIBO에 변수 A에 들어있던 값을 넣고,
변수 A에 임시 변수에 들어있는 값과 변수 A에 들어있는 값을 더해서 넣는 것이죠.

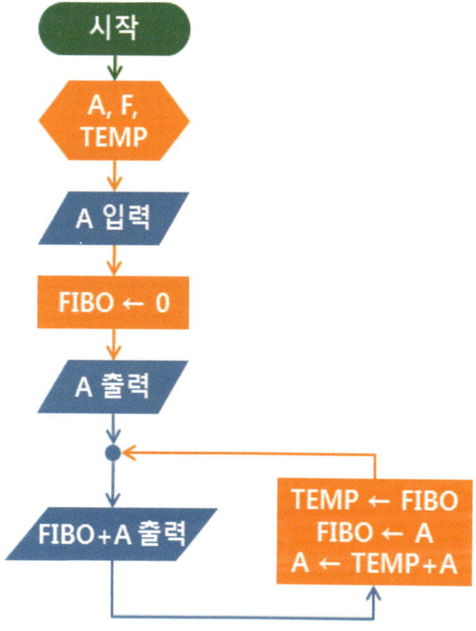

이제 피보나치 수열을 출력하는 알고리즘이 완성되었어요. 이 알고리즘의 특이한 점은, 초항을 정할 수 있다는 것이죠. 보통의 피보나치 수열은 초항이 1이지만, 이 알고리즘은 내가 원하는 숫자로 초항을 정할 수 있어요.

변수가 계속 변하는 것이 마치 유클리드 호제법과 비슷하죠?
변수는 변하는 수이기 때문에 계속 변한답니다. 변수가 계속 변하는 것을 잘 관찰해야 좋은 알고리즘을 만들 수 있는 것이죠! 화이팅!

그런데, 피보나치 수열이 왜 이토록 유명해졌을까요?

그것은 바로, '황금비(Golden Ratio)' 혹은 '황금비율'이라고 불리는 것 때문이죠. 황금비는 5 대 8 혹은 1 대 1.618 이라고 불리는 비율이에요. 짧은 곳이 1이면 긴 곳이 1.618의 비율을 갖고 있는 것이 황금비이죠.
황금비가 유명한 것은 인간이 가장 아름답다고 느끼는 비율이기 때문이에요.
그리스 아테네의 파르테논 신전, 밀로의 비너스 상 등 여러 가지 예술, 건축품에도 황금비가 적용됐어요. 참 신기하죠?

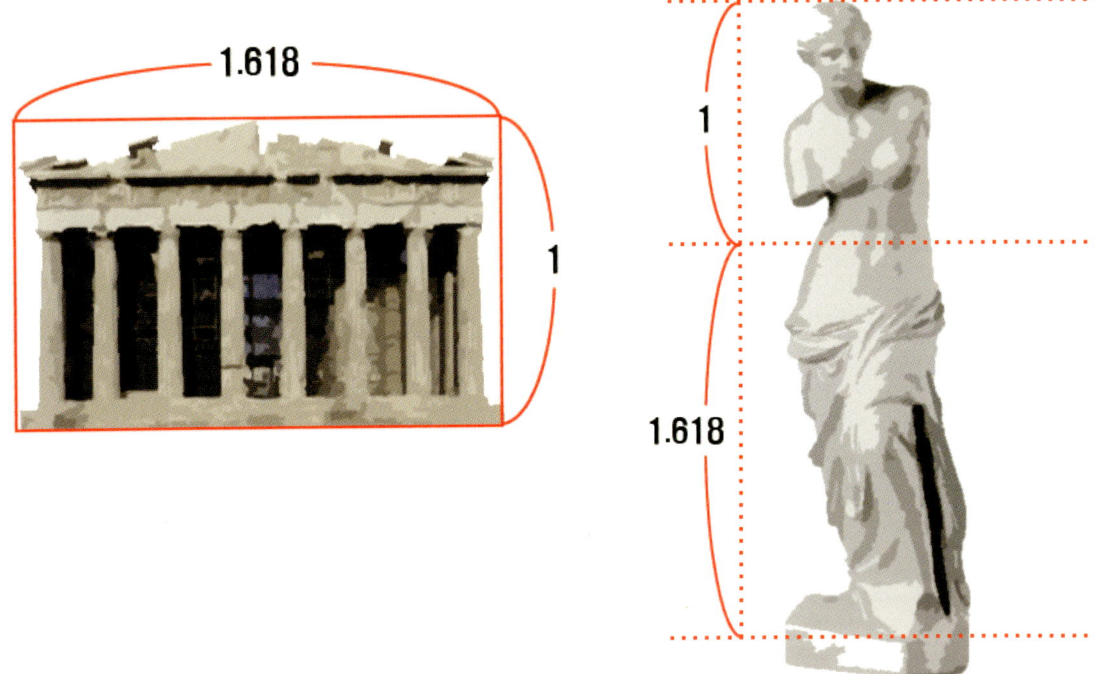

그렇다면 황금비는 어떻게 만들어진 숫자일까요?
맨 처음에 가로 세로 높이가 1인 정사각형을 만들어 주세요. 그리고 똑같은 정사각형을 옆에 붙인 다음, 이 정사각형을 한 면으로 하는 정사각형을 또 만들어주는 거에요. 이 과정을 반복하는 것이 황금비를 만들 수 있는 방법이에요.

1, 1, 2, 3, 5, 8.. 어때요? 익숙한 수열 아닌가요? 바로 피보나치 수열이죠! '이렇게 피보나치 수열을 통해 만든 직사각형 안에 황금비가 숨어 있는 것이죠.' 이 사각형을 통해 만들 수 있는 나선을 '황금 나선(Golden Spiral)'이라고도 해요. 이 황금 나선은 자연에서 찾아볼 수 있어요. 소라와 비슷한 앵무조개의 단면, 해바라기의 모양..
그 밖에도 태풍의 모양, 산양의 뿔, 해마의 꼬리 등 수도 없을 만큼 많은 황금비가 지구상에 존재하고 있어요. 참 신기하죠?

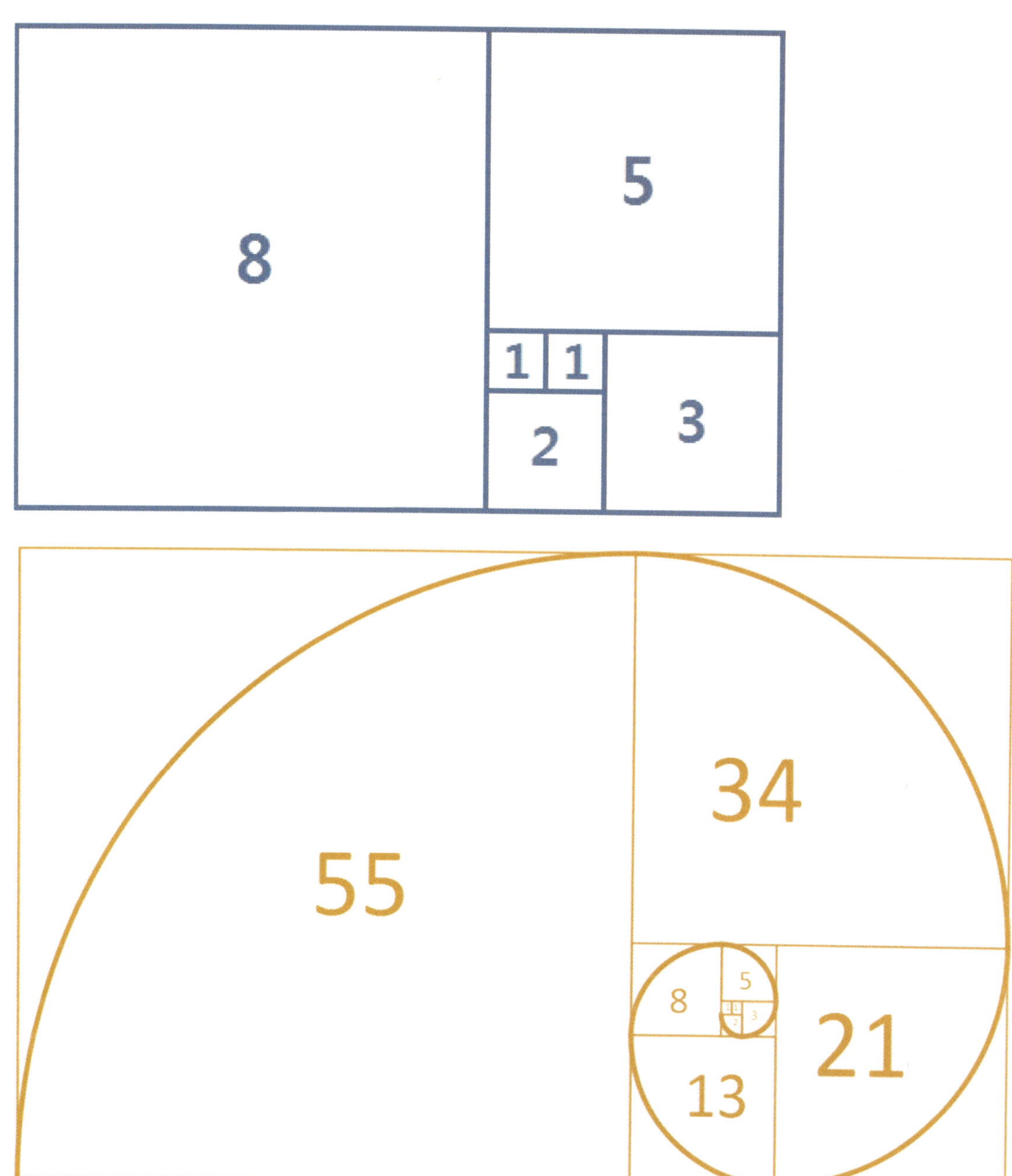

피타고라스는 이 황금비로 만들 수 있는 정오각형의 별을 상징으로 사용하기도 했어요.

피보나치 수열에 숨어있는 황금비의 비밀 참 재미있지 않나요? 피보나치 수열의 알고리즘을 공부하면서 신기한 비밀의 열쇠를 발견한 것 같은 기분이 드네요!

피보나치 수열은 유클리드 호제법과 같이 변수에 담긴 값이 계속 바뀌게 돼요. 따라서 변수가 바뀌는 순서를 잘 정해주기만 하면 큰 어려움 없이 스크립트를 만들 수 있어요.

01 가장 먼저 초항을 입력받아야겠죠? 초항을 입력받으면서 초항을 출력해 줄 거에요. 초항을 출력해 주는 이유는 초항이 피보나치 수열의 규칙에 포함되지 않기 때문이죠.

02 그 다음에는 반복문을 만들어 줄 거에요. 이번에는 피보나치 수열을 계속 출력하는 프로그램으로 만들어 볼 거에요. 정지 버튼을 눌러서 멈추지 않는 한 영원히 반복되는 프로그램이죠. 피보나치 수열을 계속 출력하는 거에요.

무한 반복하기 블록을 통해 만들 수 있겠죠? 무한 반복하기 블록 안에 두 번째 전 항인 FIBO와 첫 번째 전 항이 A를 더한 값을 말하도록 하면 돼요. 물론 변수 FIBO에는 초기값으로 0을 넣어줘야겠죠?

03 이제 변수 FIBO와 A에 들어있는 값을 계속 바꿔주면서 반복될 내용이 중요해요.

맨 처음에 임시 변수에 FIBO에 들어있는 값을 저장해 두고,

변수 FIBO에 A에 들어 있는 값을 넣어주면 돼요.

마지막으로 변수 A에 임시 변수에 들어있는 값과 변수 A에 들어있는 값을 더해서 넣어주면 되는 것이죠.

04 이제 초록 깃발을 눌렀을 때
초항을 A에 넣고 A를 1초 동안 말한 다음,
FIBO를 0으로 정해주고,
무한 반복하는 반복문 안에
FIBO와 A를 더한 것을 1초 동안 말한 다음,
임시 변수를 FIBO에 들어 있는 값으로 정하고,
FIBO를 A에 들어 있는 값으로 정하고,
A에 임시 변수와 A에 들어 있는 값을 더해주는 스크립트가 완
성되었어요.

이 스크립트를 통해 초록색 고양이가 계속 피보나치 수열을 말하
는 것을 볼 수 있어요. 빨간 정지 버튼을 누를 때까지 말이에요.

피보나치 수열의 내용은 어려워 보였지만, 막상 스크립트로 만들고 나니 어렵지 않죠? 변수도 몇 개
없고 반복문도 한 개 밖에 없어요. 엄청 쉽죠?

생각하는 과정은 복잡해도 막상 생각한 것을 표현해 놓으면 간단한 경우가 많
아요. 피보나치 수열 또한 그렇죠? 어려워 하지 말고 도전하는 것이 중요해요!
화이팅!

QR코드를 통해 동영상 강좌를 보실 수 있습니다.

Unit 01 북극곰이 내 콜라를 뺏어갔다옹! – 헌 콜라 줄게 새 콜라 다오

여러분들도 탄산음료를 좋아하시나요? 몸에 좋지 않다는 것을 알면서도 마시게 것이 탄산음료죠! 그 짜릿한 목넘김! 청량감! 캬! 이런 탄산음료를 마음 것 마실 수 있다면 좋겠네요. 하지만 양치질은 필수! 아시죠?

이번에는 맛있는 탄산음료를 담을 수 있는 콜라병에 대한 문제를 볼 거에요. 제가 어렸을 땐 버려진 콜라병을 주워다가 슈퍼에 가져다 주면 돈으로 바꿔주곤 했었어요. 동네 친구들과 같이 이리 저리 다니면서 콜라병을 주으러 다녔던 기억이 나네요. 하하.

문제를 볼까요? 어느 슈퍼에서는 빈 콜라병 두 병을 가져오면 새 콜라병 하나로 바꿔주는 이벤트를 했어요. 대박 이벤트네요! 두 병을 마시면 한 병이 생기다니.. 참 좋지요?

콜라를 좋아하는 학성이에게 콜라가 N병 있다면, 학성이는 콜라를 몇 병이나 마실 수 있을까요?

만약 학성이가 콜라를 두 병 갖고 있었다면, 학성이는 가지고 있는 콜라 두 병을 마신 다음, 빈 병 두 개로 새로운 콜라를 하나를 얻을 수 있어요. 하지만 새 콜라 한 병을 얻기 위해서는 빈 콜라병 두 개가 필요하기 때문에 더 이상 새로운 콜라를 얻을 수 없죠. 따라서 최초에 두 병을 갖고 있었다면, 학성이가 마실 수 있는 콜라는 총 세 병이 되는 거에요.

다섯 병을 갖고 있었다면 어떨까요? 네 병을 마시고, 빈 병 네 개로 새로운 콜라 두 병을 받을 수 있어요. 그러면 총 세 병의 새 콜라가 있는 거죠? 여기서 다시 두 병을 마시고 새로운 한 병으로 바꿀 수 있어요. 그러면 새 콜라는 두 병이 될 것이고 마지막으로 새 콜라 한 병을 얻을 수 있죠. 따라서 학성이가 최초에 콜라 다섯 병을 갖고 있었다면,

$$5+2+1+1=9$$

9병의 콜라를 마실 수 있는 거에요. 헷갈리긴 하지만 과정은 어렵지 않죠?

어떤 알고리즘이 필요할까요?

먼저 규칙을 찾아야 하기 때문에 좀 무식해 보일 수도 있지만 한 병, 한 병 계산해 볼게요.

최초에 새 콜라 한 병을 갖고 있었다면, 한 병 밖에 마실 수 없겠죠?

1

최초에 새 콜라 두 병을 갖고 있었다면, 두 병을 다 마신 다음, 두 개의 빈 병으로 새 콜라 한 병을 얻을 수 있을 거에요. 따라서 총 세 병의 콜라를 마실 수 있는 것이죠.

2 + 1 = 3

최초에 새 콜라 세 병을 갖고 있었다면, 세 병을 다 마신 다음, 두 개의 빈 병으로 새 콜라 한 병을 얻을 수 있어요. 새로 얻은 이 콜라를 다 마신 다음, 남아있던 빈 병 하나와 합쳐 새 콜라 한 병을 또 얻을 수 있어요. 총 다섯 병의 콜라를 마실 수 있는 것이죠.

3 + 1 + 1 = 5

최초에 새 콜라 네 병을 갖고 있었다면, 네 병을 다 마신 다음, 네 개의 빈 병으로 새 콜라 두 병을 얻을 수 있을 거에요. 새 콜라 두 병을 다 마신 다음에 두 개의 빈 병으로 새 콜라 한 병을 더 얻을 수 있을 거에요. 따라서 총 일곱 병의 콜라를 마실 수 있는 것이죠.

4 + 2 + 1 = 7

이제 조금씩 규칙이 보이지 않나요? 한 번만 더 해 볼까요?

최초에 새 콜라 다섯 병을 갖고 있었다면, 다섯 병을 다 마신 다음 빈 병 네 개로 새 콜라 두 병을 얻을 수 있어요. 새 콜라 두 병을 다 마시면 두 개의 빈 병으로 새 콜라 하나를 더 얻을 수 있죠. 이 콜라를 마신 다음, 남아있던 빈 병 하나와 합쳐서 새 콜라 하나를 더 얻을 수 있어요. 그러면 총 9병의 콜라를 마실 수 있는 거에요.

5 + 2 + 1 + 1 = 9

이 쯤 되면 눈치채셨겠죠? 다시 한 번 정리해 볼까요?

처음에 콜라가 '한 병' 있었다면 : 마실 수 있는 콜라 총 '한 병'

처음에 콜라가 '두 병' 있었다면 : 마실 수 있는 콜라 총 '세 병'

처음에 콜라가 '세 병' 있었다면: 마실 수 있는 콜라 총 '다섯 병'

처음에 콜라가 '네 병' 있었다면 : 마실 수 있는 콜라 총 '일곱 병'

처음에 콜라가 '다섯 병' 있었다면 : 마실 수 있는 콜라 총 '아홉 병'

마실 수 있는 콜라의 수를 보면 한 병부터 시작해서 두 개씩 늘어나는 수열을 찾을 수 있어요. 1, 3, 5, 7, 9로 나아가는 홀수가 되겠네요.

이런 규칙을 발견하면 어렵지 않죠? 하지만 우리는 단순히 홀수를 출력하는 프로그램을 만들진 않을 거에요. 그러면 너무 쉽잖아요? 다시 한 번 과정을 잘 볼게요.

최초 콜라 한 병 : 1

최초 콜라 두 병 : 2+1 = 3

최초 콜라 세 병 : 3+1+1 = 5

최초 콜라 네 병 : 4+2+1 = 7

최초 콜라 다섯 병 : 5+2+1+1 = 9

콜라를 마신 횟수만 정리한 것이에요. 우리는 더해진 숫자들을 잘 볼 필요가 있어요. 이 숫자들이 어떻게 만들어졌는지 그림으로 살펴볼까요?

처음 가지고 있던 콜라병의 개수 (빨간색 점의 개수)	바꿀 수 있는 콜라병의 개수 (빨간색 점의 개수)	마실 수 있는 총 콜라병의 개수 (모든 점의 개수)
1병		1병
2병	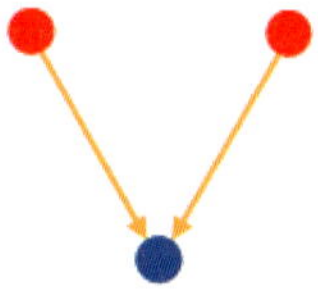	3병
3병	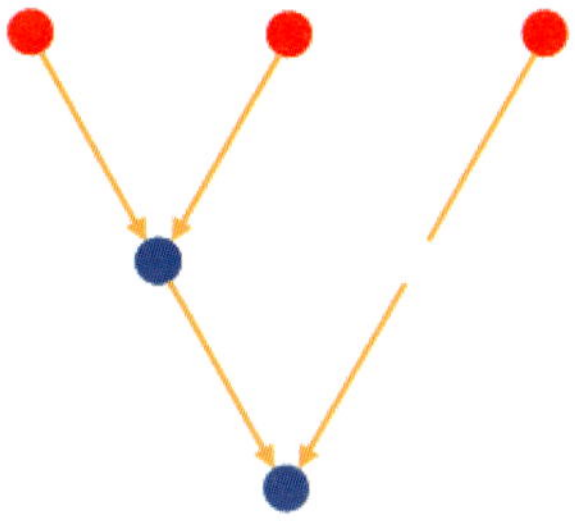	5병
4병	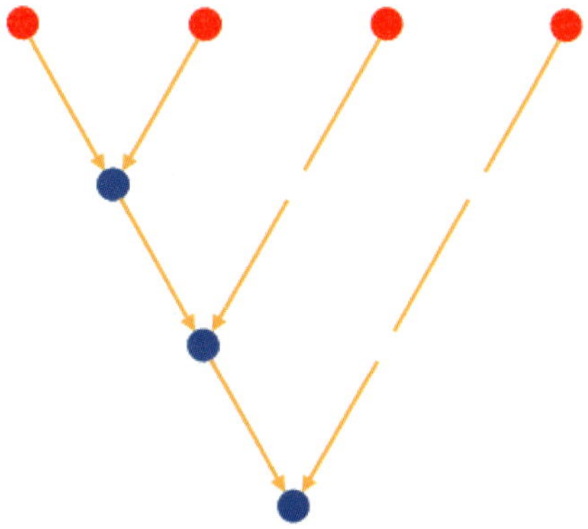	7병
...		
N병	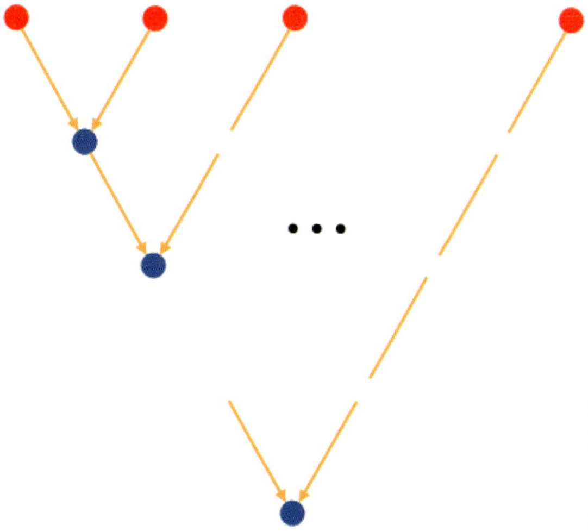	2N−1병

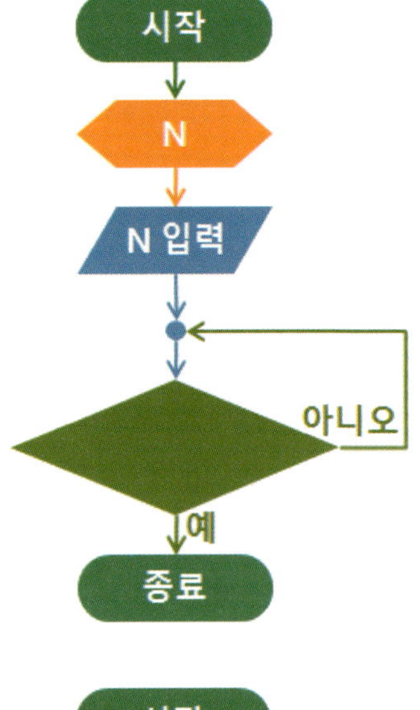

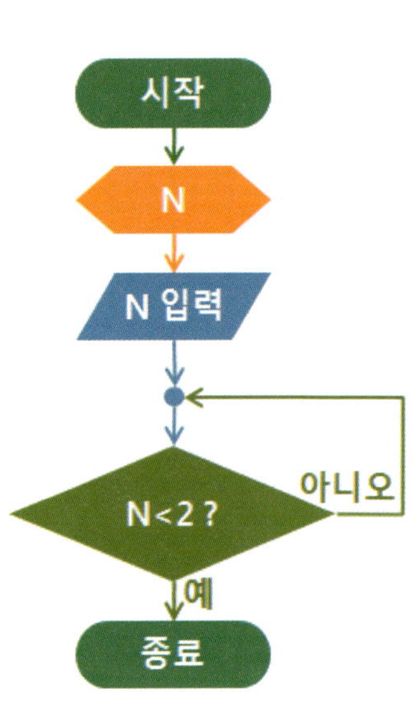

그림을 보면 빈 콜라병 두 병으로 새 콜라병 한 병을 만들 수 있다는 것이 쉽게 이해가 되지요? 빈 콜라병 두 병을 가져가면 새 콜라병 하나를 주기 때문에, 새 병이 하나 생기는 것이죠! 바꿔 말하면, 콜라병 두 병은 콜라병 한 병이 되는 것이죠! 이 원리만 이해한다면 이 문제를 쉽게 풀 수 있어요!

이번에 만들 알고리즘은 반복문의 횟수가 정해져 있지 않아요. 조건에 만족할 때까지 계속 반복하는 것이죠. 계속 반복되는 반복문을 만들어 볼게요.

그 다음에는 반복문을 탈출하기 위한 조건을 만들어 줄게요. 최초에 가지고 있던 콜라를 N이라고 하고 N이 바꿔 줄 수 있는 빈 병의 개수인 2보다 작으면 반복문을 탈출하는 거에요. 빈 콜라병이 두 병 보다 작으면 새 콜라병을 받을 수 없으니까요!

이제 반복되는 내용이 필요해요

반복되는 내용은 빈 콜라병 두 병으로 새 콜라병 한 병을 만들어 주는 것이죠! 이 때, SUM이라는 변수를 하나 만들어 줄 거에요. 변수 SUM에는 초기값으로 N을 넣어줄 거에요. 맨 첨에 갖고 있는 콜라는 새 콜라이기 때문에 마실 수 있는 콜라니까요!

이제 변수 SUM에 내가 마신 콜라병을 계속 더해주는 것이죠. 콜라 두 병을 한 병으로 바꿀 때마다 SUM에 콜라 한 병을 추가해 주는 것이에요.

처음 가지고 있던 콜라병 N개 중에 두 병을 한 병으로 바꾸는 거에요. 만약 콜라병이 2병 있었다면, 2병을 1병으로 만드는 것이에요. 즉, N이 하나 줄어드는 것이죠. N이 한 병 줄어들면서 SUM은 한 병 늘어나게 돼요.

N은 내가 가지고 있는 콜라병, SUM은 내가 마실 수 있는 콜라병이 되니까요!

이제 반복되는 내용을 정해주었으니 순서도를 만들 수 있겠네요! 순서도를 만들어 볼까요?

이렇게 알고리즘을 만들면 꼭 두 병의 콜라병이 아니라 세 병, 네 병을 가져올 때 바꿔주는 조건으로도 변경할 수 있어요. 하지만 처음에 생각했던 홀수를 출력하는 방법은 그렇지 않죠? 그 방법은 단순히 숫자를 바꿔주는 것이에요.

하지만 처음에 생각했던 과정도 매우 중요하답니다. 반복적인 숫자들을 보고 그것의 규칙을 찾는 것이죠. 규칙을 찾을 수 있다면 얼마든지 다음에 나올 수를 알아낼 수 있으니까요. 이것을 '귀납법'이라고 해요. 여러 특수한 사례들로 일반적인 규칙을 찾아내는 것이죠.

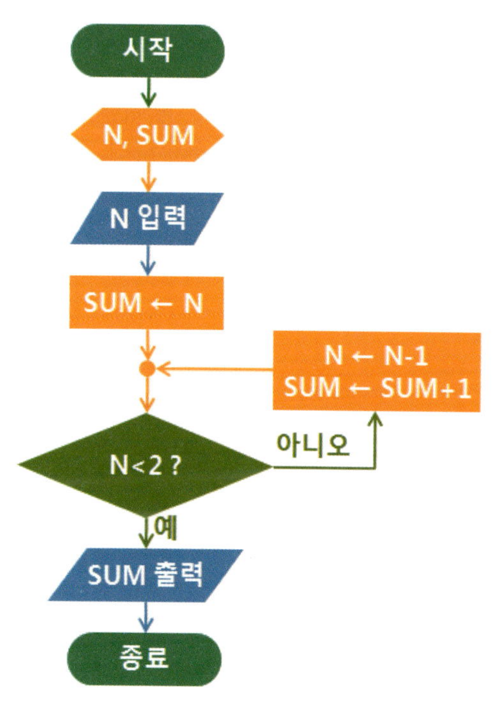

수학이나 문제해결에서는 추론능력이 매우 중요해요. 여러 가지 상황을 보고 '이것이 왜 그렇게 되었을까?'라는 질문을 끊임없이 해야 돼요. 공식을 대입해서 답을 찾아내는 것보다 훨씬 중요한 과정이에요.

사실 이 책이 그렇잖아요? 단순히 답을 구하는 것이라면 알고리즘을 짤 필요도 없어요. 입력받는 값에 대해 결과만 출력해주면 그만인 거죠. 하지만 우리는 문제를 해결하는 과정이 얼마나 중요한지 배웠기 때문에 그것을 공부하고 있는 거에요. 여러분들도 끊임없이 관찰하고, 탐구하고, 질문해서 새로운 지식들을 쌓아갔으면 좋겠네요! 이것이 바로 살아있는 지식 아닐까요?

빈 콜라병 두 병을 가져다 주면 새 콜라병 한 병을 주는 슈퍼! 맘에 드시나요? 이 슈퍼에서 콜라를 사면 몇 병이나 더 마실 수 있을까요? 궁금하지요?

01 먼저 제일 처음 가지고 있던 콜라를 N병이라고 할게요. 변수 N에 처음 갖고 있던 콜라 병을 넣는 것이죠. 이 변수 N에 내가 지금 갖고 있는 콜라병이 되는 것이죠. 그 다음에는 반복문이 필요해요.

이번에 쓸 반복문 또한 '무한 반복하기' 반복문 이에요. 조건을 정해놓고 조건이 맞으면 반복문을 멈추는 것이죠. 조건은 간단하죠? 콜라 두 병을 가져가야만 새 병으로 바꿔주기 때문에, 콜라가 두 병 보다 적으면 반복문을 멈춰주면 돼요. 빈 병 하나를 가져가서 바꿔달라고 떼 쓰면 안되겠죠?

N을 입력받고 N이 2보다 작으면 반복문이 멈추는 블록을 만들어 볼게요.

02 이제 반복문에 반복될 내용이 필요하겠죠? SUM이라는 변수에 내가 마실 수 있는 총 콜라병의 개수를 넣을 거에요. 일단 맨 처음에 갖고 있던 콜라가 있으니까, 맨 처음에 갖고 있던 콜라를 SUM에 넣어줘야겠죠? 그리고 이 빈 병들을 바꿔 새 콜라를 받을 거구요!

03 N이 한 병 줄어들면서 SUM이 한 병 늘어나는 것이 이 반복문의 핵심이에요.
내가 가지고 있는 콜라병 중에 두 병을 한 병으로 바꿀 수 있기 때문이죠! 결국 두 병이 한 병이 되는 것이기 때문에 한 병이 줄어드는 것이에요. 그러면서 마실 수 있는 콜라병은 한 병 늘어나게 되는 것이구요! 이렇게 반복하다가 N이 2보다 작아지면 반복문을 멈추면 되겠죠?

이 반복문에서 블록과 블록은 의미가 같다는 것! 까먹지 않았죠?

마찬가지로 블록과 블록 또한 의미가 같겠죠? 잊지 마세요!

04 이제 반복할 내용을 만들어 주었으니 스크립트를 완성시켜 볼까요?

맨 처음에 N을 입력받고, SUM에 N을 넣을 거에요.

그리고 N을 1씩 줄여주면서 SUM을 1씩 더해주는 것이죠!

그러다가 N이 2보다 작아지면 반복문을 멈추면서 SUM을 출력해주면 돼요! 참 쉽죠?

05 이제 완성된 스크립트가 제대로 작동하는지 볼까요? 스크래치 고양이에게 처음에 갖고 있던 콜라병이 다섯 병이라고 알려줄게요! 과연 내가 마실 수 있는 9병을 제대로 출력할까요?

짠! 스크래치 고양이가 다섯 병의 콜라가 있으면 아홉 병의 콜라를 마실 수 있다고 알려주네요! 참 똑똑하죠?

06 그런데 여러분, 우리는 마실 수 있는 콜라가 홀수로 출력된다는 것을 알고 있었어요. 그런데도 굳이 갖고 있는 콜라병을 줄이고, 마실 수 있는 콜라병을 더해서 알고리즘을 만든 이유가 뭘까요?

당연히! 결과보다 과정이 중요하기 때문이지요? 만약 홀수만 출력하는 프로그램을 만들었다면 어떻게 될까요?

슈퍼 사장님은 빈 콜라 두 병을 가져오면 새 콜라 한 병을 바꿔주는 것 때문에 너무 많은 손해를 입었어요. 흑흑. 그래서! 이제부터는 빈 콜라 세 병을 가져와야 새 콜라 한 병으로 바꿔주기로 했죠.

이 알고리즘은 어떻게 만들까요?

단순히 홀수를 출력하게 만든 프로그램이라면 절대 만들 수 없을 거에요. 하지만 우리는 과정을 넣은 프로그램을 만들었기 때문에 블록 몇 개만 추가하면 간단하게 프로그램을 업그레이드할 수 있죠! 한 번 해볼까요? 와 재미있겠다!

먼저 CHANGE라는 변수 하나를 만들어 주세요. 이 CHANGE에 입력받을 것은, 바꿔주는 빈 콜라병의 개수에요. 만약 2라고 입력하면 빈 콜라 두 병을 가져왔을 때 새 콜라 한 병을 바꿔 주는 것이고, 3이라고 입력하면 빈 콜라 세 병을 가져왔을 때 새 콜라 한 병을 바꿔 주는 것이죠.

07 이제 변수 CHANGE를 가지고 프로그램을 업그레이드 해줄 거에요.

빈 콜라병 세 병을 가져왔을 때 새 콜라병 하나로 바꿔주는 것을 예로 들어볼게요.

콜라병 세 병이 콜라병 하나가 되는 것은 사실 콜라병 두 병이 줄어든 것이죠? 콜라병 세 병이 없어지고 새 콜라병 하나가 생기는 것이니까요. 그리고 콜라병이 두 병 줄어들면 마실 수 있는 콜라는 한 병 늘어나는 것이구요. 빈 콜라병 두 병을 가져갔을 때 새 콜라병 한 병으로 바꿔주는 것과 비슷하죠?

콜라병 네 병은 어떨까요? 빈 콜라병 네 병을 가져갈 때, 새 콜라병 한 병으로 바꿔준다면, 사실 콜라병이 세 병 줄어들면서 마실 수 있는 콜라병이 한 병 늘어나는 거에요.

즉, 가져가면 바꿔주는 콜라병의 개수보다 하나 적은 숫자 만큼 콜라병이 줄어드는 것이죠. 이 규칙으로 콜라 N병을 볼까요?

빈 콜라병 N 병을 가져갈 때, 새 콜라병 한 병으로 바꿔준다면, 사실 콜라병이 CHANGE−1병 줄어들면서 마실 수 있는 콜라병이 한 병 늘어나는 거에요.

그렇다면, 콜라병 두 병을 한 병으로 가져갈 때 N에서 1을 빼주었다면, 변수 CHANGE를 이용할 땐 얼마를 빼주면 될까요? N에 CHANGE−1을 빼주면 되겠죠?

숫자를 빼 줄땐 음수를 더해주면 돼요. 그리고 어떤 숫자를 음수로 바꿔주려면 −1을 곱해주면 되겠죠?

예를 들어 3에서 1을 빼고 싶으면,

3−1

이라고 할 수 있어요. 또 이것은,

3+(−1)

이라고도 할 수 있죠. 어렵지 않죠?

그리고 양수(+)를 음수(−)로 만들기 위해서는 −1을 곱해주면 돼요.

3을 −3으로 만들어 주기 위해서는 3에다가 −1을 곱해주면 되는 것이죠.

3 * (−1)=−3

추가로 음수(−)에 음수(−)를 곱하면 양수(+)가 된답니다!

(−3) * (−3)=9

그렇다고 양수(+)에 양수(+)를 곱해서 음수(−)가 되진 않아요!

3 * 3=9

이제 N에 CHANGE−1 만큼 빼주는 블록을 만들어 볼까요?

사실 이 블록은 N에 −(CHANGE−1)을 더해주는 블록이기도 하죠!

결국 N에 (CHANGE−1) * (−1)을 더해주는 블록인 것이죠! 어렵지 않죠?

08 이 때 SUM은 한 병 늘어나겠죠?

09 반복문은 완성이 되었는데 반복문을 멈추게 하는 조건이 비어있네요. 어떤 조건이 필요할까요?
빈 콜라 두 병을 가져갔을 때 새 콜라 한 병을 바꿔 줄 때는 N이 2보다 작으면 반복문이 멈추는 프로그램이었어요.

그렇다면 빈 콜라 CHANGE 병을 가져갔을 때 새 콜라 한 병을 바꿔주는 프로그램에서는 N이 몇 보다 작으면 반복문이 멈추게 될까요?

당연히 바꿔주는 개수보다 작을 때 반복문을 멈추면 되겠죠? N이 CHANGE보다 1작은 만큼 줄어들다가 CHANGE보다 작아지면 반복문이 멈추는 것이에요. 참 쉽죠?

10 이제 스크립트를 완성시켜 볼까요? 기존에 만들었던 스크립트와 큰 차이가 없을거에요.

11 이 스크립트가 제대로 작동하는지 볼까요? 빈 콜라 세 병을 가져다 주었을 때 새 콜라 한 병을 바꿔준다고 해볼게요. 이 때, 처음에 갖고 있던 콜라가 다섯 병이라면 총 몇 병의 콜라를 마실 수 있을까요?

처음에 갖고 있던 다섯병을 다 마실 수 있겠지요? 그 다음에 빈 병 다섯 병 중에서 세 병을 새 콜라 한 병으로 바꿀 수 있어요. 이 콜라도 마시면 아까 마신 다섯 병에 한 병을 더해서 여섯 병이 될 거에요. 이제 빈병은 아까 교환하지 못 한 두 병과 이번에 새로 받아서 마신 한 병이 있네요. 이 빈 콜라 세 병으로 새 콜라 한 병을 받아서 마실게요. 그럼 여섯 병에서 한 병을 추가해서 총 일곱 병의 콜라를 마신 것이 되네요. 그리고 나에겐 빈 콜라병이 하나밖에 남지 않았으므로 더 이상 콜라를 교환할 수 없게 되구요.

처음에 다섯 병의 콜라가 있었다면, 내가 마실 수 있는 콜라는 총 일곱 병이 되겠네요! 스크래치 고양이도 일곱 병이라고 말하는지 볼까요? CHANGE에 3, N에 5를 입력해 볼게요!

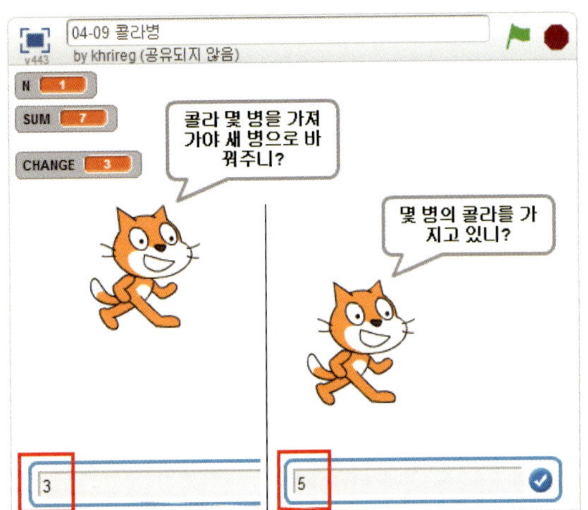

참 똑똑한 고양이네요! 우리가 만든 프로그램을 이용하면 콜라를 몇 병 가져가야 바꿔주든지 간에 순식간에 내가 마실 수 있는 콜라를 계산할 수 있어요! 참 편리하지요?

과정이 탄탄했기 때문에 프로그램을 업그레이드 할 수 있었던 거에요. 만약 콜라 두 병을 가져갔을 때 한 병으로 바꿔주는 프로그램에서 단순히 홀수를 출력했다면 어땠을까요? 프로그램을 수정하는 것이 어려울 거에요. 아니, 프로그램을 다시 처음부터 만들어야 하는 것이죠.

여러분도 항상 과정에 중점을 두고 알고리즘을 만들었으면 좋겠어요! 화이팅!

QR코드를 통해 동영상 강좌를 보실 수 있습니다.

Unit 01　아프리카? 파프리카? 카프리카다옹! – 카프리카 상수 6174

파프리카를 좋아하시나요? 빨강, 노랑, 주황, 초록.. 여러 가지 색깔이 있는 파프리카는 몸에도 좋고 맛도 좋은 채소에요! 이 글을 읽는 여러분들도 파프리카를 많이 드세요!
왜 파프리카 이야기를 꺼냈을까요?

이번에 소개할 이야기는 인도의 수학자 '카프리카(Kaprekar)'에 대한 이야기에요. 파프리카와 이름이 닮았죠? 하하.
인도의 수학자 카프리카는 숫자를 가지고 퍼즐처럼 가지고 노는 것을 즐겼어요. 여러 가지 숫자를 이렇게도 바꿔보고, 저렇게도 바꿔보면서 신기한 조합을 찾아 내는 것이죠.

그러던 어느날! 카프리카는 신기한 숫자 하나를 발견하게 돼요. 그 숫자는 바로,

6174

이 숫자가 왜 신기한 것일까요?

카프리카는 네 자리 숫자를 어떤 연산을 통해 하나로 만들 수 있다는 것을 알아 내었어요. 각 자리 숫자들을 재배열해서 제일 큰 숫자와 제일 작은 숫자를 만든 다음, 큰 수에서 작은 수를 빼는 거에요.

만약 1988이라는 숫자가 있다면, 1988로 만들 수 있는 가장 큰 숫자는 9881이고 가장 작은 숫자는 1889가 되겠죠? 9881에서 1889를 빼주는 것이 첫 번째 할 일이에요. 그러면 7992가 되겠죠?
그 다음에는 7992로 가장 큰 숫자와 가장 작은 숫자를 만드는 거에요. 이 과정을 반복하다보면 정말 놀랍게도 6174가 되는거죠. 6174가 된 다음, 6174로 만들 수 있는 가장 큰 수 7641과 가장 작은 수 1467을 빼면 또다시 6174가 되는 것이죠. 신기하죠?

> **숫자 : 1988**
> **첫 번째 : 9881 − 1889 = 7992**
> **두 번째 : 9972 − 2799 = 7173**
> **세 번째 : 7731 − 1377 = 6354**
> **네 번째 : 6543 − 3456 = 3087**
> **다섯 번째 : 8730 − 0378 = 8352**
> **여섯 번째 : 8532 − 2358 = 6174　　　6174 발견!**
> **(일곱 번째 : 7641 − 1467 = 6174)**

1988 뿐만 아니라 네 자리 숫자는 전부 다 가능해요. 단, 1111이나 3333 등과 같이 모두 같은 숫자로 이루어진 네 자리 숫자는 안돼요. 당연히 0000 또한 안되겠죠?

6174는 정말 신기한 숫자에요. 이 숫자를 최초로 발견한 카프리카의 이름을 따서 6174를 '카프리카 상수'라고 해요. 정말 대단한 발견이죠?

이제 우리는 이 카프리카 상수를 구해내는 프로그램을 만들 거에요. 무작위로 네 자리 숫자 (1000~9999)를 입력받을 건데, 1111과 같이 네 자리 숫자가 같은 숫자는 제외할거에요. 입력받은 네 자리 숫자가 몇 번만에 6174가 되는지 구하는 게 이 프로그램의 목표이에요. 만약 1988이라는 숫자를 입력받았다면, 여섯 번만에 6174를 발견한 것이겠죠? 이 프로그램의 알고리즘을 어떻게 만들 수 있을까요?

가장 먼저 입력받은 숫자가 6174인지 아닌지부터 판별해야 돼요. 만약 처음 입력받는 숫자가 6174 이면 이후의 과정이 필요 없으니까요! 최초에 입력받는 숫자를 NUM이라는 변수에 담는다면, NUM 과 6174가 같은지 아닌지 판별하면 되겠죠?

NUM = 6174 ?

만약 NUM이 6174가 아니라면 본격적인 카프리카 연산이 시작되는 거에요.
먼저 입력받는 네 자리 숫자를 하나씩 쪼개는 과정이 필요해요. 최초로 입력받은 NUM을 각 자릿수 별로 첫 번째 숫자는 NUM1에, 두 번째 숫자는 NUM2에, 세 번째 숫자는 NUM3에, 네 번째 숫자는 NUM4에 담아 볼게요.

만약 입력받는 숫자가 7812라면 7을 NUM1에, 8을 NUM2에, 1을 NUM3에, 2를 NUM4에 담는 거죠. 어떻게 하면 이렇게 나누어서 담을 수 있을까요?

먼저 가장 첫 번째 숫자 7을 생각해 볼게요. 7812라는 숫자에서 천의 자리 숫자인 7만 구해내기 위해 서는 어떻게 하면 좋을까요? 어렵지 않아요! 1000으로 나누면 되는 거죠! 7812를 1000으로 나누며 몫이 7이 되겠죠?

NUM1 ← 7812 / 1000 : (NUM / 1000)

그 다음에는 두 번째 숫자 8을 생각해 볼게요. 7812라는 숫자에서 백의 자리 숫자인 8만 구해내는 것이죠. 어떻게 하면 될까요? 먼저 812 앞에 있는 7을 없애야 되겠죠? 그러기 위해서 나머지 연산자 '%'를 사용할 거에요. 7812를 1000으로 나눈 나머지는 얼마가 될까요? 몫은 7이 되면서 나머지가 812가 되겠죠? 그리고 812에서 백의 자리 숫자인 8만 구해내면 되는 것이죠. 어렵지 않죠? 100으로 나눈 몫이 8이 될 거에요.

$$\text{NUM2} \leftarrow (7812 \% 1000)/100 : (\text{NUM} \% 1000)/100$$

그리고 비슷한 과정으로 세 번째 숫자 1을 구해 볼게요. 십의 자리 숫자인 1을 구해내기 위해선 어떻게 해야 될까요? 먼저 7812에서 12앞에 있는 78을 없애야겠죠? 그러기 위해선 100으로 나눈 다음 그 나머지만 얻어내면 될 거에요. 7812를 100으로 나누면 몫은 78이 될 것이고, 나머지는 12가 되겠죠? 그 다음에 12를 10으로 나누면 몫이 1이 될 거구요. 어렵지 않죠?

$$\text{NUM3} \leftarrow (7812 \% 100)/10 : (\text{NUM} \% 100)/10$$

마지막으로 7812의 네 번째 숫자 2를 구해볼게요. 일의 자리이기 때문에 엄청 간단하게 구할 수 있어요. 7812를 10으로 나눈 나머지가 바로 2가 되겠죠?

$$\text{NUM4} \leftarrow 7812 \% 10 : (\text{NUM} \% 10)$$

이제 7812라는 숫자를 하나씩 쪼개서 첫 번째 숫자부터 NUM1, NUM2, NUM3 그리고 NUM4에 넣었어요. 참 쉽죠?

이제 이 숫자들을 가지고 최대값과 최소값을 만들어야 돼요. 지난 번에 배웠던 숫자를 비교해서 정렬하는 방법을 쓸 거에요. 먼저 큰 숫자부터 만들어 볼까요?

입력받은 첫 번째 숫자부터 차례대로 MAX1, MAX2, MAX3 그리고 MAX4 라는 변수에 담아 줄게요. 숫자를 교환할 때 필요한 임시 변수 TEMP도 하나 만들어 줄 거구요. 이 변수 MAX들을 정렬해서 MAX1에 가장 큰 수가, MAX4에 가장 작은 수가 오게 하면 그것이 최대값이 되는 것이죠.

제일 먼저 NUM1에 있는 숫자를 MAX1에, NUM2에 있는 숫자를 MAX2에, NUM3에 있는 숫자를 MAX3에 그리고 NUM4에 있는 숫자를 MAX4에 넣어 줄게요.

$$\text{MAX1} \leftarrow \text{NUM1 (7이 들어있음)}$$
$$\text{MAX2} \leftarrow \text{NUM2 (8이 들어있음)}$$
$$\text{MAX3} \leftarrow \text{NUM3 (1이 들어있음)}$$
$$\text{MAX4} \leftarrow \text{NUM4 (2가 들어있음)}$$

그리고 숫자들을 비교하는 거에요. MAX4가 MAX3보다 크면 두 수를 교환하는 것이죠. MAX3이

MAX2보다 커도 두 수를 교환해 줄게요. MAX2가 MAX1보다 커도 두 수를 교환할게요. 이렇게 하면 제일 큰 수가 MAX1에 오겠죠?

마찬가지로 MAX4가 MAX3보다 크면 두 수를 교환하고, MAX3이 MAX2보다 커도 두 수를 교환할게요. 이렇게 하면 두 번째 큰 수가 MAX2에 올 거에요.

마지막으로 MAX4가 MAX3보다 크면 두 수를 교환해 주세요. 이러면 세 번째로 큰 수가 MAX3으로, 제일 작은 숫자가 MAX4로 오게 돼요. 어렵지 않죠?

반복문이 많아서 그렇지 하나도 어렵지 않아요. 단순히 크기를 비교하는 것 뿐이니까요. 위의 과정을 거친 다음, 변수에 어떤 숫자가 담겼는지 볼까요?

담겨 있어요. 제일 큰 숫자를 만들었네요! 야호!

이제 다음으로 7812로 만들 수 있는 제일 작은 숫자를 만들어야 돼요.
그런데! 위에서 비교했던 것들을 다시 하려고 하니.. 너무 귀찮죠? 반복문도 엄청 많이 써야 되고..
그래서 조금이나마 과정을 줄여볼 생각을 했어요. 어떻게 하면 될까요?

바로 제일 큰 숫자를 이용하는 것이죠.

제일 큰 숫자의 반대는 뭘까요? 바로 제일 작은 숫자이지요!

7812로 만들었던 제일 큰 숫자인 8721을 이용해서 제일 작은 숫자를 만드는 거에요!

8721을 거꾸로 뒤집으면 1278이 되겠죠? 1278은 7812를 이용해서 만들 수 있는 가장 작은 숫자에요. 제일 큰 숫자인 8721을 이용해서 1278을 만들어 볼게요.

방법은 간단해요.

MAX4에 있는 숫자를 MIN1에 넣고, MAX3에 있는 숫자를 MIN2에, MAX2에 있는 숫자를 MIN3에 넣고 마지막으로 MAX1에 있는 숫자를 MIN4에 넣어주면 되는 거에요!

MIN1 ← MAX4 (1이 담겨있음)

MIN2 ← MAX3 (2가 담겨있음)

MIN3 ← MAX2 (7이 담겨있음)

MIN4 ← MAX1 (8이 담겨있음)

이렇게 하면 주어진 7812를 가지고 작은 숫자를 찾아서 새로 정렬할 필요가 없지요? 먼저 만들어 놓은 최대 숫자를 이용하면 되니까요!

이제 최대 숫자와 최소 숫자를 만들었으니, 두 숫자를 빼줘야겠죠? 하지만 최대 숫자와 최소 숫자가 하나 하나씩 쪼개져 있기 때문에 뺄 수가 없어요. 이 숫자들을 다시 합쳐주는 과정이 필요해요 합치는 것은 쪼개는 것보다 훨씬 간단하답니다!

합쳐진 최대 숫자를 MAX라는 변수에 담아볼게요. 먼저 MAX1은 MAX 변수의 천(1000)의 자리가 될 것이고, MAX2는 백(100)의 자리, MAX3은 십(10)의 자리 그리고 MAX4는 일(1)의 자리가 될 거에요. 따라서 각 숫자들을 해당 자릿수에 따라 곱해서 더해주기만 하면 되는 것이죠!

MAX ← (MAX1 * 1000) + (MAX2 * 100) + (MAX3 * 10) + (MAX4 * 1)

8721 ← (8 * 1000) + (7 * 100) + (2 * 10) + (1 * 1)

마찬가지로 제일 작은 숫자를 MIN이라는 변수에 담아볼게요. 과정은 최대 숫자를 합칠 때와 똑같아요.

$$MIN \leftarrow (MIN1 * 1000) + (MIN2 * 100) + (MIN3 * 10) + (MIN4 * 1)$$
$$1278 \leftarrow (1 * 1000) + (2 * 100) + (7 * 10) + (8 * 1)$$

이제 최대 숫자와 최소 숫자가 합쳐졌으니 두 숫자를 빼줄 수 있겠죠? 최대 숫자에서 최소 숫자를 빼 주면 돼요. 그 결과를 다시 NUM이라는 변수에 담아주는 것이죠.

$$NUM \leftarrow MAX - MIN$$
$$7443 = 8721 - 1278$$

카프리카 연산의 가장 첫 번째 단계로 돌아왔지요?
이 NUM이라는 변수에 담겨있는 숫자가 6174인지 아닌지 판별해야겠지요?

$$NUM = 6174 \ ?$$

만약 NUM이 6174라면 몇 번이나 반복했는지 반복문의 횟수를 출력하면 돼요. 하지만 NUM이 6174 가 아니라면 다시 한 번 위의 과정들을 반복해야 하는 것이죠. 안타깝게도 우리가 구한 숫자는 7443 이기 때문에 다시 한 번 카프리카 연산을 반복해야 돼요.

이렇게 반복하다 보면 최초로 입력받은 7812는 다섯 번 만에 6174가 된답니다! 신기하지요?

말로 풀어 쓰니까 엄청 길어졌는데, 순서도로 알고리즘을 나타내어 보면 그리 어렵지 않을 거에요. 공간상의 문제로 숫자를 정렬하는 과정은 간략하게 나타내어 볼게요.

가장 먼저 몇 번이나 반복해야 할지 정해
야겠지요? 하지만 이 반복문은 몇 번 반복
하는지 그 자체를 출력하는 것이기 때문에
조건에 맞을 때까지 반복해야 합니다. K가
0부터 조건이 만족될 때까지 반복되는 반
복문이 되겠네요. 0부터 하는 이유는 맨 처
음부터 6174라는 숫자가 입력될 수 있기
때문이에요. 만약 처음에 6174라는 숫자
가 입력될 경우, 어떠한 과정도 없이 카프
리카 상수가 되었으니까 0이 담겨있는 K
를 출력해주면 되겠죠?

그 다음에 반복할 내용은 위에서 만들었던
파프리카 연산 과정을 넣으면 돼요. 숫자
를 NUM에 입력받고 쪼개어 나누고 다시
합치고 하는 과정 말이에요. 그리고 그렇
게 나온 최대 숫자와 최소 숫자를 빼 주면
다시 NUM이 되겠죠? 이 NUM이 6174가
맞는다면 반복문을 탈출하는 것이고, 아니
라면 다시 한 번 반복해야 하는 것이죠.

이제 우리는 어떠한 숫자를 입력받아도
6174까지 몇 번이면 만들어지는지 알 수 있
게 되었어요! 참 신기한 숫자인 6174의 비
밀에 대해서 조금은 가까워진 것 같지요?

여러분도 인도의 수학자 카프리카처럼 새
로운 숫자를 발견해서 여러분의 이름을 붙일 수 있으면 좋겠네요! '박지성 상수'같이 멋있는 이름의
상수가 되겠죠? 화이팅!

신기한 숫자! 6174! 나중에 차를 사면 번호판을 6174로 달아도 되겠어요. 차 이름은 카프리차! 하핫! 카프리카 상수라고 불리는 6174를 만들어볼 거에요.

카프리카 상수에 대해서 잠깐 복습을 하면, 네 자리 숫자로 만들 수 있는 가장 큰 수에서 가장 작은 수를 뺐을 때 나오는 수가 있겠죠? 이 네 자리 수를 가지고 또 같은 과정을 반복하는 거에요. 이 과정을 계속 반복하다 보면 결국에는 6174가 나오는 것이죠.

6174를 가지고 만들 수 있는 가장 큰 수는 7641 이고, 가장 작은 수는 1467 이죠? 따라서 7641에서 1467을 빼면!

7641 − 1467 = 6174

6174가 나오는 거에요! 정말 신기하죠?

우리는 네 자리 숫자를 입력받은 후, 몇 번 만에 6174가 나오는지 알아내는 프로그램을 만들 거에요. 재미있겠죠? 사실 이번 예제가 반복문의 마지막 예제에요. 끝판왕이죠. 끝판왕인 만큼 블록이 많을 거에요. 여러분이 이 예제를 잘 따라할 수 있다면 끝판왕 잡고 레벨업 하는 거에요. 화이팅!!

01 우선 4자리 숫자를 입력받아서 넣을 변수 NUM이 필요해요. 또, 몇 번 만에 6174가 나오는지 알기 위해 초기 값으로 0이 들어있는 변수 K도 필요해요. 그리고 NUM으로 만들 수 있는 최대값을 변수 MAX에 넣어줄 거구요, NUM으로 만들 수 있는 최소값을 MIN에 넣어 줄게요.

02 이제 이 변수들에 입력을 받아야겠죠? 최초로 입력받는 네 자리 숫자는 NUM에 넣어줄 거에요.

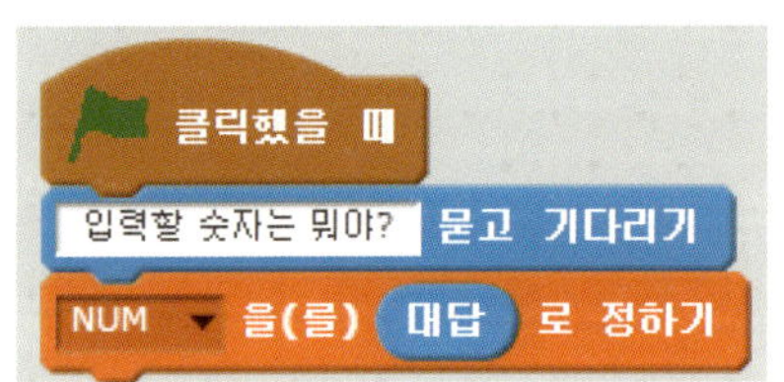

03 그런데 만약 최초로 입력 받는 숫자가 '6174'라면 어떻게 될까요? 카프리카 연산을 할 필요가 없어요! '6174'
가 바로 카프리카 상수이기 때문이죠. 따라서 카프리카
연산이 몇 회 되었는지 알아보는 K를 바로 출력해 주
면 돼요. K에는 초기값으로 0이 들어있었기 때문에 0
번 만에 카프리카 상수를 찾았다는 것을 알려주면 되죠!

조건문을 사용해서 만들 수 있겠죠?
만약 최초로 입력 받는 숫자 NUM이 6174이 맞는다면
K를 바로 출력해주면 되는 것이고, 틀린다면 카프리카
연산을 진행하면 되는 것이죠!

04 최초로 입력받는 네 자리 숫자 NUM이 6174가 아니라면 카프리카 연산을 시작해야겠죠?
이제 NUM을 가지고 최대값과 최소값을 만들어줘야겠죠? 각 자리수를 나누기 위해 '**연산**'에 있는 `1 번째 글자 ( world )`
블록을 사용할 거예요. 이 블록은 오른쪽 빈 칸에 들어가는 글자에 있는 글자 하나를 따올 수 있는 블록이에요. 만
약 '1번째 글자 world'라면 world의 맨 앞에 있는 'w'를 따오는 것이죠. 만약 2번째 글자라면? 'o'를 따오겠죠? 5번
째 글자라면 'd'를 따올 것이구요. 어때요? 참 쉽죠?

이 블록을 이용하면 입력받은 네 자리 숫자를 나눌 수 있어요.
네 자리 숫자의 첫 번째 글자를 변수 A에, 두 번째 글자를 변
수 B에, 세 번째 글자를 변수 C에 그리고 네 번째 글자를 변
수 D에 넣어 줄 거예요.

05 사실 글자를 나누는 것 말고 다른 방법이 있어요. 숫자를 나누는 것이죠. 네 자리 숫자는 천의 자리, 백의 자
리, 십의 자리 그리고 일의 자리로 이루어져 있지요? 따
라서 이 네 자리 숫자를 나누거나 나눈 나머지를 활용
하면 숫자를 나눌 수 있어요.
하지만 스크래치에서는 이 방법보다 더 간단한 방법이
있기 때문에 `1 번째 글자 ( world )` 블록을 이용할 거예요.
어때요? 더욱 간단해 보이죠?

06 그렇지만 여전히 글자들이 정렬되어 있지 않기 때문에 A에 제일 큰 숫자를, D에 제일 작은 숫자를 넣어 줄 거에요. 예전에 배웠던 삼각형의 결정조건에서 썼던 정렬 방법을 쓸 거에요. 그 땐 세 개의 숫자를 정렬했지만 이번에는 네 개의 숫자를 정렬해야 돼요.

먼저, D가 C보다 크면 변수 D에 들어있는 값과 변수 C에 들어있는 값을 교환하고,
C가 B보다 크면 변수 C에 들어있는 값과 변수 B에 들어있는 값을 교환하고,
B가 A보다 크면 변수 B에 들어있는 값과 변수 A에 들어있는 값을 교환할 거에요.
이렇게 되면 변수 A에 가장 큰 숫자가 들어가게 되는 것이죠!
그 다음엔, D가 C보다 크면 변수 D에 들어있는 값과 변수 C에 들어있는 값을 교환하고,
C가 B보다 크면 변수 C에 들어있는 값과 변수 B에 들어있는 값을 교환할 거에요.
이렇게 되면 변수 B에 두 번째로 큰 숫자가 들어가게 되는 것이죠!
마지막으로, D가 C보다 크면 변수 D에 들어있는 값과 변수 C에 들어있는 값을 교환할 거에요.
이러면 변수 D에 가장 작은 숫자가, 변수 C에 두 번째로 작은 숫자가 들어가게 돼요.

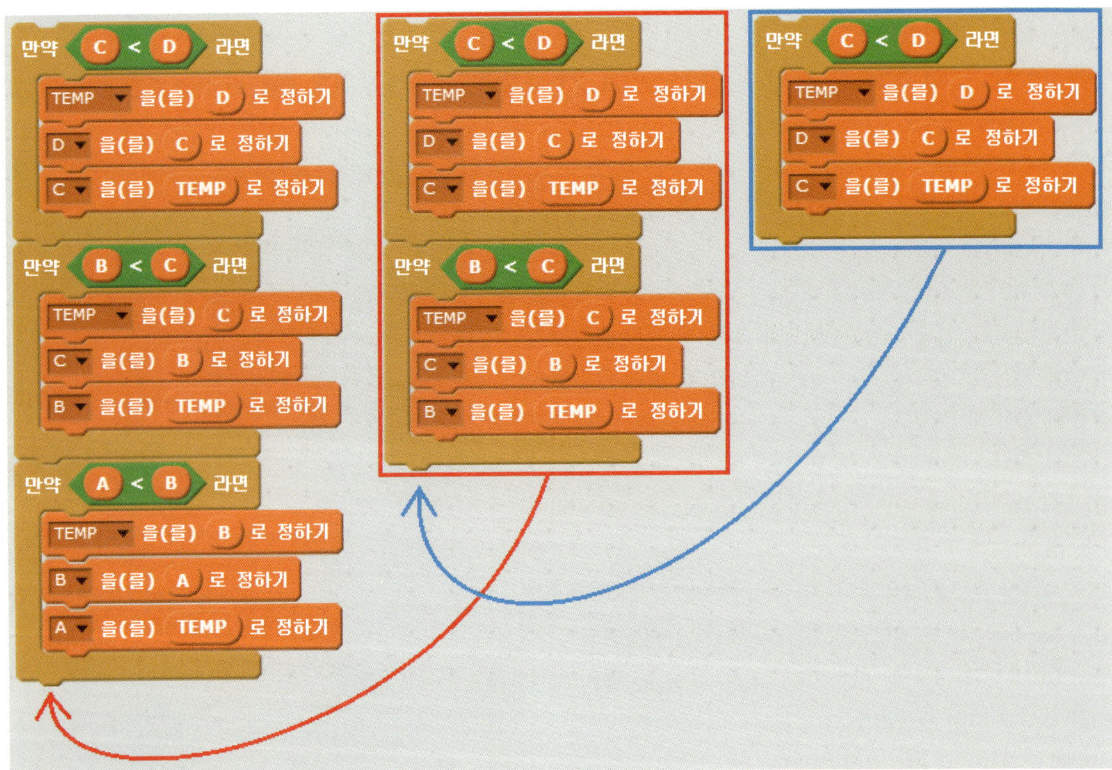

변수들을 교환할 땐 임시 변수 TEMP를 이용할 거에요. 만약 D와 C를 교환하고 싶을 땐, TEMP=D, D=C, C=TEMP 의 순서대로 교환하면 되겠죠?

과정은 복잡하지만 내용은 어렵지 않아요. 이 과정을 스크래치 블록으로 나타내어 볼까요?

07 조건문의 엄청 많죠? 하지만 내용은 간단해요.. 모든 블록들을 합치면 엄청나게 길어진답니다!

숫자 네 개를 정렬할 때도 이렇게 긴데, 숫자가 네 개 보다 많아지면 더 복잡하겠죠? 나중에 리스트를 배울 때 쉽게 정렬하는 방법을 배울 거에요! 그 전까진 정렬하는 방법을 배우기 위해 이런 식으로 정렬을 해보세요!

08 이제 숫자를 정렬했으니까 다시 합쳐줘야겠죠? A가 천의 자리, B가 백의 자리, C가 십의 자리 그리고 D가 1의 자리에 들어가면 돼요.
ABCD

어떻게 하면 네 자리 숫자를 합쳐서 하나의 숫자로 만들 수 있을까요?
자리 수 만큼 곱해서 더해주면 된답니다!
A에 천을 곱하고, B에 백을 곱하고, C에 십을 곱하고 마지막으로 D에는 1을 곱하나 마나 똑같네요. 모든 숫자를 곱해서 더해주면 네 자리 숫자가 된답니다!

$A * 1000 + B * 100 + C * 100 + D = $ 네 자리로 만들 수 있는 최대값
이 되는 것이죠.
스크래치 블록으로 만들어 볼까요?

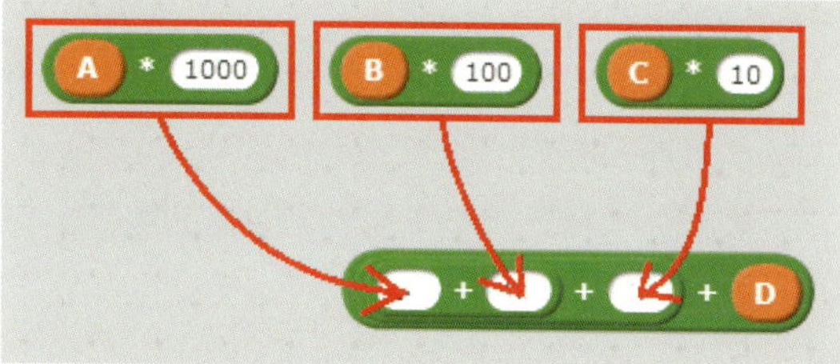

이 블록들을 다 합친 것이 최대값이 되겠죠? 최대값은 변수 MAX에 넣어줄 거에요.

09 최대값을 만들었으니 최소값을 만들어 볼까요? 최소값 또한 정렬되어있는 A, B, C 그리고 D를 이용해 만들 수 있어요. A가 가장 큰 숫자이고 D가 제일 작은 숫자이죠?

DCBA

따라서 D가 천의 자리에, C가 백의 자리에 B가 10의 자리에, 마지막으로 A가 일의 자리에 들어가면 돼요. 최대값을 만들었던 것과 똑같은 과정으로 최소값을 만들어 줄게요.

10 이제 최대값과 최소값이 만들어졌어요! 최대값에서 최소값을 빼주면 되겠죠? 만약 최대값에서 최소값을 뺀 값이 6174가 나오면 조건문이 멈춰야 되구요!

11 그럼 반복할 내용은 무엇이 될까요?
가장 먼저 네 자리 숫자 NUM을 최대값과 최소값으로 나누는 것이겠죠?
그 다음에 최대값에서 최소값을 뺀 다음 그 숫자를 NUM에 넣어주는 것이에요.
이렇게 생긴 NUM을 가지고 위의 과정을 반복하는 것이죠. 간단하죠?

반복문이 멈추는 조건을 만들어 볼까요?

12 우리는 몇 번 만에 카프리카 상수가 나오는지 구하는 프로그램을 만들어야 하기 때문에 변수 K를 이용해서 반복문이 몇 번이나 반복되는지 구할 거에요.
반복문이 시작할 때마다 K에 1을 더해주는 것이죠. K를 1만큼 바꾸면 될 거에요.
그리고 이 조건문의 조건이 맞는다면 K를 출력해주면 되겠죠? K가 바로 카프리카 상수를 몇 번만에 찾았는지 알려주는 숫자가 될 거에요!
하지만 최대값에서 최소값을 뺀 숫자가 6174가 아니라면 카프리카 연산을 다시 시작해야돼요. MAX에서 MIN을 뺀 값을 변수 NUM에 담고, 카프리카 연산을 다시 시작하는 거에요.

13 이제 모든 블럭들이 완성되었어요. 반복문 안에 변수 NUM을 쪼개고 정렬했던 과정까지 넣어주면 스크립트가 완성돼요! 만들어 볼까요?

맨 처음에는 최초의 네 자리 숫자를 입력받아요. 이 값은 변수 NUM에 넣어 주면 돼요. 그리고 변수 K의 초기값으로 0을 넣어주면 돼요. 변수 K는 반복하는 횟수가 될 거에요.

만약 NUM이 6174라면 초기값으로 0이 들어있는 K를 바로 출력해 주면 되고, NUM이 6174가 아니라면 카프리카 연산이 되는 반복문이 시작되는 것이죠.

그리고 반복문이 시작돼요. 이 반복문은 무한 반복문인데, 만약 최대값에서 최소값을 빼서 6174가 나오면 반복한 횟수를 출력한 다음 반복문이 멈추는 것이죠.

하지만 최대값에서 최소값을 뺀 값이 6174가 아니라면 카프리카 연산을 해야 돼요.

가장 먼저 입력된 변수 NUM의 천의 자리 숫자를 A에, 백의 자리 숫자를 B에, 십의 자리 숫자를 C에 그리고 일의 자리 숫자를 D에 넣는 것이죠.

그 다음엔 A에 제일 큰 숫자를, B에 두 번째로 큰 숫자를, C에 두 번째로 작은 숫자를 그리고 D에 가장 작은 숫자를 넣게끔 정렬해주면 돼요.

이제 정렬된 숫자들을 다시 합치면 돼요. 쪼개진 숫자들로 최대값과 최소값을 만들어 준 다음, 최대값에서 최소값을 뺀 값을 변수 NUM에 넣어주면 돼요. 그리고 반본문이 한 번 반복되었다는 의미로 K에 1을 더해주면 돼요. 참 쉽죠?

정말 끝판왕 답죠? 하하. 아마 이 책에서 가장 긴 스크립트가 될 거에요. 책이 작아서 스크립트를 한 번에 볼 수 없기 때문에 잘라서 설명을 할게요!

정렬하는 과정 때문에 스크립트가 엄청 길어졌지만 내용은 어렵지 않죠?

14 이제 이 스크립트가 제대로 작동하는지 알아보기 위해 고양이에게 '1988'을 입력해 볼까요?

우와! 정말 똑똑한 고양이에요! 6번 만에 찾았다는 것을 맞추었네요! 왼쪽 상단에 변수들을 보면 최대값이 8532이고 최소값이 2358이죠? 8532에서 2358을 빼면 몇이 나올까요?

8532 − 2358 = 6174

정말 6174가 나오네요! 참 재미있죠?

이제 같은 수가 네 번 반복되는 네 자리 숫자가 아니라면 몇 번 만에 카프리카 상수가 되는지 알 수 있게 되었어요! 여태까지 만든 스크립트 중에 가장 길었죠? 끝판왕 잡고 레벨 업 했네요! 하지만 내용은 어렵지 않았어요! 여러분도 한 번 만들어 보세요!

QR코드를 통해 동영상 강좌를 보실 수 있습니다.

다중반복문

Unit 01 내 고향은 고양이별이다옹! – 별 찍기!

다중반복문을 처음 배울 때 하는 것이 바로 '별(★) 찍기'이지요!

별 찍기란, 첫째 줄에 별 하나, 둘째 줄에 별 두 개 셋째 줄에 별 세 개, ... N째 줄에 별 N개를 출력하는 것이에요. 그러면 결국,

과 같은 모양이 된답니다. 마치 크리스마스 트리를 반으로 쪼개놓은 것 같죠?

보기엔 쉬워 보여도 다중반복문의 개념을 적용해야 하기 때문에 어려운 과제랍니다! 별을 한 번 찍어볼까요?

숫자 N을 입력받고 N 번째 줄까지 별을 찍어내는 프로그램을 만들 거에요. 만약 N에 5를 입력받았다면,

와 같은 별을 찍어내면 되는 것이죠. 참 쉽죠? 별을 어떤 한 단위로 볼 것이 아니라 하나 하나의 별로 보는 것이 중요해요. 사실 위의 별을 네모난 상자에 담겨있는 별로 보면,

이렇게 된답니다. 상자 안에 별이 있으면 별 찍기, 하트가 있으면 하트 찍기가 되겠죠?

가장 먼저 생각할 일은 반복문의 구조에요. 두 개 이상의 반복문을 생각할 땐 항상 가장 바깥에 있는 반복문부터 생각해야 돼요. 가장 바깥에 있는 반복문부터 안쪽으로 들어가면서 생각하는 것이죠.

따라서 가장 먼저 몇 줄이나 별을 출력할지 정해줄 거에요. 변수 N에 숫자를 입력받은 다음, N줄의 별을 출력해주면 되겠죠? K가 1부터 N까지 1씩 증가하는 반복문을 만들어 줄게요.

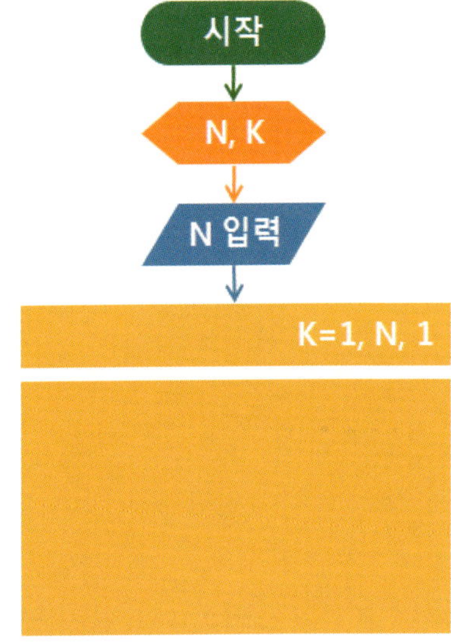

K가 1부터 N까지 반복하는 반복문이 만들어졌어요. 이 반복문이 실제적으로 출력하는 것은 없어요. 하지만 N번 반복한다는 것이 중요하지요. 이 반복문 안에 반복문을 하나 더 집어넣을 거에요. 이 때 중요한 것이 계속 증가하는 K에요. 이 K가 안쪽에 들어가는 반복문에 영향을 끼치기 때문이죠.

첫 번째 반복문에서 K는 1이 되겠죠? 그리고 첫 번째 줄에서 출력해야 할 별도 하나에요.
두 번째 반복문에서 K는 2가 돼요. 그리고 두 번째 줄에서 출력해야 할 별도 두 개에요.
세 번째 반복문에서 K는 3이 돼요. 그리고 세 번째 줄에서 출력해야 할 별도 세 개이지요?
즉, K 번째 반복문에서 출력해야 하는 별도 K개가 되는 것이지요.

이것이 반복문 안에서 반복될 내용이에요. 안쪽에 있는 반복문에 쓰일 변수를 J라고 하면, J는 1부터 K까지 반복하는 반복문이 되는 거에요.

이 반복문에 들어갈 내용, 반복할 내용이 바로 별을 출력하는 것이죠. 별을 한 개씩 출력해서 K개까지 출력하는 것이에요.

중요한 것은! 정말 정말 중요한 것은! 몇 번을 강조해도 지나치지 않을 정도로 중요한 것은! J의 상태에요. 이 반복문에서 J는 K까지 증가해야 하잖아요? 만약 K가 1이라면 J도 1에서 멈추겠지만, K가 2라면 J도 2까지 증가할거에요. K에 따라서 J가 어디까지 반복될 것인지 생각하는 것이 다중반복문에서 가장 중요해요.

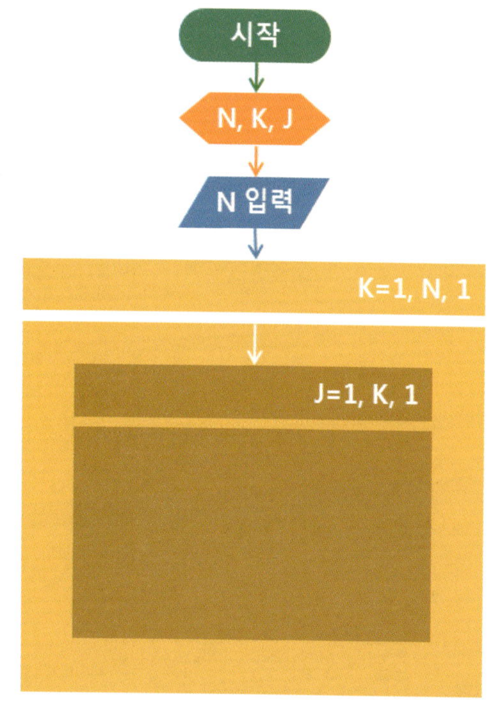

그럼 이제 반복문을 만들어 볼까요?

다시 한 번 반복문의 구조를 볼까요? 반복할 내용은 생각하지 말구요.

K가 1일 때,
J가 1부터 1까지 1씩 증가하면서 반복해야 돼요. 하지만 K또한 1이기 때문에 증가할 것이 없죠. 반복할 것 없이 한 번만 실행되는 거에요.

K가 2일 때,
이번에는 J가 1부터 2까지 1씩 증가하면서 반복해야 돼요. J가 1에서 1증가하면 2가 되겠죠? 따라서 한 번 실행한 것에 한 번 더 실행해주면 되니까 총 두 번 실행되는 것이죠.

K가 3일 때,
이제 J가 1부터 3까지 1씩 증가하면서 반복해야 돼요. J가 1에서 3까지 증가하려면 1씩 두 번 증가하면 되겠죠? 따라서 총 세 번 실행되는 것이에요. K의 숫자와 같죠?

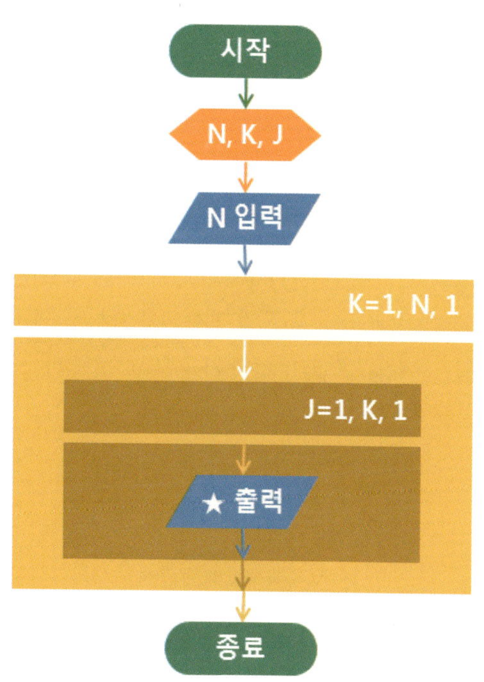

K가 N일 때,

마지막으로 J가 1부터 N까지 1씩 증가하면서 반복해야 돼요. J가 1에서 N까지 1씩 증가하면서 반복하는 것이죠. 총 몇 번 실행될까요? K의 숫자와 같이 N까지 반복되겠죠?

이것이 다중반복문이에요. K와 J의 상태가 어떻게 변하는지만 잘 보면 어렵지 않죠?

이번엔 더 쉽게, 표로 정리해 볼게요. 편의상 입력받는 숫자 N을 3이라고 할게요.

K=1				
J=1				
(별 1개 출력)				
K=2				
J=1	J=2			
(별 1개 출력)	(별 1개 출력)			
K=3				
J=1	J=2	J=3		
(별 1개 출력)	(별 1개 출력)	(별 1개 출력)		
...				
K=N				
J=1	J=2	J=3	...	J=N
(별 1개 출력)	(별 1개 출력)	(별 1개 출력)		(별 1개 출력)

이렇게 표로 나타내면 더 보기가 쉽죠? 중요한 것은 J가 어디까지 반복되느냐! 에요!

반복문이 두 개여도 머리가 아픈데, 세 개, 네 개로 넘어가면 정말 복잡해져요. 머리가 빙빙 돌죠. 따라서 웬만하면 반복문은 세 개를 넘지 않는 것이 좋아요. 아무리 보기 좋은 반복문이라고 해도 세 개를 넘어가면 정말 복잡해지니까요!

별을 찍을 줄 알면 다중반복문은 정복한 것이나 다름 없으니, 더 재미있는 것들을 많이 배워 볼까요? 화이팅!

여러분! 드디어 다중반복문을 배울 때가 왔어요! 다중반복문은 반복문 안에 반복문이 들어있는 반복문 이에요. 참 재미있겠죠? 반복문 안에 반복문이 들어있다 보니 반복되는 내용이 헷갈릴 수 있어요. 그렇다고 겁낼 것 없죠? 반복문보다 더 재미있을 테니까요!

01 스크래치에서는 모든 결과를 한 번에 출력하는 것이 어렵다 보니 별을 찍는 대신에 숫자를 출력할 거에요. 맨 처음에는 1을, 그 다음에는 1, 2를 그 다음에는 1, 2, 3을.. N번째에는 1, 2, 3, ..., N을 출력하는 것이죠. 숫자 대신에 별을 출력하면 별이 나오겠지요?

처음에는 1부터 3까지 출력하는 스크립트를 만들어볼게요.

첫 번째 반복	1		
두 번째 반복	1	2	
세 번째 반복	1	2	3

스크립트 고양이가 각각의 숫자를 1초 동안 말할 거에요. 총 여섯 개의 숫자를 말하겠죠?
처음엔 1을, 그 다음엔 1과 2를, 세 번째엔 1, 2 그리고 3을 말하는 거에요.
어떻게 하면 만들 수 있을까요?

가장 먼저 생각나는 것은 3번 반복하는 반복문이에요. 다른 건 몰라도 세 번 반복하는 반복문은 필요하겠죠? 초록 깃발을 클릭했을 때 세 번 반복하는 반복문을 만들어 줄게요.

하지만! 단순히 세 번 반복한다고 해서 **[변 반복하기]** 블록을 쓸까요?.
다중반복문에서는 계속 변하는 변수가 두 개 필요하기 때문에
[변 반복하기] 블록 대신에 **[까지 반복하기]** 블록을 사용할 거에요. **[까지 반복하기]** 블록을 사용하면 내가 원하는 변수를 사용할 수 있기 때문에 더 좋아요.
물론 **[변 반복하기]** 블록으로도 만들 수 있어요. 하지만 오히려 더 복잡한 구조의 스크립트가 만들어질 거에요
따라서 우리는 **[까지 반복하기]** 블록을 이용할 거에요.

먼저 K가 1부터 3까지 1씩 증가하는 반복문을 만들어 줄게요.

02 그리고 이 반복문 안에 반복문을 넣어 줄 거에요. 안에 들어갈 반복문은 변수 J를 이용할 건데요, 변수 J가 1부터 K까지 반복하는 반복문을 만들어 줄 거에요.

이 반복문을 이전에 만들었던 반복문 안에 넣어줄게요.

03 그럼 K가 1부터 3까지 1씩 증가하는 반복문 안에 J가 1부터 K까지 1씩 증가하는 반복문이 들어가는 거에요.

04 K와 J가 어떻게 변하는지 볼까요?
맨 처음에 K가 1일 때, J는 1부터 1씩 증가해서 K까지 반복해야 되죠? 그런데 이미 K가 1이기 때문에 J는 반복할 것 없이 끝나게 돼요. 다음에 K가 1증가해서 2가 되겠지요? J는 1부터 1씩 증가해서 K까지 반복되니까 2까지 반복되겠죠? J가 1부터 1씩 증가해서 2까지 반복되는 거에요.

그 다음에는 K가 1증가해서 3이 될 거에요. J는 1부터 1씩 증가해서 K까지 반복되니까 3까지 반복되겠죠? J가 1부터 1씩 증가해서 3까지 반복되는 거에요.

그 다음에는 K가 1증가해서 4가 되어 버리네요. 4는 3보다 크기 때문에 반복되지 않겠죠?

첫 번째 반복 (K=1)	J=1		
두 번째 반복 (K=2)	J=1	J=2	
세 번째 반복 (K=3)	J=1	J=2	J=3

와 같은 반복문이 완성되는 것이죠! 정말 반복문이 완성되었는지 보기 위해서는 J를 출력해주면 되겠죠? 스크래치 고양이에게 J를 1초 동안 말하게 할거에요.

05 정말 J를 제대로 말하는지 확인해 봐야겠죠? 확인할 때가 제일 재미있어요! 하핫!

책에서는 동영상을 첨부할 수 없기 때문에 스크래치 고양이가 말하는 것을 이미지로 캡쳐했어요. 정말 제대로 J를 말하고 있죠? 신기하네요!

다중반복문을 이용하면 반복문 하나만으로 하지 못했던 많은 것들을 할 수 있어요. 사실 구구단도 그렇죠? 구구단은 2단부터 9단까지 있잖아요. 그리고 각각의 단은 곱하기 1부터 곱하기 9까지 반복하고 있구요. 반복문을 두 개 사용하면 구구단을 출력할 수 있는 것이죠! 다음에는 구구단을 만들어 볼까요?

QR코드를 통해 동영상 강좌를 보실 수 있습니다.

Unit 01 비둘기도 구구단을 아냐옹? – 구구단

지난 번에 배운 구구단은 하나의 단만 출력하는 프로그램이었죠?

이번에는 2단부터 9단까지, 완벽한 구구단을 출력하는 프로그램을 만들 거에요. 다중반복문을 이용하면 어렵지 않아요!

구구단에 1단은 없고 9단까지 있으니 총 8개의 단이 있는 거에요. 2단부터 9단까지, 8개의 단 맞죠? 따라서 바깥에 반복문 또한 8번 반복되는 반복문이 필요한 것이죠.

하지만 구구단 안의 내용을 보면 1부터 9까지 곱해야 하므로 안쪽의 반복문은 9번 반복하는 반복문이 필요해요. 어렵지 않죠?

다중반복문의 알고리즘을 짤 때 가장 바깥에 있는 반복문부터 생각해야 돼요. 지난 번에도 말했죠? 따라서 2단부터 9단까지 8번 반복되는 반복문을 먼저 만들어 줄 거에요. K가 2부터 9까지 반복되는 반복문을 만들면 되겠죠? 구구단에는 1단이 없기 때문에 K는 1이 아닌 2부터 시작하는 것이구요.

그 다음엔 안쪽에 들어갈 반복문을 만들어야 돼요. 안쪽에 들어가는 반복문은 1부터 9까지 반복되는 반복문이에요. J가 1부터 9까지 1씩 증가하는 반복문이면 되겠죠? 일단 J가 1부터 9까지 아홉 번 반복되는 반복문을 만들어서 이전에 만들었던 반복문 안에 넣어줄게요.

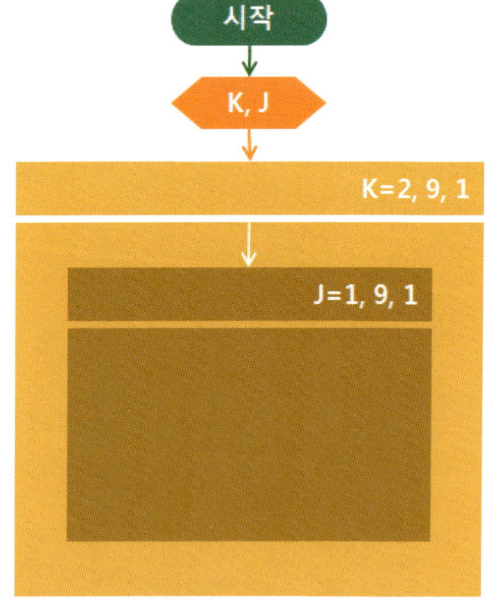

이제 반복문이 만들어졌으니 반복될 내용이 필요하겠죠?
구구단의 구조를 보기 위해 K단을 잠깐 볼까요?

$$K * 1 = K$$
$$K * 2 = K * K$$
$$K * 3 = K * K * K$$
$$...$$
$$K * 9 = K * K * K * K * K * K * K * K * K$$

K단은 이와 같은 구조를 갖고 있는데, 잘 보면 맨 앞에 있는 K는 변하지 않아요. 그 다음에 곱하기(*) 다음에 나오는 숫자 1부터 9는 계속 변하고 있구요. 마지막으로 등호(=) 다음에 나오는 숫자는 K와 1부터 9까지의 숫자를 곱한 값이죠.

이 구조를 K와 J를 써서 나타내면,

$$K * J = (K와 J를 곱한 값)$$

이렇게 돼요. K자리에는 변수 K에 담겨있는 숫자를 출력해주고, J자리에는 변수 J에 담겨있는 숫자를 출력해주면 되는 것이죠. 그리고 등호 뒤에는 K와 J를 곱한 값을 넣어주면 돼요. 어렵지 않죠? 순서도로 나타내어 볼까요?

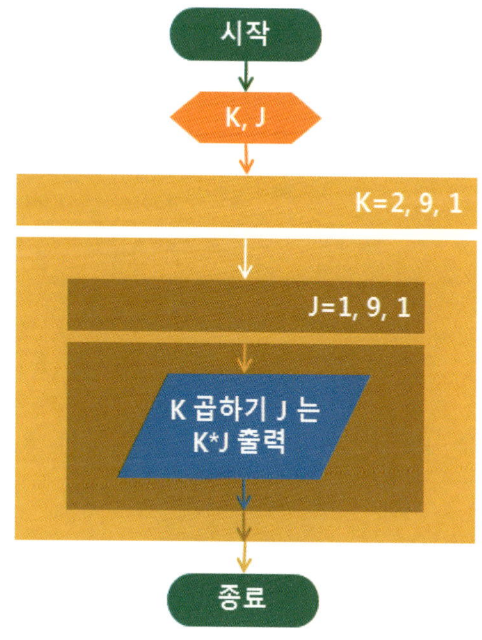

다중반복문을 사용했지만 어렵지 않죠? 어렸을 때부터 구구단을 배웠기 때문에 잘 이해할 수 있을 거에요. 이번에도 표를 통해 순서도의 구조를 살펴볼게요.

K=2 (2단)								
J=1	J=2	J=3	J=4	J=5	J=6	J=7	J=8	J=9
K=3 (3단)								
J=1	J=2	J=3	J=4	J=5	J=6	J=7	J=8	J=9
K=4 (4단)								
J=1	J=2	J=3	J=4	J=5	J=6	J=7	J=8	J=9
K=5 (5단)								
J=1	J=2	J=3	J=4	J=5	J=6	J=7	J=8	J=9
K=6 (6단)								
J=1	J=2	J=3	J=4	J=5	J=6	J=7	J=8	J=9
K=7 (7단)								
J=1	J=2	J=3	J=4	J=5	J=6	J=7	J=8	J=9
K=8 (8단)								
J=1	J=2	J=3	J=4	J=5	J=6	J=7	J=8	J=9
K=9 (9단)								
J=1	J=2	J=3	J=4	J=5	J=6	J=7	J=8	J=9

다중반복문을 이용하면 2단부터 9단이 아니라 100단까지도 순식간에 출력할 수 있어요. 또, 내가 원하는 단까지 N으로 입력받아서 출력할 수도 있어요. 어렵지 않겠죠?

어렸을 때 배운 구구단을 프로그래밍 구조를 이용해 다시 배우니 참 새롭고 재미있지 않나요? 여러분도 어렸을 때 배웠던 것들을 다시 한 번 생각해서 구조를 파헤쳐보세요!

구구단은 다중반복문을 사용하여 만들 수 있는 좋은 예제이지요!
구구단을 떠올리면 다중반복문의 구조가 바로 생각나지요?
변수 K와 J를 이용해서 구구단을 만들어볼 거에요. 재미있겠죠?

01 먼저 구구단의 구조를 잘 살펴봐야 해요. 다중반복문을 생각할 땐 가장 바깥에 있는 반복문부터 점점 안쪽으로 들어와야 돼요. 구구단에서 가장 바깥에 있는 반복문은 무엇일까요?

당연히 2단, 3단, ..., 9단으로 반복되는 것이겠지요? 2단 안에 곱하기 1부터 9까지 있는 것이구요. 따라서 우리는 2부터 1씩 증가해서 9까지 반복되는 반복문이 필요해요. 1부터 하지 않는 이유는 다 알고 있지요? 구구단에 1단이 없기 때문이에요!

K가 2부터 1씩 증가해서 9까지 반복되는 반복문을 만들어 줄게요.

02 이제 이 반복문 안에 또 반복문을 넣어줄거에요. 안에 들어갈 반복문은 곱하기 1부터 9까지 반복되는 구구단 이에요. 따라서 1부터 1씩 증가해서 9까지 반복되는 반복문이 필요하지요. J가 1부터 1씩 증가해서 9까지 반복되는 반복문을 만들어서 넣어줄게요.

03 그럼 K가 2부터 1씩 증가해서 9까지 반복되는 반복문 안에, J가 1부터 1씩 증가해서 9까지 반복되는 반복문이 들어가겠죠?

04 이제 스크래치 고양이에게 구구단을 말하게 만들어주면 돼요!
K와 J를 곱한 값을 말하게 하면 되는 것이죠! 참 쉽죠?

05 이제 초록깃발을 클릭했을 때 스크래치 고양이가 구구단을 1초씩 말하는 스크립트를 완성시켜 볼게요! 참 간단하게 구구단을 만들 수 있죠?

06 이제 초록 깃발을 클릭했을 때 스크래치 고양이가 구구단을 1초씩 말하는 스크립트를 완성시켜 볼게요! 참 간단하게 구구단을 만들 수 있죠?

2단부터 9단까지 정말 빠른 속도로 구구단을 외웠어요. 구구단의 달인이네요! 여러분도 스크래치 고양이만큼 구구단을 잘 외울 수 있나요?

반복문을 조정하면 9단이 아니라 19단까지 만들 수 있겠죠? 우리나라에서는 곱셈을 구구단까지 외우지만 인도에서는 19단까지 외운다고 해요. 정말 대단하지요? (20단은 2단이랑 똑같으니까 외우지 않아도 돼요.)

구구단을 외우는 것보다 구구단의 원리를 이해하고 구구단을 만드는 것이 더 중요한 일 아닐까요? 계산은 계산기가 해줄 테니까요! 아무리 사람의 계산이 빠르다고 해도 계산기 보다 빠를 순 없잖아요? 하지만 사람은 계산기를 만들 수 있죠!
계산하는 것도 중요하지만 계산기를 이해하고 계산기를 만드는 방법도 중요하답니다!

QR코드를 통해 동영상 강좌를 보실 수 있습니다.

Unit 01 군대수열 아니다옹! – 군수열

학교에서 배우는 여러 가지 수열이 있는데, 군수열은 그 중에서도 가장 마지막에 배우는 수열이에요. 군수열이란 말 그대로 무리 군(群)자를 써서 규칙적으로 뭉쳐있는 숫자들의 수열이죠. 군수열은 다음과 같은 꼴을 가지고 있어요.

$$1, 1, 2, 1, 2, 3, 1, 2, 3, 4, 1, 2, 3, 4, 1, 2, 3, ...$$

숫자들의 규칙이 보이나요? 1이 시작 되는 곳이라 생각하고 하나씩 묶어주면 군 수열의 모양이 보일 거에요. 더 잘 볼 수 있게 괄호로 묶어볼까요?

$$1, (1, 2), (1, 2, 3), (1, 2, 3, 4), (1, 2, 3, ..., N)$$

이제 군수열이 어떤 형태로 이루어져 있는지 알 수 있겠죠? 우리는 이 군수열의 합을 구하는 프로그램을 만들어볼 거에요. N을 입력받고 N군까지의 합을 출력하는 프로그램이죠. 잘 보면 각 군은 각 군 만큼의 숫자를 가지고 있어요.

1군	2군	3군	4군	N군
1	1, 2	1, 2, 3	1, 2, 3, 4	1, 2, 3, ..., N

따라서 N군은 N개의 숫자를 가지고 있다고 할 수 있어요. 어렵지 않죠?

그럼 N군까지의 모든 숫자들의 합은 어떻게 구하면 될까요? 이 군수열에서 N군까지의 합은,

$$1+(1+2)+(1+2+3)+(1+2+3+4)+(1+2+3+...+N)$$

이 되겠죠? 이걸 하나 하나 다 더하려고 하면 엄청 지루하고 힘든 일이 될 거에요. 하지만 반복문을 사용한다면 어렵지 않겠죠? 알고리즘을 만들어볼까요?

다중반복문이 들어간 알고리즘을 짤 때 가장 중요한 것이 뭐라고 했죠? 바로, 가장 바깥에 있는 반복문부터 만들어라! 였죠. 기억 나시나요?

이번에도 가장 바깥쪽에 있는 반복문부터 만들어볼게요. N군까지의 합을 구해야 하기 때문에 당연히 반복문도 N개가 필요해요. K가 1부터 N까지 1씩 증가하는 반복문이 필요해요.

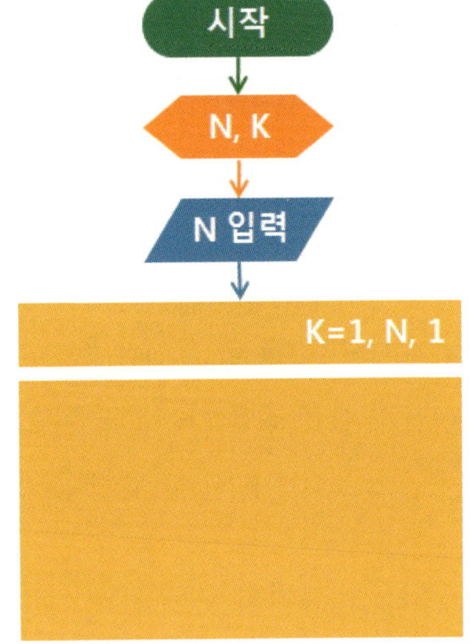

이제 안쪽에 있는 반복문을 만들어야겠죠? 안쪽에 들어갈 내용은 1부터 K까지 1씩 증가하는 반복문이에요. 왜 그런지 표를 통해 살펴볼까요?

1군1				
1				
2군				
1	2			
3군				
1	2	3	3	
…				
N군				
1	2	3	…	N

각 군에서의 K가 N까지 증가하는 걸 알 수 있어요. 따라서 K군 안에 있는 숫자들도 K개가 되겠죠? 이제 이 숫자들을 다 더해주면 되는 거에요. 일단 숫자들이 들어있는 안쪽의 반복문까지만 만들어볼까요? J가 K까지 하나씩 증가 되므로 J자체를 출력하면 되는 거에요.

1군 (K=1)				
1 (J=1)				
2군 (K=2)				
1 (J=1)	2 (J=2)			
3군 (K=3)				
1 (J=1)	2 (J=2)	3 (J=3)		
…				
N군 (K=N)				
1 (J=1)	2 (J=2)	3 (J=3)	…	N (J=K)

순서도로 나타내면 어떻게 될까요? K가 1부터 N까지 1씩 증가하는 반복문 안에 J가 1부터 K까지 1씩 증가하는 반복문이 들어가면 되겠죠?

이제 이 숫자들을 다 더하는 일만 남았네요. 일단 더한 숫자들을 담아 둘 변수가 필요하겠죠? SUM이라는 변수를 하나 만들어 줄게요. 이 변수는 초기값으로 0이 들어있어요. 이 변수에 숫자들을 더해서 담아두는 거에요. 어떤 숫자들을 담으면 될까요?

각 군에서 숫자들은 J자체가 출력되었기 때문에 J를 하나 하나씩 더해서 담으면 돼요.

1군에서는 1을, 2군에서는 1과 2를, 3군에서는 1, 2, 그리고 3을.. N군에서는 1, 2, 3, ..., N의 숫자들을 다 J에 더하는 거에요. 이것이 반복될 내용이 되겠죠! SUM 변수에 계속 더해서 쌓아나가야 하기 때문에 구조는,

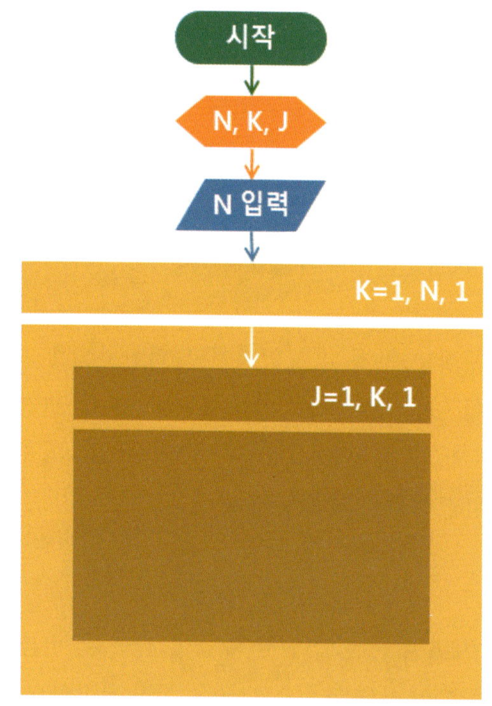

$$SUM \leftarrow SUM + J$$

가 될 거에요. SUM에다가 기존에 있던 SUM과 J를 더해서 넣는 것이죠. 하지만 기존의 SUM은 SUM과 J가 더해져서 만들어진 것이기 때문에 이 과정을 반복하면 SUM에 J를 더해서 쌓아갈 수 있어요.

이제 완성된 순서도를 볼까요?

이런 과정을 통해 입력받은 N군까지의 모든 숫자들을 더할 수 있어요. 정말 편리하죠?

그런데, 군수열에 또 다른 규칙이 있다면?

여러분, 제가 계속 말하지만, 과학자에게 가장 중요한 것은 '관찰력'이에요. 군수열을 잘 관찰해 보면 다른 규칙을 발견할 수 있을 거에요. 어쩌면 위의 알고리즘을 더 간단하게 만들 수 있을지도 몰라요.

먼저 군수열을 다시 생각해보면,
첫 번째 군은 1, 두 번째 군은 1, 2, 세 번째 군은 1, 2, 3, N 번째 군은 1, 2, 3, … , N이 되잖아요?
그리고 우리가 구하고 싶은 것은 이것들의 합이구요. 합을 구하기 위해 각 군의 합을 먼저 구해보면 어떨까요?

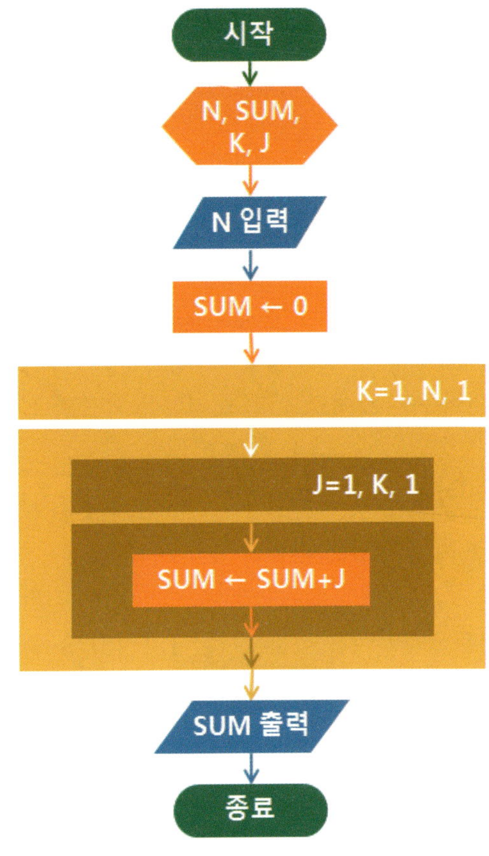

첫 번째 군은 1 하나 밖에 없기 때문에 1.

두 번째 군은 1과 2를 더해서 3.

세 번째 군은 1부터 3까지 더해서 6.

네 번째 군은 1부터 4까지 더해서 10.

다섯 번째 군은 1부터 5까지 더해서 15.

N 번째 군은 은 1부터 N까지 더해서 1+2+3+…+N

이 될 거에요. 이것들을 일렬로 나열해보면,

1, 3, 6, 10, 15, … 1+2+3+…+N

이 되겠죠? 각 군은 1부터 시작해서 +2, +3, +4, +5, … 가 되는 규칙을 갖고 있어요. 각 군의 차이가 등차수열을 이루고 있죠? 이것이 바로 '계차수열'이에요. 등차수열은 각 항들이 똑같은 차이, 즉 '공차'를 갖고 있는 거죠. 하지만 계차수열은 각 군들이 똑같은 차이를 갖고 있는 것이 아니라 하나씩 증가하고 있기 때문에 다른 관점으로 접근해야 돼요.

어떻게 접근할 수 있을까요?

먼저 각 항들을 살펴보면,

이 되겠죠?

따라서 각 군은 초항이 1이고, 공차가 1인 등차수열의 합이 되는 거에요.

지난 번에 배운 등차수열을 기억하면 쉽죠? 그리고 1부터 증가하는 숫자들의 합은 가우스의 방법으로 쉽게 구할 수 있었어요. 1부터 100까지의 합, 5050을 구할 때처럼 1부터 N까지의 합을 구하면 되는 것이죠. 1부터 N까지의 합은 1과 N을 더한 다음에 N의 반 만큼 곱해주면 되는 것이죠. 101에 50을 곱해서 5050이 나온 것처럼 말이에요.

1부터 N까지의 합 : $(1+N) * (N/2)$

가우스의 이 원리를 군수열의 합 알고리즘에도 적용할 수 있겠죠? 각 군은 1부터 K까지의 합으로 이루어져 있기 때문에 각 군의 합 또한 1부터 K까지의 합 공식을 쓸 수 있겠죠? 이것이 반복될 내용이 되는 것이에요.

이제 순서도를 만들어볼까요?

먼저 K가 1부터 N까지 반복되는 반복문이 필요할
거에요. 그리고 반복되는 내용은 1부터 N까지의 합
공식이 되겠죠? 이 공식을 SUM 변수에 차곡차곡
담아 내면 그것이 바로 N까지의 모든 수를 더하는
군수열의 알고리즘이 되는 거에요.

어때요? 우리가 전에 배웠던 가우스의 방법을 사용
해서 알고리즘을 만들었더니 더욱 간단해졌지요?
1부터 N까지 반복되는 숫자들을 잘 관찰하지 않았
다면, 간단하게 만드는 것은 힘들었을 거에요.
하지만 원리를 배우고, 관찰하고 그것을 적용할 수
있도록 노력한다면 더욱 좋은 방법을 만들어 낼 수
있는 것이죠!

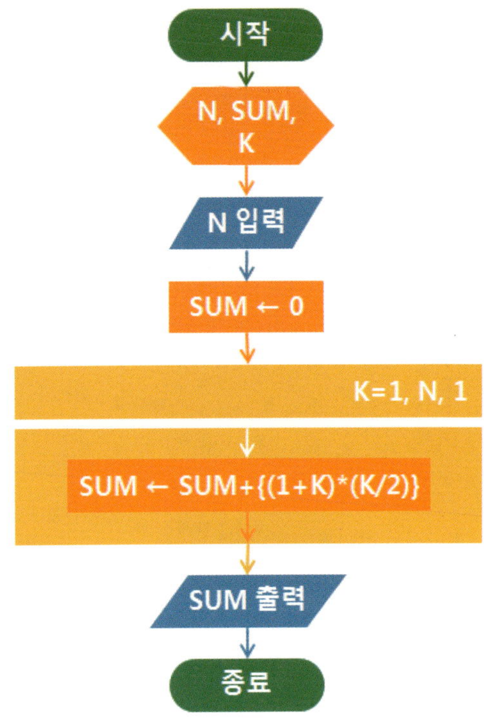

하지만 전에 말했듯이 간단하다고 다 좋은 알고리즘은 아니랍니다. 저는 개인적으로 가우스가 발견
한 합의 공식을 적용한 것보다 반복문을 두 번 쓰는 것이 더 보기 좋다고 생각해요. 왜냐하면 반복문
안에 모든 것들이 보기 좋게 담겨 있기 때문이죠. 우리가 말하는 '직관적이다.'라는 것이에요.

내가 보기 좋다고 다 좋은 구조는 아니라는걸 명심하셔야 돼요. 꼭이요!

이번에는 군수열을 출력하는 프로그램을 만들 거에요. 단순히 군수열을 출력하는 것은 '별 찍기' 예제를 통해 간접적으로 배웠죠?

이번에는 군수열의 N군까지의 합을 구하는 프로그램을 만들 거에요.

그 전에 잠깐 군수열의 구조를 살펴 볼까요?

군 \ 항	1항	2항	3항	...	N항
1군	1				
2군	1	2			
3군	1	2	3		
...					
N군	1	2	3	...	N

군수열은 군과 항으로 이루어져 있는데, 각 군은 1부터 시작해서 해당 군까지 1씩 증가하는 숫자들로 이루어져 있어요. 예를 들어 5군은 1부터 1씩 증가해서 5까지 숫자가 있는 것이죠.

우리는 입력받은 N을 통해 1군부터 N군까지 모든 숫자들의 합을 구할거에요.

01 다중반복문은 항상 바깥에 있는 반복문부터 생각해야 한다고 했죠? 그래서 군수열의 바깥에 있는 군을 먼저 반복한 다음, 군 안에 있는 항을 반복해 주어야 돼요.

가장 먼저 필요한 것은 N번 반복하는 반복문이겠죠? N을 입력받은 다음, K가 1부터 N까지 반복하는 반복문을 만들어 줄게요.

02 다중반복문은 항상 바깥에 있는 반복문부터 생각해야 한다고 했죠? 그래서 군수열 바깥에 있는 군을 먼저 반복한 다음, 군 안에 있는 항을 반복해 주어야 돼요.

항은 어떻게 하면 반복할 수 있을까요? 변수 J를 사용하면 되죠! 변수 J가 1부터 K까지 증가하는 반복문을 만들어주면 돼요. 구구단에서 만들었던 것과 비슷하죠?

03 K가 1부터 1씩 증가해서 N까지 반복하고, 이 반복문 안에 J가 1부터 K까지 1씩 증가하는 반복문을 넣어주었어요. 이제 이런 구조의 반복문은 익숙해졌지요?

04 그 다음엔 반복할 내용이 필요해요. 모든 군의 숫자들을 더해서 넣어줄 변수가 하나 필요해요. SUM이라는 변수를 하나 만들어 주어서 이 변수 SUM 안에 숫자들을 차곡차곡 더해서 넣을게요. 물론 변수 SUM에는 초기값으로 0이 들어 있구요.

그런데, 변수 SUM에 무엇을 넣어주어야 할까요? 우리가 만든 반복문은 1군부터 N군까지 모든 항을 출력하는 반복문이에요. 이 반복문은 J를 통해 출력되는 것이죠. 따라서 SUM에도 J를 더해서 넣으면 되겠죠?

변수 SUM에 SUM과 J의 합을 넣는 블록이에요. 이 블록은

이 블록과 같다는 것 알고 있지요? 어느 것을 쓰든지 상관 없어요.

05 이제 SUM을 출력해 주기만 하면 N군까지의 합이 출력될 거에요. 스크립트를 완성해 볼까요?

06 이제 스크래치 고양이가 군수열의 합을 제대로 말하는지 볼까요? 5군까지의 합을 물어볼 거에요. N 에 5를 입력하면 되겠죠?

1+
1+2+
1+2+3+
1+2+3+4+
1+2+3+4+5
=35

5군까지의 합은 35에요. 스크래치 고양이가 35를 말할 수 있을까요?

와우~! 스크래치 고양이가 정말 35를 말했어요. 이제 1군부터 N군까지의 합을 출력하는 프로그램이 완성되었어요! 참 재미있죠?

07 그런데 여러분! 반복문을 두 번 쓰는 것보다 더 쉬운 방법이 있다는 것을 아시나요?

잘 보면 각 군은 1부터 K까지의 등차수열의 합으로 이루어져 있어요. 첫 번째 숫자가 1, 마지막 숫자가 K 그리고 모두 K개의 숫자로 이루어저 있죠.

우리는 이 사실을 이용해서 가우스의 방법을 사용할 거에요. 가우스가 등차수열을 구할 때 첫 번째 숫자와 마지막 숫자들 더한 다음 모든 숫자의 개수를 반으로 나눈 만큼 곱해 주었었죠?

(첫 번째 숫자 + 마지막 숫자) / (전체 숫자의 개수/2)
=(1+K)/(K/2)

각 군의 합을 공식으로 정해놓고, 반복문을 돌리면 돼요. 각 군은 1부터 1씩 증가해서 K까지 반복되는 등차수열의 합으로 이루어져 있기 때문이죠! 이 등차수열의 합을 변수 SUM에 더해서 넣어주면 돼요!

08 이 공식을 SUM에 넣어주면서 안에 들어있던 반복문을 하나 없애주면 돼요. 변수 J를 사용한 반복문 말이에요. 이미 공식 자체가 등차수열의 합을 구하는 것이기 때문에 변수 J를 사용해서 군의 합을 구할 필요가 없는 것이죠!

다중반복문을 사용하지 않고서도 군수열의 합을 구할 수 있게 되었어요! 우리가 기존에 배웠던 것을 응용해서 새로운 알고리즘을 만들어 낸 것이죠! 어때요? 참 신기하지 않나요?

여러분, 많은 지식을 알고 있는 것도 굉장히 중요한 일이에요. 하지만! 적은 지식을 갖고 있더라도 그 지식을 제대로 사용할 줄 아는 것이 훨씬 중요하답니다! 그것이 바로 '지혜'이지요. 지식만을 갖춘 사람은 지혜로운 사람을 이길 수 없답니다! 우리 같이 지혜로운 사람이 될 수 있도록 노력해요! 화이팅!

QR코드를 통해 동영상 강좌를 보실 수 있습니다.

Unit 01　공식 외우기 싫다옹! – 등차수열의 합 공식

지난 번에 배운 가우스의 방법, 시그마, 등차수열, 군수열, 계차수열 등을 종합해서 등차수열의 합 공식을 배워볼 거에요.

제가 등차수열의 합 공식을 따로 쓰는 이유는 제 학창시절과 관련이 있어요.

여러분 혹시 근의 공식을 아시나요? 저는 학교 다닐 때 수학을 참 못했지만, 근의 공식만은 까먹지 않고 외우고 있답니다. 맞으면서 외웠기 때문이에요. 마치 버튼을 소리가 나는 인형처럼, 근의 공식에 대해 떠올리면 자동적으로,

'이에이분의마이너스비플러스마이너스루트비제곱마이너스사에이씨'

$$X = \frac{-b \pm \sqrt{b^2 - 4ac}}{2a}$$

라고 튀어나오는 것이죠. 지금도 근의 공식의 원리는 잘 모르겠어요. 이차방정식의 해를 구할 때 쓰는 공식이란 것을 알지만 증명 원리는 잘 모르는 것이죠. 왜? 주입식 교육을 받았으니까요!

이와 비슷한 공식이 하나 있는데요, 그것이 바로 등차수열의 합 공식이에요. 등차수열의 합 공식이란,

$$Sn = \frac{1}{2}n(2a + (n-1)d)$$

이런 공식인데요, 근의 공식만큼 복잡하죠? 여기다가 초항 a, 공차 d, 일반항 n을 대입하고 합을 구하는 공식이죠.

정말 복잡해 보이나요? 하지만 여러분들은 이미 이 공식을 알고 있답니다! 이 책을 통해서요! 등차수열의 합 공식이 어떻게 만들어졌는지 볼까요?

먼저 다시 가우스의 방법으로 돌아가 볼게요. 1부터 100까지 더하는 방법 말이에요. 가우스는 1부터 100까지 더하기 위해 맨 첫 번째 숫자인 1과 맨 마지막 숫자인 100을 더한 다음 50을 곱했죠? 50은 100개의 숫자의 절반에 해당되는 숫자에요. 어렵지 않죠? 초등학생들 배우는 개념이니까 말이에요.

이것이 바로 등차수열의 합 공식이랍니다.

먼저 1에 해당되는 첫 번째 항을 A라고 할게요. 알파벳의 맨 처음 글자인 A를 따서 A라고 한 거에요. 그리고 맨 마지막 숫자인 100에 해당되는 숫자를 L이라고 할게요. 마지막이라는 뜻의 영단어 Last의

첫 글자를 따서 L이라고 한 거에요. 그리고 D는 공차, N은 항의 개수에요.

공차에 대해서 잠깐 복습해보면,
1, 2, 3 과 같이 차이가 이전 항과 다음 항의 차이가 1이라면 공차가 1인 등차수열이 되는 것이고,
1, 3, 5 와 같이 이전 항과 다음 항의 차이가 2라면 공차가 2인 등차수열이 되는 것이에요. 기억나죠?

가우스가 발견했던 숫자는 1부터 1씩 증가해서 100까지 되는 숫자였죠?

$$1+2+3+...+100$$

이 등차수열은 초항 A가 1, 공차 D가 1, 마지막 숫자 L이 100 그리고 항(숫자)의 개수 N이 100인 등차수열로 정의할 수 있는 거에요. 어렵지 않죠?

그리고 이 등차수열의 합을 생각해보면, 첫 번째 숫자인 1과 마지막 숫자인 100을 더한 다음, 50을 곱하는 것이었죠? 이것을 A, D, L 그리고 N을 사용해서 나타내보면,

$$(A+L) * (N/2)$$

위와 같이 되는 거에요. 그렇죠?

그 다음엔 L을 바꿔줄 필요가 있어요. 사실 L은 등차수열의 마지막 항이기 때문에 A와 D 그리고 N으로 나타낼 수 있기 때문이죠. 여기서 필요한 것이 바로 등차수열의 일반항 공식이에요. 등차수열의 일반항 공식은 지난 번에 배웠죠?

첫째 항에 공차와 N-1을 곱한 것이 바로 등차수열의 일반항이 되는 거에요.

$$A+(N-1) * D$$

만약 어떤 등차 수열에서 세 번째 위치에 있는 숫자를 알고 싶다면 N자리에 3을 넣고 첫째 항과 공차를 넣어주면 되는 것이죠. 참 쉽죠?

이 등차수열의 일반항을 위의 공식의 L자리에 넣어주면 되는 것이죠. 등차수열의 일반항에서 N번째 항까지 존재하는 일반항은 N번째 항이 마지막 항이기 때문이에요.

$$(A+A+(N-1) * D) * (N/2)$$

이렇게 하면 우리가 앞서 배웠던

$$Sn = \frac{1}{2}n(2a+(n-1)d)$$

이 공식과 같다는 것을 알 수 있어요. 어렵지 않죠? 하지만 공식만 외우면 이 공식이 어떻게 해서 만들어졌는지 알 수 없죠.

다른 사람은 몰라도, 이 책을 읽은 학생이라면 등차수열의 합을 구할 때 등차수열의 합 공식을 대입해서 쓰진 않겠죠? 등차수열의 첫째 항과 마지막 항(N항)을 구해서 더해준 다음, N의 반 만큼 곱해주는 것이 훨씬 직관적이고 빠르니까요.

실제 문제를 볼까요? 다음 문제는 2015학년도 대학수학능력시험 수학영역 A형 17번 문제에요.

17. 등차수열 $\{a_n\}$이 $\sum\limits_{k-1}^{n} a_{2k-1} = 3n^2+n$을 만족시킬 때, a_8의 값은? [4점]

무려 4점짜리 문제에요. 수학 문제 중에서 가장 점수가 높은 문제에요. 우리가 배운 내용으로 한 번 풀어볼까요?

등차수열에 관한 문제네요. 먼저 수식에 k을 대입해 볼까요? 2k-1 수식에 1을 대입하는 것은 k가 1부터 1까지의 합이라는 뜻이고, 2를 대입하는 것은 1항과 3항의 합이라는 뜻이에요. 2항은 넣으면 안돼요. 2k-1은 다른 말로 '홀수'라는 뜻이기 때문이죠!

2k-1에서 k자리에 1을 넣어보세요. 2 * 1-1이 되겠죠? 1이네요. 그리고 $3n^2+n$에서 n자리에도 1을 넣어주세요. $3(1)^2+1$이 되겠죠? 3+1이니 4가 되네요.

즉 이 등차수열의 첫 번째 항부터 첫 번째 항까지의 합은 4가 되는 거에요. 이것이 바로 N이 1일 때 등차수열, 즉 초항이 되는 것이죠.

그 다음엔 k에 2를 넣어 볼까요?

k에 2를 넣었더니 2k-1은 3이 되었고, $3n^2+n$은 14가 되었어요. 이것은 등차수열의 첫 번째 항과 세 번째 항의 합이 14라는 뜻이죠.
그런데 우리는 첫 번째 항을 알고 있으니 세 번째 항이 무엇인지 알아낼 수 있겠죠?

첫 번째 항과 세 번째 항의 합이 14인데, 첫 번쎄 항이 4라고 했어요. 그러니 세 번째 항은 14에서 4를 뺀 10이 되겠네요. 참 쉽죠?

이 수열은 초항이 4, 세 번째 항이 10인 수열이에요. 두 번째 항도 구할 수 있을까요? 첫 번째 항과 세 번째 항의 차이가 6이죠? 10에서 4를 뺀 값이에요. 그런데 첫 번째 항과 두 번째 항의 차이, 두 번째 항과 세 번째 항의 차이가 같아야 하기 때문에 이 수열의 공차는 3이 되겠죠? 6을 반으로 나눈 값이에요.
첫 번째 항이 세 번째 항으로 되려면 공차를 두 번 더해주어야 하잖아요? 그래서 6을 반으로 나눈 것이에요. 이제 두 번째 항도 구할 수 있겠네요.

초항에서 공차를 한 번 더해주면 두 번째 항이 되겠죠? 4에 3을 더하면 7이 될 거에요. 두 번째 항은 7이네요.

이제 이 수열의 구조가 보이기 시작했어요.

> **첫 번째 항 : 4**
>
> **두 번째 항 : 7**
>
> **세 번째 항 : 10**
>
> **...**
>
> **N 번째 항 : 초항이 4이고 공차가 3인 등차수열 = 4+(N−1)3**

그런데 이 17번 문제는 여덟 번째 항이 무엇인지 묻고 있어요. N자리에 8을 넣어주어도 되고, 세 번째 항에 공차를 다섯 번 더해주어도 돼요. 사실 그게 그거지만요.

그러면 답은 25가 나오겠지요? N자리에 여덟 번째를 뜻하는 8을 넣어서 구해도 되고, 세 번째 항이 10이라는 것을 알았으니 공차를 다섯 번 더해주어서 여덟 번째 항으로 만들어도 돼요.

만약 이 등차수열의 합을 구한다면 어떨까요? 저라면 여덟 번째 수열을 묻지 않고 여덟 번째 수열까지의 합을 물어봤을 텐데요. 한 번 구해볼까요?

첫 번째 항이 4라는 것을 알고, 여덟 번째 항이 25인 것을 구했으면, 4와 25를 더해서 29를 만들고 거기에다가 8을 2로 나눈 4를 곱해주면 되겠죠? 116이 나오네요.

이것이 바로 수능 수학 4점짜리 문제에요. 참 쉽죠? 아마 정답률이 높은 문제일거에요. 수능 문제가 위의 문제처럼 쉬운 문제만 있는 것은 아니에요. 하지만 수열의 구조를 알면 그 어떤 문제라도 풀어낼 수 있을 거에요!

답을 구하는 것보다 문제를 해석하고 수열의 구조를 아는 것이 중요하다는 것! 잊지 마세요!

Unit 01   주사기가 아니냐옹? 다행이다옹! – 주사위와 경우의 수

은비는 주사위 두 개를 갖고 있어요. 정육면체로 이루어진 이 주사위는 각 면에 1부터 6까지 표시되어 있어요.
이리 저리 주사위를 굴리면서 가지고 놀던 은비는 궁금한 것이 생겼어요.

'숫자 7을 만들기 위해선 몇 개의 경우의 수가 있을까?'

숫자 7을 만들기 위해선 두 개의 주사위가 각각 아래와 같이 나오면 돼요.

> **1 과 6**
>
> **2 와 5**
>
> **3 과 4**
>
> **4 와 3**
>
> **5 와 2**
>
> **6 과 1**

하지만 1, 6이 6, 1과 같은 경우이고, 2와 5, 3과 4 또한 같은 경우가 있으니, 이러한 경우들을 제외하면,

> **1 과 6**
>
> **2 와 5**
>
> **3 과 4**

가 될 거에요. 총 세가지 경우이죠.

이제 우리는 은비가 궁금해 하는 것을 프로그램을 통해 풀어주기로 했어요. 알고리즘을 만들어 볼까요?
입력받는 숫자 N에 대해서 몇 개의 경우의 수가 존재하는지 출력해주는 프로그램이에요. N은 2부터

12사이의 숫자 중에서 입력받아야겠죠? 주사위 두 개를 굴렸을 때 최소값은 2가 될 것이고, 최대값은 12이기 때문이에요.

우선 생각나는 것은 다중반복문을 써야 한다는 것이죠. 또 무엇이 있을까요? 중복되는 숫자를 제외해야 하기 때문에 경우의 수를 구하고 반으로 나누어주면 될까요?

합해서 4가 되는 경우를 볼게요. 주사위 두 개를 굴려서 합이 4가 되려면,

1 과 3
2 와 2
3 과 1

이 될 거에요. 그 중에서 중복되는 3 과 1 을 없애주면 두 가지 경우만 남죠. 3을 반으로 나누면 1.5가 되기 때문에 이 방법은 맞지 않네요. 다른 방법은 무엇이 있을까요?

이 문제에서 중요한 것은 맨 처음에 합해서 나오는 숫자가 주어진 다는 것이에요. 그리고 주사위 두 개를 굴려서 그 숫자를 만들기 때문에 주어진 숫자의 반절보다 큰 숫자끼리 더해서 그 숫자를 만들 수는 없죠.

예를 들어서,
8이라는 숫자의 반은 4인데, 4보다 큰 숫자를 두 번 더해서 8을 만들 수는 없어요. 4보다 큰 5를 두 번 더하면 10이 되죠?
즉, 주어진 숫자의 반절까지만 반복문을 돌리면 그 다음부터 조합되는 숫자는 중복된다는 것이죠. 마치 데칼코마니 같이 중앙을 반으로 나누면 양 쪽이 똑같아지는 것과 같아요. 약수를 구할 때에도 비슷한 방법을 썼었죠? 약수는 곱셈이었지만 주사위는 덧셈이니 더 간단할 거에요.

더해서 나오는 숫자가 7인 경우를 다시 생각해 볼까요?

(1, 6), (2, 5), (3, 4), (4, 3), (5, 2), (1, 6)

을 보면 (3, 4)와 (4, 3)의 중간을 반으로 정하고 양쪽의 숫자들이 같은 조합인 것을 알 수 있어요. 그러니 첫 번째 주사위가 1부터 3까지만 반복해도 되는 것이에요.

8인 경우도 볼까요?

(4, 4)를 중심으로 양쪽의 숫자들이 같은 조합인 것을 알 수 있어요. 여기서 첫 번째 주사위에서 나온 숫자 4가 바로 8의 절반이 되는 것이죠. 어렵지 않죠?

따라서 만약 8이라는 숫자가 주어진다면 반복문을 4까지만 돌리면 되는 것이에요. 7과 9처럼 나누어 떨어지지 않는 숫자라면 2로 나눈 몫만 사용하고 나머지는 버리면 돼요. 7을 2로 나누면 몫이 3, 나머지가 1이 되겠죠? 3까지만 반복문을 돌려도 돼요. 이 원리를 이용해서 알고리즘을 만들어 볼까요?

먼저 가장 바깥에 있는 반복문을 만들어줘야 돼요. 몇 번 반복하게 하면 될까요? 여태까지는 주어진 숫자만큼 반복하는 반복문이 많았지만, 이번에는 주어진 숫자를 2로 나눈 몫 만큼 반복하면 돼요. K가 1부터 N을 2로 나눈 것 만큼만 반복하면 되는 것이죠.

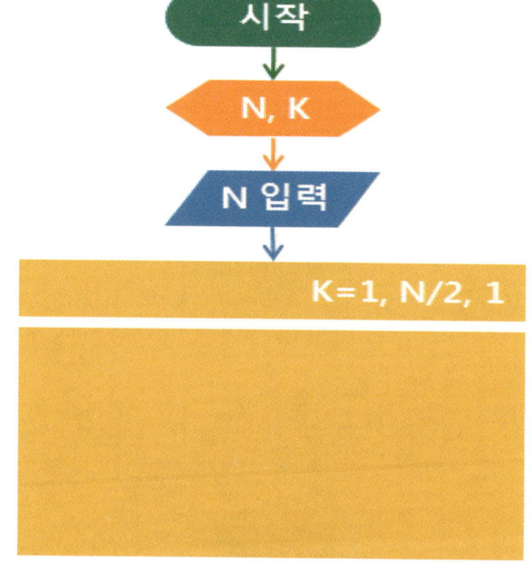

그 다음, 안쪽에 있는 반복문을 볼까요?
안쪽에 있는 반복문은 J가 1부터 6까지 반복하면 돼요. 주사위의 눈은 1부터 6까지 있기 때문이죠. 여기서 J는 K에 따라서 달라지는 것 없이 항상 1부터 6까지 반복하면 돼요.

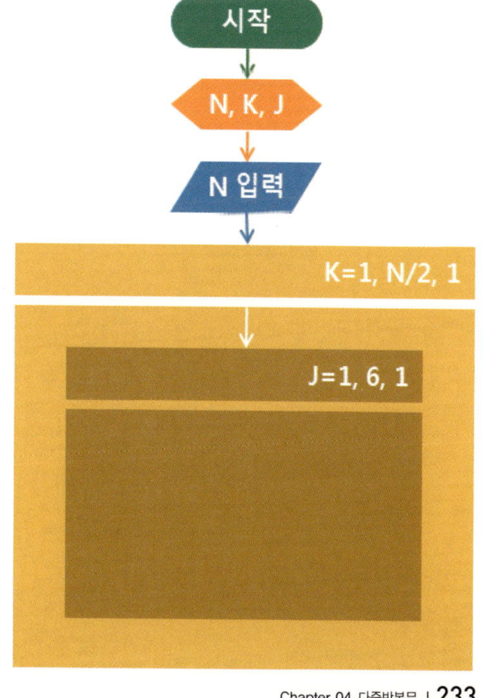

이제 반복할 내용이 필요하겠죠?

첫 번째 주사위를 K, 두 번째 주사위를 J라고 했을 때 K와 J의 합이 N이 되어야 하는 것, 알고 있지요? 따라서 K와 J를 더해서 N이 나오면 그것이 경우의 수가 되는 것이죠. 은비는 모든 경우의 수를 알고 싶다고 하였으니, COUNT라는 변수를 하나 만들어서 경우의 수가 있을 때마다 하나씩 더해주면 될 거에요. COUNT에는 초기값으로 0이 들어 있고 K와 J가 더해서 N이 될 때마다 1씩 더해주면 되는 것이죠. 마지막에 COUNT를 출력해주면 은비가 알고 싶었던 모든 경우의 수가 나오겠죠?

내용이 조금 복잡할 수도 있으니 숫자를 넣어 구체적으로 살펴볼까요?
N이 8이라면,
먼저 K는 1부터 4까지 반복되는 반복문이 될 거에요. 4는 8의 반이기 때문이죠.
그 다음에 J는 1부터 6까지 반복되는데, K와 J의 합이 8이 될 때 COUNT가 1씩 추가되는 것이죠.

K=1					
J=1	J=2	J=3	J=4	J=5	J=6
K+J=2	K+J=3	K+J=4	K+J=5	K+J=6	K+J=7
K=2					
J=1	J=2	J=3	J=4	J=5	J=6
K+J=3	K+J=4	K+J=5	K+J=6	K+J=7	K+J=8 (COUNT ← COUNT +1)
K=3					
J=1	J=2	J=3	J=4	J=5	J=6
K+J=4	K+J=5	K+J=6	K+J=7	K+J=8 (COUNT ← COUNT +1)	K+J=9
K=4					
J=1	J=2	J=3	J=4	J=5	J=6
K+J=5	K+J=6	K+J=7	K+J=8 (COUNT ← COUNT +1)	K+J=9	K+J=10

K와 J가 8이 될 수 있는 조합은 K가 2이고 J가 6일 때, K가 3이고 J가 5일 때, K가 4이고 J가 4일 때 가 있겠죠? 총 세 가지 경우의 수가 있고 각 경우의 수 마다 COUNT 변수에 1씩 더해주었어요. 표를 보면 쉽게 알 수 있죠? N은 2부터 12까지 입력 될 수 있다고 했으니, 이런 표를 11개 만들 수 있는 거에요. 그러기엔 너무 많죠?

이제 순서도로 나타내어 볼까요?

이 알고리즘을 이용하면 1부터 6까지 있는 주사위가 아니라 1부터 100까지 있는 주사위라고 해도 적용할 수 있어요.

어떤 알고리즘을 만들 땐 항상 확장이 가능할 수 있게 만드는 것이 매우 중요해요. 입력되는 수가 바뀔 수 있고 여러 가지 정해진 것들 또한 수정될 수 있으니 항상 모든 요소들이 바뀌고, 추가될 수 있다는 것을 고려해야 돼요.
은비가 가지고 놀던 주사위는 6개까지 밖에 없었지만, 6보다 큰 숫자를 가진 주사위가 생길 수도 있잖아요?

그리고 내가 만든 알고리즘이라고 해도 나중에 내가 수정하지 않을 수도 있어요. 내가 처음 만들었지만 다른 사람들이 나의 알고리즘을 수정, 보완해서 더 좋게 만들 수도 있으니까요. 그래서 중요한 것이 '보기 좋은' 알고리즘을 만드는 것이고, 확장과 수정이 수월하게 만드는 것이에요.

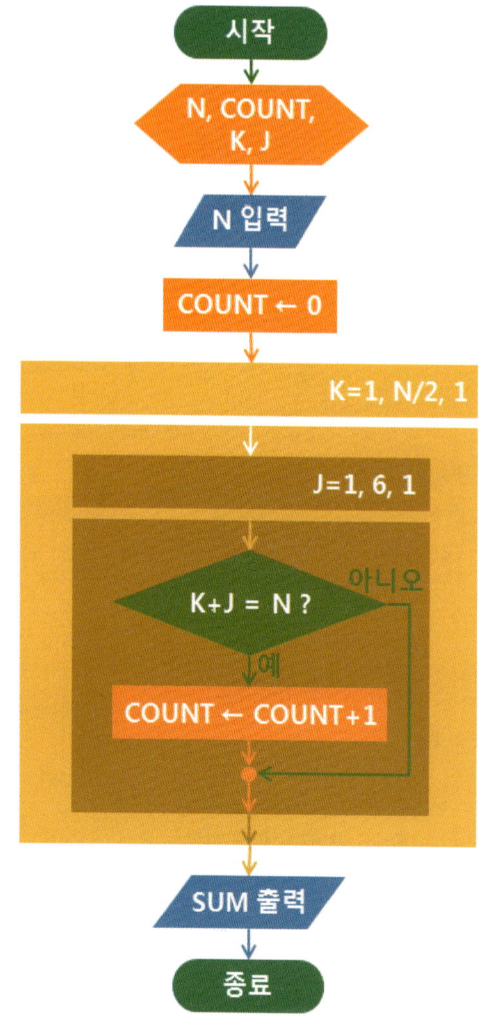

이 세상은 우리 혼자 사는 것이 아니잖아요? 우리가 만든 것들도 다른 사람들이 사용할 수 있으니 언제나 타인을 배려하는 마음을 갖는 것이 중요해요. 혼자서는 하나 밖에 만들지 못하던 것도 둘 이서는 세 개, 네 개, 여러 개 만들어 낼 수 있는 것이 사람이니까요. 사람 인(人)자도 서로 기대어 있는 모습이니, 여러분도 이타적인 사람이 되리라 믿어요!

이번에 만들 프로그램은 다중반복문 안에 조건문이 들어가있는 반복문이에요. 반복문 안에 반복문이 들어있고, 또 안에 있는 반복문 안에 조건문이 들어있는 것이죠. 재밌겠죠?

01 제일 먼저 숫자 N을 입력받아야돼요. 주사위 두 개를 굴려서 숫자 N이 나올 수 있는 경우의 수를 모두 구해야 하기 때문이죠.

02 그 다음에는 바깥에 있는 반복문을 생각해야 돼요. 바깥에 있는 반복문은 변수 K를 이용할 거에요. 하지만 K가 N까지 반복하는 반복문은 아니에요. N의 반만큼 반복하는 것이죠. K가 1부터 1씩 증가해서 N/2까지 반복하는 반복문이에요. 주사위가 두 개이기 때문에 N/2까지 반복하는 거에요. 어렵지 않죠?

03 이제 반복문 안에 반복문을 넣어주어야 돼요. 변수 J를 이용할 거에요. 변수 J가 1부터 1씩 증가해서 6까지 반복되는 반복문이에요. 왜 6까지 일까요?
주사위의 눈이 6까지 있기 때문이죠! 하핫!

04 K가 1부터 1씩 증가해서 N/2까지 반복하는 반복문 안에 J가 1부터 1씩 증가해서 6까지 반복하는 반복문이 완성되었어요!

05 이제 이 반복문에 반복될 내용이 필요해요. 경우의 수를 구하는 프로그램을 만들고 있기 때문에 경우의 수를 담을 변수를 하나 만들어 줄 거에요. COUNT라는 변수를 하나 만들어 줄게요. 이 변수에 반복문을 돌려서 경우의 수가 생길 때마다 1씩 더해주는 것이죠. 말 그대로 수를 세는 변수에요.

 그렇다면 어떤 조건이 필요할까요? 간단하죠! 첫 번째 주사위가 K였고, 두 번째 주사위가 J였죠? 따라서 두 주사위 눈의 합이 우리가 입력한 N이 되면 되는 것이죠. 주사위 두 개를 굴려서 N이 되는 경우를 찾는 것이니까요!

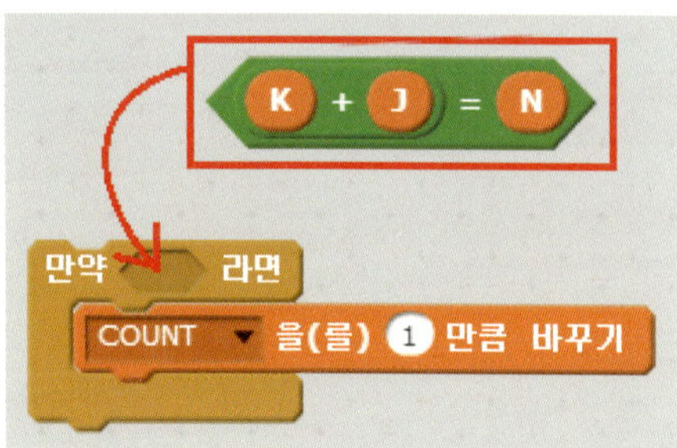

07 이제 조건문을 반복문에 넣어주면 돼요. 조건문이 들어갈 위치는 안쪽에 있는 반복문 안에 넣어야겠죠? 그래야 변수 K와 J가 계속 변하는 동안 조건에 맞는 것을 찾을 수 있으니까요!

08 이제 다중반복문 안에 조건문이 들어간 블록이 완성되었어요. 다중반복문의 변수가 K와 J가 계속 변하면서 조건문의 조건을 만족할 때 변수 COUNT에 1이 추가되는 것이죠. 참 쉽죠?

09 모든 블록들이 준비되었어요. 스크립트를 완성해 볼까요?

두 주사위 눈의 합이 될 숫자를 입력받아 변수 N에 넣어준 다음, 경우의 수를 세어줄 변수 COUNT에 초기값으로 0을 넣어주었어요.

K가 1부터 1씩 증가해서 N/2까지 반복하는 반복문 안에 J가 1부터 1씩 증가해서 6까지 반복하는 반복문을 넣어주었어요.

이 다중반복문 안에 두 주사위 눈의 합이 N이 될 때 변수 COUNT에 1을 더해주었구요.

마지막으로 변수 COUNT를 출력해주면 끝이에요! 참 쉽죠?

10 스크래치 고양이를 통해 확인해 볼까요? 두 주사위의 눈이 6이 나오는 경우를 볼게요.

(1, 5), (2, 4), (3, 3), (4, 2), (5, 1)

이 되겠죠? 하지만 (1, 5)와 (5, 1)이 중복되고, (2, 4)와 (4, 2)가 중복되고 있어요. 따라서 중복되는 경우의 수를 없애주면 경우의 수는 3개가 되는 것이죠. 정말로 스크래치 고양이가 3을 말하는지 볼까요?

짠! 스크래치 고양이가 경우의 수를 제대로 말했어요! 이 알고리즘을 이용하면 주사위의 눈이 6까지 있는 것이 아니라 100까지 있어도 구할 수 있을 거에요! 주사위가 하나 더 늘어난다면 반복문을 하나 더 추가해주면 되겠죠? 얼마든지 응용할 수 있어요!

사실 다중반복문에 조건문을 넣는 것은 쉽지 않은 개념이에요. 그럼에도 여기까지 잘 따라와 주어서 참 고마워요. 처음에는 어려워 보여도, 막상 다 만들고 나면 어렵지 않죠? 또 재미도 있구요. 하하. 앞으로도 열심히 공부해요! 화이팅!

QR코드를 통해 동영상 강좌를 보실 수 있습니다.

Unit 01 완전 예쁜 수 아니냐옹? – 완전수

지난 번에 배웠던 카프리카 상수에 또 하나의 신기한 숫자를 배워볼까요?

완전수(Perfect Number)란, 말 그대로 완전한 숫자예요. 피타고라스 학파는 어떤 숫자를 완전수라고 했을까요?

이전부터 고대의 수학자들은 소수(Prime Number)와 약수(Divisor)를 특별하게 여겼는데 그 중 완전수는 약수와 관련이 있는 수예요.

자신을 제외한 약수들의 합이 자신이 되는 숫자를 완전수라고 하는 것이죠.

예를 들어, 6이라는 숫자를 볼까요?

6의 약수는 1, 2, 3, 6이 있어요. 그 중에서 자신이 6이기 때문에 6을 제외한 나머지 숫자들을 더해주면, 1+2+3 이 바로 6이 되는 것이죠. 이러한 숫자들을 완전수라고 해요. 참 신기하죠?

이제 우리는 어떤 숫자가 완전수인지 알아보는 프로그램을 만들 거에요. 1부터 10,000까지의 숫자 중 완전수는 어떤 것들이 있었는지 찾아 볼까요? 참고로 기원전에(2016년 전에) 1부터 10,000까지 숫자 중에서 네 개의 완전수를 발견했답니다. 대단하지요? 그땐 계산기도 없었는데 말이에요! 우리도 한 번 찾아볼까요?

가장 먼저 떠오르는 것은 1부터 1씩 증가해서 10000까지 반복하는 반복문이에요. 이 반복문을 만들어주면 될까요? 아니죠! 1이라는 숫자 때문에 틀렸어요. 1은 자신이 약수이기 때문에 자신을 제외한 약수가 없어요. 따라서 1은 완전수가 될 수 없는 숫자에요. 따라서 우리는 2부터 1씩 증가해서 10000까지 반복되는 반복문을 사용할 거에요.

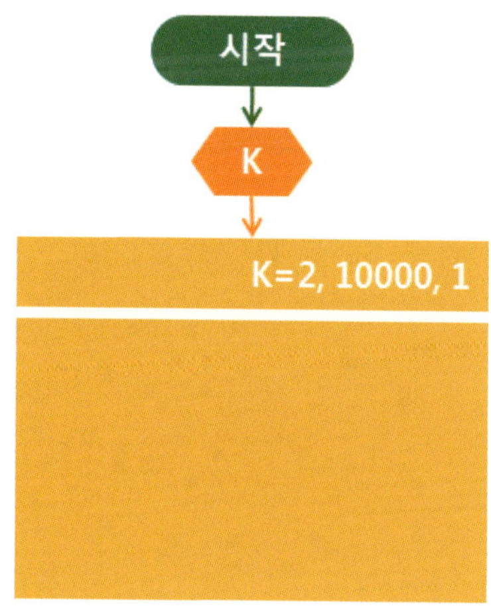

그 다음에는 K가 완전수가 맞는지 알아보는 과정이 필요하겠죠?

K의 약수 중 K를 제외한 약수들의 합이 K와 같다면 K는 완전수가 될 거에요. 이 과정을 위해 먼저 K의 약수를 구해줘야겠죠?

K의 약수는 변수 J를 통해 찾아볼게요. J가 1부터 K까지 1씩 증가하는 반복문에서, K를 J로 나누었을 때 나누어 떨어진다면 J는 K의 약수가 되는 것이죠! 하지만 완전수의 조건을 만족하기 위해서는 자신을 제외한 약수의 합이어야 하기 때문에 J가 1부터 K까지 반복하는 것이 아니라 1부터 K-1까지 반복할 거에요. K가 들어가면 안되기 때문이죠. 따라서 우리는 변수 K를 이용한 첫 번째 반복문 안에 변수 J를 이용한 반복문을 넣어줄 거에요.

J가 1부터 1씩 증가해서 K-1까지 반복하는 반복문을 넣어주는 것이죠!

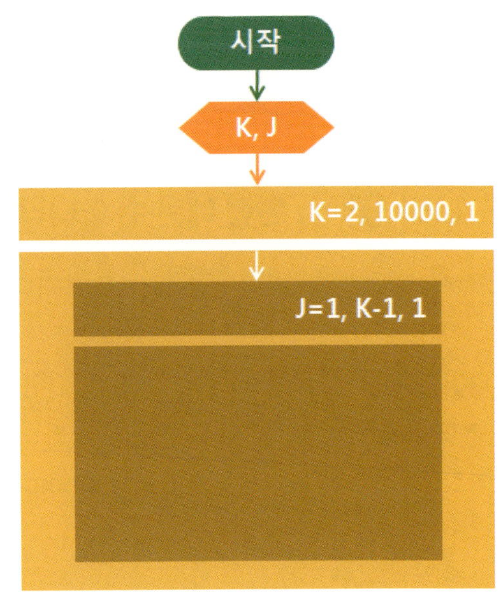

이제 반복될 내용이 필요해요. J가 K의 약수라면 J를 다 더해주어야 하겠죠? SUM이라는 변수를 하나 만들어서 이 변수 안에 J를 더해서 넣어줄게요. 물론 변수 SUM의 초기값은 0이 될 거에요. K를 J로 나누었을 때 나누어 떨어진다면 J가 K의 약수가 되는 것이죠. 이 J를 변수 SUM에 더해서 넣어주는 것을 조건문으로 만들어서 넣어줄게요.

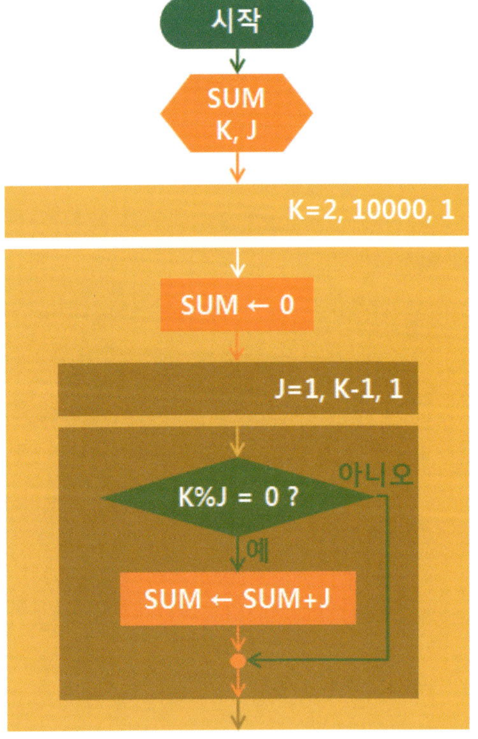

이제 반복할 내용이 정해졌으니 K가 완전수인지 확인할 수 있게 되었어요! 만약 K의 약수 중 K를 제외한 약수들의 합, 즉 SUM이 K와 같다면 K는 완전수가 되는 것이죠. 이 역시 조건문으로 만들어서 넣어주면 돼요.

우리는 이 과정을 통해 2부터 10000가지 숫자들 중에 완전수를 찾을 수 있게 되었어요! 참 대단하지요? 그런데! 시간이 너무 오래 걸려요.
처음에는 J가 1부터 2까지 반복, 그 다음에는 J가 1부터 3까지 반복.. 마지막에는 J가 1부터 10000까지 반복하는 알고리즘이죠.
이 알고리즘은 오천만 구천 구백 구십 구 번의 반복을 통해 완전수 네 개를 찾을 수 있어요. 자그마치 50,009,999번! 어떻게 하면 이 많은 숫자를 줄일 수 있을까요?

우리가 배웠던 '제곱근'을 이용하면 줄일 수 있어요! 제곱근을 이용하면 약수를 구할 때 K까지 반복하는 것이 아니라 $\sqrt{K}$ 까지 반복하면 되니까요! 모든 약수는 짝꿍이 되는 약수를 가지고 있기 때문이죠.

예를 들어,
8의 약수를 보면 1, 2, 4, 8이 있죠? 1은 8과 짝꿍이, 2는 4와 짝꿍이 되는 것이죠. 이 성질을 이용하면 100번 반복할 것을 10번 만에 해낼 수 있어요. 엄청나죠?

제곱근을 이용해 알고리즘을 수정해 볼까요?
K가 2부터 10000까지 반복하는 반복문은 그대로 두어야 해요.
우리가 고칠 것은 그 안에 들어있는 반복문이죠. J가 1부터 K가 아니라 J가 2부터 $\sqrt{K}$ 까지 반복하는 반복문으로 고쳐주면 돼요. 2부터 반복하는 이유는 완전수의 성질에 있어요. 완전수는 자기 자신을 제외하는 숫자인데, 1과 짝꿍이 되는 숫자는 자기 자신이 되잖아요? 따라서 1을 처음부터 빼주는 것이죠. 대신 변수 SUM에 1을 더해놓고 시작할 거에요. 1의 짝꿍 약수인 K가 SUM에 들어가는 방지하기 위해 1을 미리 넣고 시작하는 것이죠.

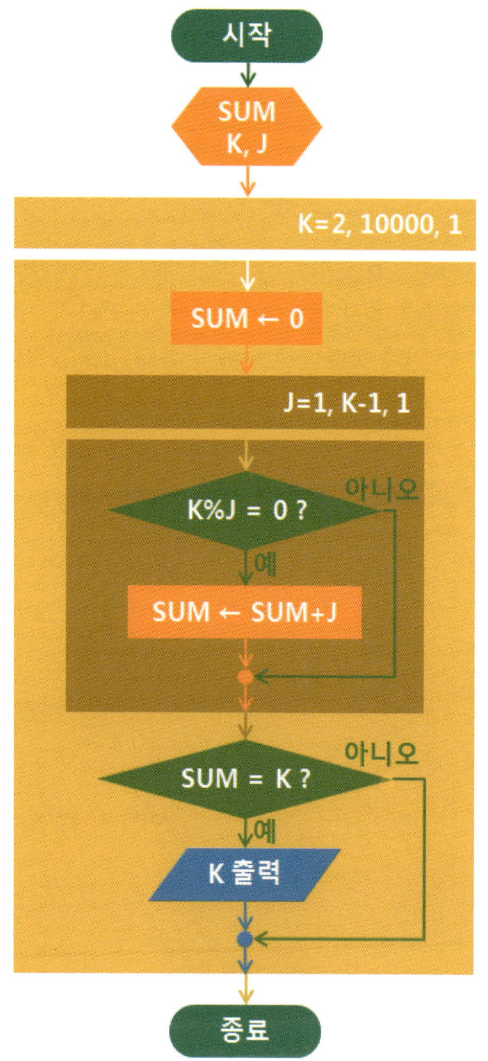

그 다음에는 반복될 내용을 고쳐주면 되겠죠?

만약 K를 J로 나누었을 때 나누어 떨어진다면, 즉 J가 K의 약수라면 SUM에 J를 더하는 것 뿐만 아니라 J의 짝꿍 약수도 더해서 넣어주면 돼요. J의 짝꿍 약수는 K/J니까요!

그런데, K가 4나 9와 같이 똑같은 수를 곱해서(제곱해서) 만들어지는 완전제곱수라면 짝꿍 약수를 더할 필요가 없죠. 그래서 약수 J와 J의 짝꿍 약수인 K에서 J를 나눈 값을 비교해 주어야 돼요. 만약 J와 K/J가 같다면 SUM에 더했던 약수를 빼주어야 하죠. SUM에서 J를 빼주는 것이에요.

수정된 내용들이 반영된 알고리즘을 볼까요?

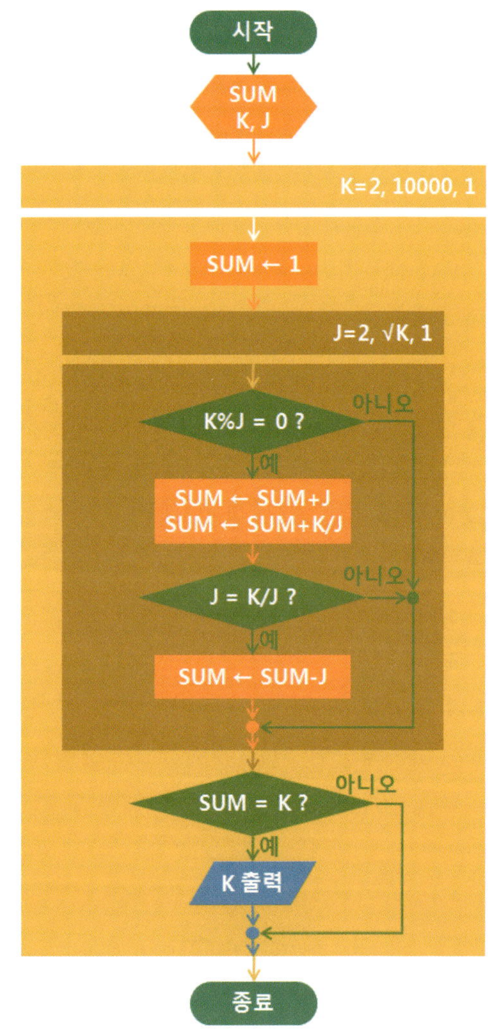

이 과정을 통해 기원전 수학자들이 밝혀낸 완전수 네 가지를 찾을 수 있겠죠? 여러분들도 찾으셨나요? 약 2000년 전 사람들이 찾았던 숫자와 비교해 보세요! 어때요? 똑같이 맞추었나요?

완전수를 구하는 과정 하나로 2000년 짜리 타임머신을 타고 여행을 갔다 온 기분이 드네요. 2000년 전 사람들도 우리와 같은 생각을 했다는 것이 참 재미있지요?

조건문과 반복문 예제의 끝. 완전수 예제를 만들어 볼 거에요! 우리가 배운 모든 것들을 활용해서 완전수를 찾아볼까요?

우리의 목표는 1부터 10,000까지 수 중에 완전수를 찾는 것이에요. 1부터 10,000 사이에 존재하는 완전수는 총 4개! 과연 찾을 수 있을까요?

01 먼저 1부터 1씩 증가하면서 10000까지 반복하는 반복문을 만들어줘야 해요. 변수 K가 1부터 1씩 증가해서 10000까지 반복하는 반복문을 만들어 줄게요.

02 그리고 이 반복문 안에 K의 약수를 구할 반복문이 필요해요. 변수 J를 이용하면 되겠죠? 만약 K를 J로 나누었을 때 나누어 떨어지면 J는 K의 약수가 되니까요!

J가 1부터 1씩 증가해서 K까지 반복되는 반복문을 만들어주면 될까요?

아니죠! J가 1부터 K까지 반복하는 것이 아닌 K-1까지 반복해야 되죠! 완전수의 조건에서는 자기 자신이 들어가지 않으니까, K보다 하나 작은 숫자까지 반복해야 돼요.

J가 1부터 1씩 증가해서 K-1까지 반복하는 반복문을 만들어 줄게요. 이 반복문을 이전에 만들었던 반복문 안에 넣어주면 되는 것이죠!

03 이제 반복될 내용이 필요하겠죠?
반복될 내용은 K를 제외한 K의 약수를 모두 다 더한 다음, 그것이 K와 같은지 아닌지 판별하는 것이에요. K를 제외한 약수는 변수 SUM에 넣어줄 거에요. 변수 SUM에는 초기값으로 0이 들어있어요.

04 K를 J로 나누었을 때 나누어 떨어진다면 J를 SUM에 더해 넣는 것이죠. 조건문을 반복문에 넣어주면 되겠죠?

05 이제 변수 SUM에 K를 제외한 K의 약수가 더해지게 되었어요. 이 변수 SUM이 K와 같다면 K는 완전수가 되겠죠?

06 이제 모든 블록을 결합해서 스크립트를 완성해 줄까요?

07 K가 1부터 1씩 증가해서 10000까지 반복하는 반복문 안에

SUM에 0으로 정해주고, J를 1로 정해주면서

J가 1부터 1씩 증가하면서 K-1까지 반복하는 반복문이 있어요.

이 반복문은 K를 J로 나누었을 때 나머지가 0이라면 SUM에 J를 더해주는 내용이 있구요. 이 반복문이 반복된 다음, SUM이 K와 같다면 K가 완전수라는 것이죠! 이 완전수를 출력해주면 프로그램이 완성돼요!

08 이제 이 스크립트를 실행시켜 볼까요? 1부터 10,000까지의 숫자 중에 완전수는 무엇이 있을까요?

$6 = 1 + 2 + 3$
$27 = 1 + 2 + 4 + 7 + 14$
$496 = 1 + 2 + 4 + 8 + 16 + 31 + 62 + 124 + 248$
$8128 = 1 + 2 + 4 + 8 + 16 + 32 + 64 + 127 + 254 + 508 + 1016 + 2032 + 4064$

6, 27, 496, 8128로 총 4가지 숫자가 있네요! 과연 스크래치 고양이가 완전수를 찾아낼 수 있을까요?

찾아내긴 찾아내는데..
6, 27 그리고 496까지는 금방 찾아내는 것을 알 수 있어요! 하지만 8128은?
어~엄~처~엉 오래 걸리죠? 약 오천만 번이 반복되다 보니 시간이 오래 걸릴 수 밖에 없는 것이죠.
우리가 스크래치 고양이를 위해서 알고리즘을 빠르게 만들어 볼까요?

09 먼저 첫 번째 반복문부터 수정해줄 필요가 있어요. K가 1부터 1씩 증가해서 10000까지 반복하는 것이 아니라 2부터 시작하는 것이죠. 완전수의 개념을 잘 보면 자신을 제외한 약수의 합과 자신이 같아야 하잖아요? 하지만 1은 약수가 자신 하나 밖에 없기 때문이죠. 따라서 1은 애초에 완전수가 될 수 없었어요. 그래서 우리는 K가 2부터 시작하는 반복문을 만들어줄 거에요.

10 이 반복문 안쪽에 들어가는 반복문 또한 수정해주어야 돼요. 원래는 J가 1부터 1씩 증가해서 K까지 반복하는 반복문이었죠?

하지만 우리는 약수가 짝꿍을 갖고 있다는 성질을 알기 때문에 J가 K까지 반복할 필요 없이 $\sqrt{K}$까지 반복한 다음 짝꿍이 되는 약수를 찾아줄 수 있어요.

그런데 완전수는 1과 짝꿍이 되는 약수가 포함되지 않아요. 자기 자신이 포함되지 않는 것이죠. 따라서 약수 또한 1이 아닌 2부터 $\sqrt{K}$까지 구해줄 거에요. 1은 모든 수의 약수가 되니까 SUM에 미리 담아두면 되는 것이죠.

11 이제 반복될 내용이 필요하겠죠? K의 약수가 되는 J를 SUM에 더해서 넣어주면 돼요. 그런데 이번에는 J만 넣는 것이 아니라 J와 짝꿍이 되는 약수도 넣어주는 것이죠. J가 짝꿍이 되는 약수는 K에서 J를 나눈 값이 되겠죠?

8의 약수 중 2는 4와 짝꿍이 돼요. 4는 8에서 2를 나눈 값이기도 하죠.

만약 K를 J로 나누었을 때 나누어 떨어진다면, SUM에 J와 K/J를 더해서 넣어주는 것이죠.

12 그런데! 4, 9, 16과 같은 완전제곱수는 같은 수가 두 번 곱해져서 만들어진 숫자잖아요? 따라서 짝꿍이 되는 약수가 없는 '왕따' 약수가 존재하죠. 이 왕따 약수가 SUM에 두 번 더해져 들어가는 것을 막아주어야 돼요! 그래서 J와 K/J가 같다면, 두 번 더해져 들어간 약수를 다시 한 번 빼주어야 되는 것이죠.

13 이제 이 조건문들을 합쳐서 반복문에 넣어주어야 돼요. K의 약수인 J에 대한 조건문이기 때문에 J가 2부터 1씩 증가해서 √K까지 반복되는 반복문에 넣어주면 돼요.

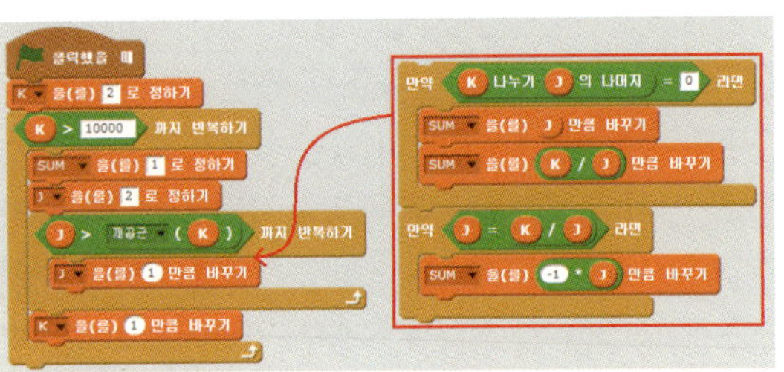

14 마지막으로 이렇게 만든 SUM이 K와 같은지 확인하는 일만 남았어요. K가 완전수인지 확인하는 일 말이에요. 만약 SUM이 K와 같다면 K는 완전수가 되는 것이죠.

15 모든 블록들을 합쳐서 스크립트를 완성해 볼까요?

16 K가 2부터 1씩 증가해서 10000까지 반복되는 반복문 안에

SUM이 1로, J가 2로 정해지면서

J가 2부터 1씩 증가해서 √K까지 반복하는 반복문이 있어요.

이 반복문의 내용은

만약 J가 K의 약수라면 J와 K/J를 SUM에 더해서 넣고, 만약 J와 K/J가 같다면 SUM에 더했던 J를 빼주는 것이죠.

이렇게 만든 SUM이 K와 같다면 완전수가 되기 때문에 K를 출력해주면 돼요. 참 쉽죠?

17 이 알고리즘은 이전에 만들었던 알고리즘과 같은 결과를 출력할 거예요.

6, 27, 496, 8128

하지만 완전수를 찾아내는 속도는 엄청나게 빨라졌죠! 정말 임청나게 빨라졌어요!

약 50만 번의 반복만으로 찾아내기 때문이죠. 원래는 5천만번이었는데요! 100배나 빨라졌어요! 무려 100배나! 엄청나죠?

QR코드를 통해 동영상 강좌를 보실 수 있습니다.

Unit 01 팔 힘이 센 사람이냐옹? – 암스트롱 수

카프리카 상수, 완전수 그리고 암스트롱 수까지. 신기한 숫자 시리즈의 마지막이에요.
'암스트롱 수'라 불리는 이 숫자는 세 자리 자연수로 이루어져 있어요. 100부터 999까지의 범위를 갖고 있죠. 만약 세 자리 자연수 ABC가 있을 때, A * A * A + B * B * B + C * C * C 의 값이 ABC와 같을 때 이 숫자를 '암스트롱 수'라고 해요.

예를 들어, 153이라는 숫자는

$$1 * 1 * 1 + 5 * 5 * 5 + 3 * 3 * 3$$
$$= 1 + 125 + 27$$
$$= 153$$

이기 때문에 암스트롱 수의 조건을 만족하고 있죠. 신기하죠?

우리는 이 암스트롱 수가 153 말고도 어떤 것들이 있는지 찾아내는 프로그램을 만들 거에요. 앞서 말했듯이 세 자리 자연수의 범위는 100부터 999까지이구요. 범위가 커 보일 수 있지만 프로그래밍의 세계에서는 천 번도 안 되는 반복문은 전혀 크지 않은 숫자랍니다.
우리는 899번만 반복하면 되니까 전혀 크지 않은 거에요!
그런데 899번 반복하는 방법이 문제가 되지요!

100부터 999까지 한 번에 반복하는 방법도 있지만, 반복문을 세 번 사용해서 백의 자리, 십의 자리, 일의 자리를 각각 반복해 주는 방법도 있지요. 두 가지 모두 확인해 볼까요?

먼저 반복문을 한 번 쓰는 방법이에요.
반복문의 범위는 100부터 999까지가 될 거에요. K가 100부터 999까지 반복하는 반복이면 되겠죠?

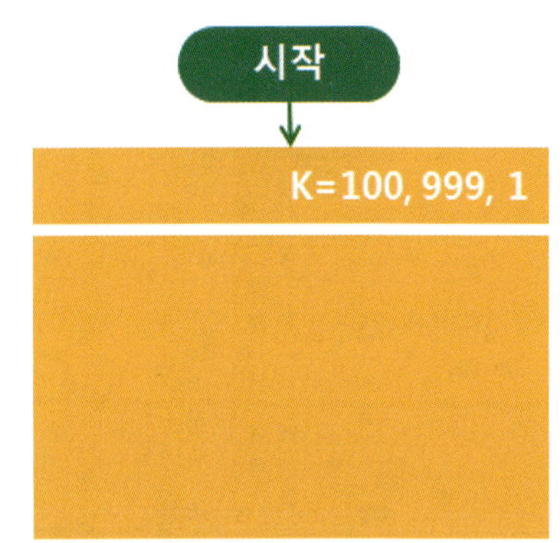

그 다음에 필요한 것은 반복될 내용인데요 세 자리 자연수를 각 자릿수 별로 나눠주는 작업이 필요해요. 카프리카 상수를 배울 때 했던 방법이죠? 세 자리 자연수의 백의 자리를 A, 십의 자리를 B, 일의 자리를 C라고 정하고 나누어 볼까요?

100부터 999까지 범위를 갖고 있는 K를 A, B, C로 나누어 줄 거에요.

먼저 K를 100으로 나눈 몫이 백의 자리 A가 되겠죠?

$$A \leftarrow K / 100$$

그리고 K를 100으로 나눈 나머지를 또 10으로 나눈 몫이 십의 자리 B가 될 거에요.

$$B \leftarrow K \% 100 / 10$$

마지막으로 K를 10의 자리로 나눈 나머지가 바로 일의 자리 C가 될 거에요. 이 작업을 통해 각각의 자릿수를 A, B, C에 담을 수 있어요.

$$C \leftarrow K \% 10$$

그리고 이제 A, B, C가 암스트롱 수의 조건을 만족하는지 확인해야겠죠? K가 A * A * A + B * B * B + C * C * C와 같으면 암스트롱 수가 되는 것이에요.

이것이 반복할 내용이 되는 것이고 순서도로
나타내어 보면, 이와 같이 되겠죠?

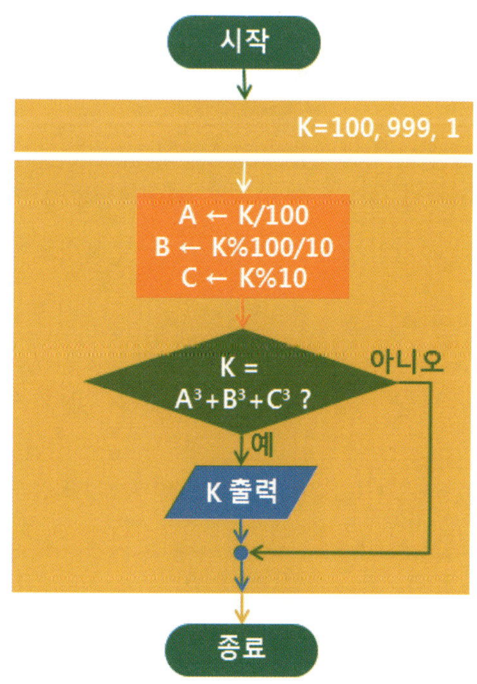

이번에는 반복문을 세 번 쓰는 알고리즘을 만들어 볼게요. 각 자리 별로 반복문을 돌릴 것이기 때문에 숫자를 나누는 작업이 필요하지 않아요. 바로 백의 자리 A와 십의 자리 B 그리고 일의 자리 C를 반복문으로 돌리는 것이죠.

A는 1부터 9까지, B는 0부터 9까지 그리고 C도 0부터 9까지 반복을 하는 것이죠. A만 1부터 반복하는 이유는 암스트롱 수의 범위가 0부터 999까지가 아니라 100부터 999까 지니까요.

가장 바깥에 있는 반복문은 백의 자리의 반복문인 A가 되겠죠? 그리고 그 안쪽에 있는 반복문은 십의 자리인 B, 마지막으로 제일 안쪽에 있는 반복문은 일의 자리인 C가 될 거에요.
순서도로 나타내어 볼까요?

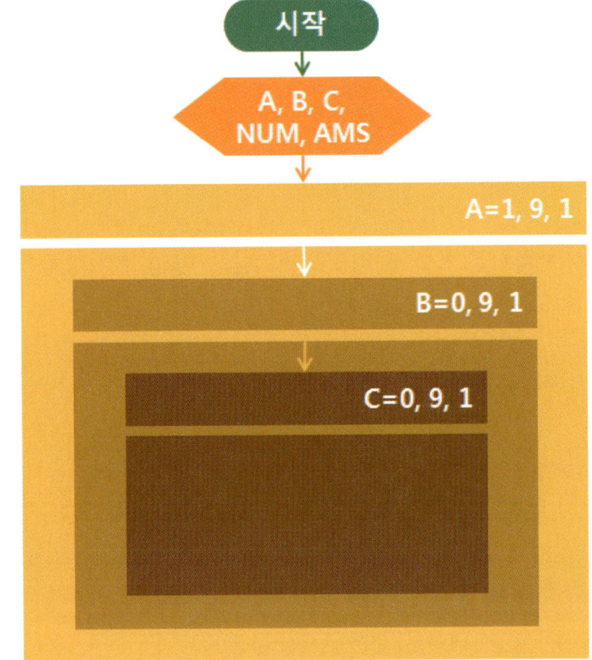

이제 반복할 내용이 필요하겠죠?
반복할 내용은 첫 번째로 했던 반복문을 한 번 돌리는 것과 비슷해요. 다른 것은, 이미 나누어져 있는 각 자리의 수들을 세 자리의 숫자 하나로 합치는 것이죠.

A에 100을 곱하고, B에 10을 곱한 뒤 마지막으로 C를 더해주면 돼요. 이것이 각 자릿수를 A와 B그리고 C로 가지고 있는 세 자리 숫자가 되지요.

만약 A가 1, B가 5, C가 9라면 A에 100을 곱해서 100, B에 10을 곱해서 50이 되겠죠? 이제 A와 B 그리고 C를 더해주면

$$100+50+9 = 159$$

가 되지요. 어렵지 않죠? 이렇게 각 자리 숫자를 합쳐 놓은 값을 NUM이라는 변수에 저장해 둘게요. 그 다음에는 암스트롱 수의 조건이 맞는지 확인할 수 있는 변수가 필요해요. 이 변수를 AMS라고 하

면, 이 AMS에는 A * A * A+B * B * B+C * C * C가 들어가야겠죠?

이때 NUM과 AMS가 같다면 이 수가 바로 암스트롱 수가 되는 거에요. 참 쉽죠?

세 번의 반복문을 쓴 방법 또한 순서도로
나타내어 볼까요?

지난 번에 반복문이 세 개 이상이 되면 너
무 복잡해지기 때문에 좋지 않은 방법이
라고 했죠? 하지만 암스트롱 수를 구할 때
와 같은 경우에는 오히려 반복문을 한 번
쓰는 것보다 반복문을 세 번 쓰는 것이 더
간단하게 문제를 해결할 수 있었어요.
왜 그럴까요?

여러분들이 다니는 학교를 생각해보세요.
만약 여러분이 A학년 B반 C번이라고 했
을 때, 여러분을 찾기 위해서 1학년 1반 1
번부터 3학년 20반 30번 학생까지 순서대
로 찾는 방법도 있을 거에요. 하지만 학년
과 반이 나뉘어져 있기 때문에 학년 별로,
반 별로, 번호 순으로 나뉘어서 찾는 방법
도 있지요.

이렇게 범주가 구분되어 있을 때에는 해
당 범주에 따라서 반복문을 나눠 주는 것
도 나쁘지 않은 방법이에요. 사실 구구단
도 각 단이 나누어져 있었기 때문에 반복문을 나누어서 쓴 것이죠. 2 * 1 부터 9 * 9까지 하나씩 순서
대로 출력하는 방법도 있었지만요.

상황에 맞는 알고리즘을 짜는 것도 보기 좋은 알고리즘 만큼이나 중요하답니다! 어쩌면 같은 말일지
도 모르겠네요.
여러 가지 방법을 통해 암스트롱 수를 출력하는 방법을 배웠어요. 이 방법들 외에도 다른 방법들이
있을 수 있어요. 세제곱을 하면 숫자가 커지기 때문에 999범위를 초과할 수 있죠. 따라서 조건을 조
금 더 추가하면 반복문의 횟수를 더 줄일 수 있을 거에요.

우리가 배운 다중반복문은 반복문이 두 개 밖에 없었죠? 이번에는 반복문이 세 개나 들어가는 프로그램을 만들어 볼 거에요.

사실 반복문이나 조건문이나 두 개를 넘어가면 너무 복잡해지기 때문에 추천하는 방법은 아니에요. 3이라는 숫자가 크지 않아 보일 수도 있지만, 반복문과 조건문의 세계에서는 엄청나게 큰 숫자랍니다.

숫자 3을 예로 들어볼까요? 3의 1승(제곱)은 3이지만, 3의 2승은 9가 되죠. 그런데 3의 3승은 27이된답니다. 3에서 무려 9배나 늘어난 수치에요! 숫자가 크면 클 수록 엄청나게 늘어나게 되는 것이죠. 따라서 세 개 이상의 조건문이나 반복문은 조심해서 쓸 필요가 있어요.

우리는 이번에 100부터 999까지 숫자 중에서 암스트롱 수를 출력하는 프로그램을 만들 거에요. 세 자리 숫자 ABC가 있다면, A의 3승과 B의 3승 그리고 C의 3승을 더해 준 것이 ABC와 같다면 암스트롱 수가 되는 것이죠.

ABC가

$$A*A*A+B*B*B+C*C*C$$

와 같다면 암스트롱 수!

153이라는 숫자를 예로 들어 볼까요? 153에서 백의 자리 1을 A에, 십의 자리 5를 B에, 그리고 일의 자리 3을 C에 넣어 줄게요.

$$A*A*A+B*B*B+C*C*C$$
$$=1*1*1+5*5*5+3*3 3$$
$$=1+125+27$$
$$=153$$

정말 암스트롱 수가 되지요? 153 말고도 어떤 수가 암스트롱 수가 될 수 있는지 찾아볼까요?

01 먼저 반복문을 한 번만 쓰고 암스트롱 수를 찾아볼게요.

숫자의 범위가 세자리이기 때문에 100부터 999까지가 범위가 되겠죠? 따라서 K가 100부터 1씩 증가해서 999까지 반복되는 반복문이 필요해요.

02 이 범위 내에서 암스트롱 수의 조건이 맞는지 봐야겠죠?

세 자리 숫자 K의 백의 자리를 변수 A에, 십의 자리를 변수 B에 그리고 일의 자리를 변수 C에 넣어 줄게요. 예전에 배웠던 카프리카 상수에서 숫자를 나누었던 방법이랑 비슷하죠? 각 글자의 순서를 맞추어서 변수에 넣어주면 돼요.

03 그리고 이렇게 나눈 숫자들이 암스트롱 수가 되는지 확인하는 조건이 필요해요. 조건은 이미 알고 있죠? 블록을 만들어 볼게요.

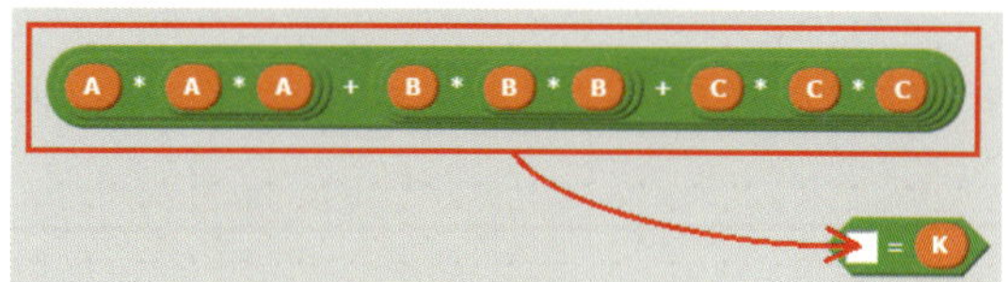

04 A * A * A + B * B * B + C * C * C = ABC

가 되는 것이 암스트롱 수의 조건이었죠? 세 자리 숫자 K가 조건에 맞는지 조건문의 조건이 될 거구요. 조건이 맞는다면 암스트롱 수를 출력해주면 되겠죠? 암스트롱 수를 2초 동안 출력하는 조건문을 만들어 볼게요!

05 이제 조건문이 완성되었으니 반복문 안에 조건문을 넣어볼까요? K가 100부터 1씩 증가해서 999까지 반복되는 반복문에 조건문을 넣어주세요!

스크립트가 완성되었어요!
K가 100부터 1씩 증가해서 999까지 반복되는 반복문에서 K의 백의 자리 숫자를 A에, 십의 자리 숫자를 B에 그리고 일의 자리 숫자를 C에 넣어주었어요. 그리고 암스트롱 수의 조건에 맞는 K를 찾아낸다면 그 숫자를 2초 동안 출력하는 것이죠. 참 쉽죠?

 어떤 수가 암스트롱 수인지 확인해 볼까요?

스크래치 고양이가 153, 370, 371 그리고 407의 숫자를 찾아냈어요! 이 숫자들은 전부 암스트롱 수이지요!

 모든 반복문을 합쳐주면 이런 모양이 돼요.

 우리가 만들었던 방법은 100부터 999까지 숫자들을 전부 쪼갠 다음, 암스트롱 수를 찾는 방법이었죠? 하지만 반복문을 세 번 사용하면 그럴 필요가 없어요! 어떻게 하면 될까요?

이번에는 변수 A와 B그리고 C를 이용해서 반복문을 만들어 줄 거에요. A는 백의 자리, B는 십의 자리 그리고 C는 일의 자리가 되는 것이죠. B와 C는 0부터 9까지 반복하는 반복문이 되겠지만, A는 1부터 9까지 반복하는 반복문이 될 거에요. 왜일까요?
숫자의 범위가 0부터 999까지가 아니기 때문이에요. 100부터 999까지 이기 때문에 백의 자리 A가 1부터 시작하는 것이죠! 반복문을 만들어 볼까요?

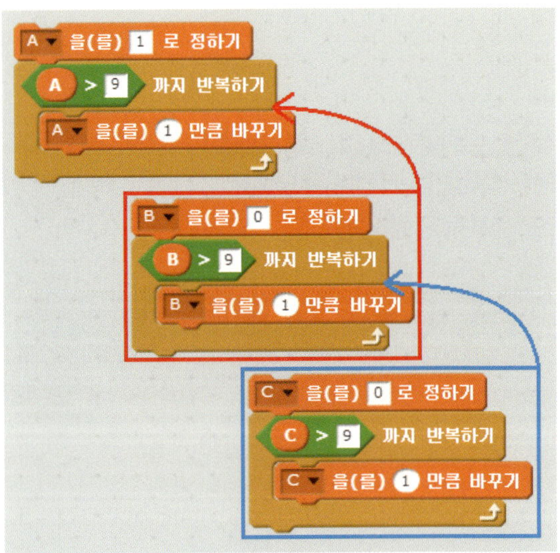

반복문 안에 반복문 안에 반복문을 넣어주면 돼요! 마치 러시아 전통 인형 '마트료시카' 같죠?

09 이제 반복될 내용이 필요하겠죠? 이 반복문은 숫자가 이미 쪼개져 있어요. 따라서 숫자를 쪼갤 필요 없이 합쳐주기만 하면 되지요.

백의 자리 숫자가 A, 십의 자리 숫자가 B 그리고 일의 자리 숫자가 C이기 때문에 이 숫자들을 합쳐서 하나의 세 자리 숫자를 만들어 줄 거에요. A에 100을 곱하고, B에 10을 곱하고 C에 1을 곱한 다음, 모두 더해주면 돼요. (사실 1은 곱하나 마나 겠죠?) 이렇게 합친 숫자를 변수 NUM에 넣을게요.

이렇게 A, B, C를 변수 NUM에 합쳐주면 나중에 비교하기 쉬워져요.

10 그 다음에는 암스트롱 수의 조건을 확인하기 위한 변수를 만들 거에요. 암스트롱 수의 조건은,

$$A*A*A + B*B*B + C*C*C = ABC$$

였죠? A의 3승과 B의 3승 그리고 C의 3을 더한 값을 변수 AMS에 넣어줄게요.

11 이제 NUM과 AMS가 같다면 암스트롱수가 되겠죠?

NUM과 AMS가 같다면 암스트롱 수를 출력해 주는 내용을 만들어 주세요.

12 이제 반복될 내용이 완성되었어요! 반복문 안에 반복문 안에 반복문에 반복될 내용을 넣어볼까요? 마치 랩 가사 같네요. 하핫!

13 반복문 안에 반복될 내용을 넣어주면 스크립트가 완성되는 것이죠!

반복문을 한 번 돌리는 것보다 복잡해 보일 수 있어요. 하지만 암스트롱 수와 같이 A, B그리고 C가 확실하게 나누어져 있는 경우에는 반복문을 세 번 쓰는 것도 좋은 방법이 될 수 있어요!

이 방법이 반복문을 한 번 쓰는 방법보다 더 좋다! 라고 확실하게 말할 순 없어요. 하지만 상황에 따라 때에 따라 적절한 반복문을 쓰기 위해서는 모든 방법을 알고 있어야겠죠? 젓가락도 쓸 줄 알고 포크도 쓸 줄 알아야 음식을 더 잘 먹을 수 있으니까요! 스테이크를 젓가락으로, 국수를 포크로 먹는 모습은 이상하잖아요? 하핫!

여기까지 잘 따라했다면 여러분은 이미 스크래치의 도사가 된 거에요. 더 이상 가르칠 것이 없으니 하산해도 좋아요. 하핫!
이제 여러분은 조건문과 반복문에 대해서 완벽하게 이해했고, 응용할 줄 알아요. 자신을 자랑스러워해도 된다는 것이죠! 축하해요! 그리고 고마워요.
다음에는 조건문과 반복문에 응용할 수 있는 '리스트'에 대해서 배울 거에요.
재밌겠죠?

QR코드를 통해 동영상 강좌를 보실 수 있습니다.

리스트

 내 방은 어딨냐옹? – 리스트의 개념

리스트 List 란, 한글로 목록이라는 뜻이에요. 리스트란 말 그대로 값이 나열되어 있는 것이죠. 보통 소프트웨어에서 리스트라고 하면 배열(Array)과 연결 리스트(Linked List)를 먼저 떠올릴 수 있어요. 스크래치에서는 배열과 비슷하지만 조금 다른 리스트를 쓰고 있어요. 하지만 이 책은 문세 해결 그 자체를 탐구하는 책이기 때문에, '리스트'라는 하나의 통합된 개념으로 설명할게요.

리스트의 개념은 어렵지 않아요. 변수가 값을 담는 그릇이나 상자와 같은 것이었다면, 리스트는 '방'이나 '서랍'이라고 생각하면 돼요. 리스트 안에 변수가 담겨 있는 거에요. 변수가 하나의 상자에 하나의 값 밖에 넣을 수 없었다면, 리스트에는 여러 가지 값을 넣을 수 있어요. 참 편리하겠죠?

하나의 리스트는 여러 개의 항목을 가질 수 있어요. 첫 번째 항목, 두 번째 항목, 세 번째 항목… 여러분이 원하는 만큼 항목의 개수를 늘릴 수 있어요! 그럼, 리스트를 언제 사용하는지 볼까요?

'무한도전'이라는 리스트를 만들어 볼게요.
첫 번째 항목에는 유재석을, 두 번째 항목에는 박명수를, 세 번째 항목에는 정준하를, 네 번째 항목에는 정형돈을, 다섯 번째 항목에는 노홍철을, 여섯 번째 항목에는 하하를, 일곱 번째 항목에는 광희를 넣어 볼게요.
'무한도전'이라는 리스트를 불러올 경우, 유재석부터 차례대로 광희까지 전부 다 값을 가져올 수 있어요. 만약 내가 원하는 항목만 불러오고 싶다면, 무한도전 리스트의 네 번째 항목만을 불러올 수도 있죠. 그렇게 된다면 '정형돈'이라는 값이 나오겠죠?

또, 리스트는 내가 원하는 항목을 변경하거나 추가할 수 있어요. 무한도전 리스트의 첫 번째 항목을 '유재석' 대신 '국민MC'라고 값을 바꿔줄 수도 있어요. 또, 여넓 번째 항목을 새로 만들어서 '길'이라는 값을 넣어줄 수도 있구요.

이처럼 리스트는 하나의 리스트에 여러 가지 항목을 지장할 수 있기 때문에 참 편리하게 사용될 수 있어요!

리스트는 변수와 달리 하나의 리스트에 여러 가지 값을 담을 수 있어요.

리스트를 만들 땐 리스트의 '이름'과 리스트 안에 존재하는 '방의 개수'가 꼭 필요해요. 스크래치에서는 '항목의 개수'가 되겠죠?

리스트(0)

리스트에 이름과 뒤에 있는 괄호 안에 방의 개수를 써 넣으면 리스트를 만들 수 있어요. 예를 들어, '무한도전'이라는 이름의 리스트에 방을 '6개' 만들어주고 싶다면 '무한도전(6)'라고 해주면 돼요. 준비상자 안에서 준비해야겠죠?

무한도전(6)

리스트에 값을 넣을 땐 세 가지 방법이 있어요.

> 첫 번째, 리스트에 있는 각 방에 하나씩 값을 넣어 주는 것.
>
> 두 번째, 리스트에 있는 일부에 방에만 값을 넣어 주는 것. 이때, 나머지 방에는 0이 들어감.
>
> 세 번째, 리스트에 있는 모든 방에 0을 넣어 주는 것.

하나 하나 살펴볼까요?

첫 번째 방법!

만약 리스트에 6개의 방이 있다면 6개의 방에 모두 값을 넣어주는 방법이에요.

첫 번째 방에 '유재석', 두 번째 방에 '박명수', 세 번째 방에 '정준하', 네 번째 방에 '정형돈', 다섯 번째 방에 '노홍철', 여섯 번째 방에 '하하'를 넣어주는 것이죠.

각 방은 괄호 안에 있는 숫자를 통해 방 번호를 정해줄 수 있어요. 무한도전의 첫 번째 방은 '무한도전(1)'이 되는 것이죠. 첫 번째 방에 '유재석'이라는 값을 넣어 볼까요?

무한도전(1) ← 유재석

값을 넣어줄 땐 화살표(←)를 사용하면 돼요. 어렵지 않죠? 이제 무한도전 리스트에 다른 방에도 값을 넣어볼까요?

무한도전(1) ← 유재석
무한도전(2) ← 박명수
무한도전(3) ← 정준하
무한도전(4) ← 정형돈
무한도전(5) ← 노홍철
무한도전(6) ← 하하

무한도전 리스트에 있는 여섯 개의 방에 값을 넣어주었어요. 참 쉽죠?

두 번째 방법!

무한도전 리스트 일부에만 값을 넣는 거에요. 만약 무한도전 리스트에 여섯 개의 방이 있는데, 무한도전 리스트에 있는 첫 번째 방, 두 번째 방, 세 번째 방에만 값을 넣는다면 나머지 네 번째 방, 다섯 번째 방, 여섯 번째 방에는 값이 0이 되는 것이죠.

방은 여섯 개 인데 값은 세 개의 방에만 들어갔기 때문이에요.
이 방법은 일부의 방에 값을 넣고 나머지 방에 0을 넣는 것과 같아요.

마지막 세 번째 방법!

리스트에 있는 모든 방에 0을 넣는 것이에요. 두 번째 방법의 원리를 이용해서 말이에요.
만약 무한도전 리스트에 여섯 개의 방이 존재하는데 첫 번째 방에만 값을 넣어주면 어떻게 될까요?
나머지 다섯 개의 방에는 0이 들어가겠죠? 이 원리를 이용하면 모든 방에 0을 넣어줄 수 있어요.
무한도전 리스트의 첫 번째 방에만 0을 넣는 것이죠. 일부러 다른 방에는 값을 넣지 않는 거에요. 어차피 나머지 방에는 0이 들어가니까요! 따라서 첫 번째 방에만 0을 넣어주면 모든 방에 0이 들어가게 되는 것이죠.

이제 리스트에 값을 넣는 방법을 배웠어요. 참 쉽죠?

리스트에 존재하는 방의 개수와 방에 들어가는 값을 따로 따로 생각하는 것이 중요해요. 리스트를 활용하면 여러 가지 값을 한 번에 담을 수 있어요. 참 편리하겠죠?

스크래치에서 리스트를 만들 땐 '데이터'에 있는 '리스트 만들기' 버튼을 사용하면 돼요. 이 버튼을 통해 리스트를 만들 수 있어요. 이렇게 만들어진 리스트는 이름만 있고 빙은 민들어져 있지 않아요.

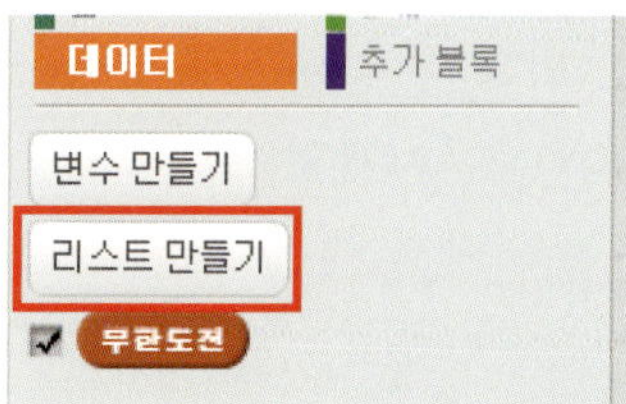

리스트에 값을 넣어주기 위해선 thing 항목을 무한도전 ▼ 에 추가하기 블록을 사용하면 돼요. thing을 무한도전 리스트에 추가하는 것이죠. thing은 '것'이라는 뜻이에요. 어떤 값을 넣을 때 가리키는 말이에요. 별 의미는 없어요.

이 블록을 실행하면 어떻게 될까요? 만약 무한도전 리스트에 아무런 방이 없다면, 첫 번째 방이 생기면서 그 방에 thing이라는 값이 들어가게 돼요. 이미 무한도전 리스트에 방이 하나 있다면, 두 번째 방이 생기면서 그 방에 thing이라는 값이 들어가게 되는 것이죠. 방이 추가되면서 값이 들어가는 거에요.

만약 방 번호를 정해서 추가하고 싶다면, `thing 을(를) 1▼ 번째 무한도전 ▼ 에 넣기` 블록을 이용하면 돼요. 이 블록을 통해 첫 번째 방을 만들면서 첫 번째 방에 thing을 넣을 수 있어요.

단, 첫 번째 방이 없는데 두 번째 방에 thing을 넣으려고 한다면 블록이 실행되지 않아요. 방은 순서대로 만들어줘야 돼요. 중간에 건너 뛸 수 없는 것이죠.

첫 번째 방이 있을 땐 `thing 을(를) 2▼ 번째 무한도전 ▼ 에 넣기` 블록을 통해 두 번째 방을 만들 수 있지만, 첫 번째 방이 없다면 블록을 통해 두 번째 방을 만들 수 없는 것이죠.

그런데 만약 첫 번째 방이 있는 상태에서 `thing 을(를) 1▼ 번째 무한도전 ▼ 에 넣기` 블록을 실행하면 어떻게 될까요? 이 경우에는 원래 있던 첫 번째 방이 두 번째 방으로 밀리게 돼요. 그러면서 첫 번째 방이 생기는 것이죠. 방이 밀리게 되는 것이에요.

또, 만약 첫 번째 방과 두 번째 방이 있을 때 `thing 을(를) 2▼ 번째 무한도전 ▼ 에 넣기` 블록을 실행한다면 어떻게 될까요? 첫 번째 방은 그대로 있고 두 번째 방이 세 번째 방으로 밀리게 돼요. 방 번호가 바뀌는 것이죠. 그러면서 두 번째 방이 새로 생기는 것이죠.

방이 추가되면서 다른 방들의 번호가 바뀔 수 있다는 것만 조심하면 돼요.

마지막으로 `1▼ 번째 무한도전 ▼ 의 항목을 thing (으)로 바꾸기` 블록이 있어요. 이 블록은 방 번호는 그대로 두고 방 안에 있는 내용만 바꾸는 블록이에요. 이미 방이 만들어져 있을 때 사용할 수 있는 블록이죠. 만약 리스트에 첫 번째 방이 없는데도 이 블록을 실행하려고 하면 실행되지 않아요. 이 블록은 꼭 방이 있어야 돼요.

아참, 리스트에 있는 방을 삭제할 수도 있어요.

`1▼ 번째 항목을 무한도전 ▼ 에서 삭제하기`

이 블록을 통해 리스트에 있는 방과 함께 방에 들어있던 값도 삭제할 수 있어요. 그런데! 방을 하나 지우면 다른 방의 번호가 바뀔 수 있다는 것을 조심해야 돼요!

만약 세 개의 방이 있을 때,

첫 번째 방을 삭제한다면 두 번째 방이 첫 번째 방이 되고, 세 번째 방이 두 번째 방이 되는 것이에요. 방 번호는 첫 번째 방부터 시작해서 건너 뛰는 번호 없이 차례대로 정해지기 때문이에요.

두 번째 방을 삭제한다면 첫 번째 방은 그대로 있고 세 번째 방이 두 번째 방이 되겠죠?

세 번째 방을 삭제한다면 첫 번째 방과 두 번째 방은 그대로 있고 세 번째 방만 삭제되는 것이죠.

어때요? 참 쉽죠? 이 세 가지 리스트 블록을 통해 리스트에 값을 입력하거나, 추가하거나, 바꿀 수 있어요. 스크래치에서는 비교적 리스트를 사용하기 쉬워요. 내가 쓸 만큼의 방을 생각하지 않아도 그 때 그 때 필요한 만큼 만들어서 쓰면 되는 것이죠. 하지만, 방을 삭제하거나 추가할 다른 방들의 번호가 바뀔 수 있으니 조심해야 돼요. 이것만 조심하면 되니 어렵지 않겠죠?

01 먼저 리스트를 만들어 줄게요. '데이터'에 '리스트 만들기' 버튼을 눌러주세요.

02 변수를 만들 때와 비슷하죠? 리스트의 이름을 '무한도전'으로 정해주고 '확인' 버튼을 눌러주세요.

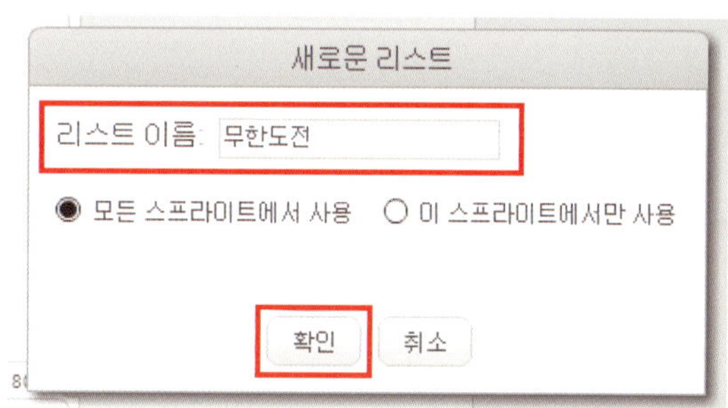

03 그럼 변수를 만들었을 때와 마찬가지로 좌측 상단에 '무한도전' 리스트가 생긴 것을 볼 수 있어요. 참 쉽죠?

04 이제 이 '무한도전' 리스트에 무한도전 멤버들을 넣어볼까요? '무한도전' 리스트 안에 있는 동그란 더하기(+) 버튼을 눌러주세요.

05 그럼 리스트 안에 입력 상자 하나가 생겨요. 이 입력 상자를 클릭하면 값을 입력할 수 있어요.

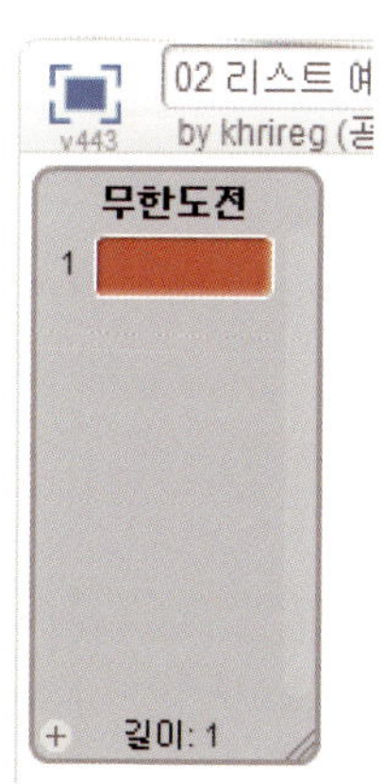

06 첫 번째 상자에 '유재석' 이라고 입력해 볼까요? '유재석'이라고 입력한 다음, [Enter] 키를 눌러주세요. 유재석이 추가된 것을 볼 수 있어요. 참 쉽죠?

07 같은 방법으로 1번 상자부터
유재석, 박명수, 정준하, 정형돈, 노홍철, 하하, 광희
를 입력해 볼게요.

08 리스트에 일곱 멤버의 이름이 들어갔어요. 참
쉽죠? 정말 잘 입력이 되었는지 고양이에게 말을 시
켜 볼까요? '이벤트'에 있는 '깃발을 클릭했을 때' 블
록과 '형태'에 있는 'Hello! 말하기' 블록을 꺼내주세요.
그 다음에 Hello! 자리에 '데이터'에 있는 '무한도전' 블
록을 넣어주세요.

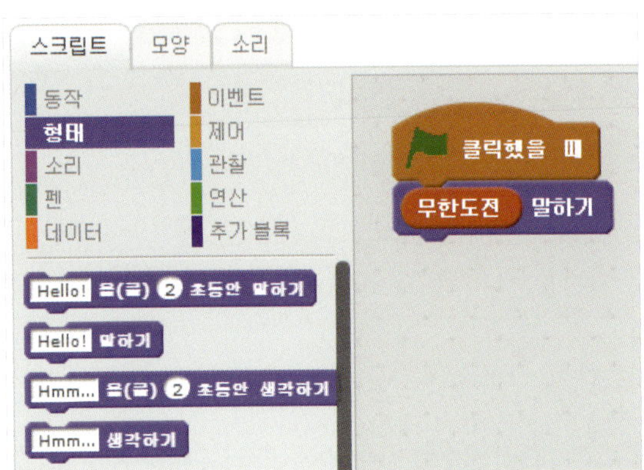

09 이렇게 블록을 만들어주면, 초록 깃발을 클릭
했을 때 '무한도전' 리스트에 있는 목록들을 말하는
거에요. 잘 되는지 확인해볼까요? 초록 깃발을 눌러
주세요!
초록 깃발을 누르면, 고양이가 무한도전 멤버들의 이
름을 차례대로 말하게 돼요. 우리가 입력했던 순서대
로 말하는 거에요.

10 만약 리스트 전체가 아니라 특정 방에 있는 값
만 보고 싶으면 어떻게 할까요? 4번 방에 있는 정형돈
을 불러오기 위해 '데이터'에 있는 
블록을 꺼내주세요. 이 블록의 '1'을 '4'로 바꿔주면 돼
요. 1을 4로 바꿔주면 어떻게 될까요? 초록 깃발을 눌
러볼게요!

11 정말 4번 방에 있는 '정형돈'만 말하는 것을 볼 수 있죠? 내가 원하는 정보만 골라서 볼 수 있는 거에요. 참 편리하죠?

12 이번에는 첫 번째 방에 있는 '유재석'을 '국민MC'로 바꿔 볼게요.

블록을 꺼내주세요. 1번째 항목은 그대로 두고 'thing'을 '국민MC'로만 바꿔 주세요. 정말 첫 번째 방에 들어있는 '유재석'이 '국민MC'로 바뀌었는지 볼까요?

13 우와! 정말 첫 번째 방에 있던 '유재석'이 '국민MC'로 바뀌었네요! 신기하죠? 이처럼 리스트는 저장되어있는 정보를 바꾸는 것도 가능해요. 그러니 값을 잘못 입력할까봐 걱정하지 않아도 돼요! 고칠 수 있으니까요!

14 마지막으로 리스트에 방을 추가해 볼게요. 일곱 멤버에서 여덟 번째 멤버로 '길'을 추가해볼게요. '데이터'에 있는 블록을 추가해 주세요. 그리고 'thing'을 '길'로 '1'을 '8'로 바꿔주세요. 그럼 여덟 번째 방에 '길'이 추가될 거에요. 초록 깃발을 눌러서 확인해 볼까요?

 정말 여덟 번째 멤버로 '길'이 추가되었죠? 여러분이 원하는 대로 리스트를 바꾸거나 추가할 수 있어요. 어렵지 않죠?

변수는 한 번에 하나의 정보만을 담을 수 있는 반면, 리스트는 하나의 리스트에 여러 가지 정보를 담을 수 있기 때문에 편리하죠!

하지만 모든 상황에서 리스트가 좋은 것은 아니랍니다. 지우개 하나를 넣기 위해 장식장 하나를 가져올 필요는 없잖아요? 필통 하나만 있어도 되는데.. 그렇죠?

상황과 때에 따라 변수와 리스트를 적절하게 사용하면 된답니다! 아셨죠? 화이팅!

QR코드를 통해 동영상 강좌를 보실 수 있습니다.

Unit 01 누가 내 방에 약수를 넣었냐옹? – 리스트와 약수

변수가 어떤 값을 담는 그릇이나 상자라면 리스트는 상자나 서랍이라고 배웠었죠?

편의상 이 책에서는 A라는 이름의 리스트를 A()라고 할게요. 그리고 A리스트의 첫 번째 방에 들어있는 값을 A(1)이라고 하고, 두 번째 방에 들어있는 데이터를 A(2) 그리고 N번째 방에 들어있는 데이터를 A(N)이라고 할게요. 어렵지 않죠?

스크래치에서 사용하는 리스트는 '배열(Array)'과 비슷해요. 스크래치에서 리스트를 사용하는 것은 스크래치 예제를 통해 자세히 설명할게요.

리스트를 전체 초기화 할 때는

$$A() \leftarrow (X, Y, Z)$$

와 같은 형태로 초기화 할 수 있어요.
'A(3)'은 A라는 이름의 리스트에 방이 세 개가 있다는 뜻이에요.
그리고 뒤에 괄호로 묶인 X, Y, Z는 각 방에 들어가는 값이 되는 것이죠.
이렇게 되면 첫 번째 방에 X가, 두 번째 방에는 Y 그리고 세 번째 방에 Z가 들어 있는 것이죠.

만약 A(5) ← (X, Y, Z) 와 같이 방은 다섯 개인데 초기화 되는 방이 세 개 밖에 없다면 어떻게 될까요?
이 경우 첫 번째, 두 번째, 세 번째 방에 X, Y, Z라는 값이 들어간 다음 네 번째, 다섯 번째 방에는 0이 들어가게 돼요. 값이 들어가지 않는 방에는 '0'이 들어가는 것이죠.

그리고 A리스트 전체를 0으로 초기화 하고 싶은 경우에는 A(10) ← (0)처럼 초기화 해줄 수 있어요.
A리스트의 첫 번째 방부터 열 번째 방까지 0으로 초기화 된 것이죠.
어때요? 참 쉽죠?

이제 간단한 예제를 볼까요?

A()리스트의 A(1)부터 A(10)까지 방에다가 1부터 10까지의 숫자를 차례대로 넣는 것이 목표에요. 한 번 해볼까요?

먼저 반복문을 사용하지 않고 넣어볼게요. 간단하게 1부터 10까지의 값을 초기 선언 해주면 되는 것이죠.

$$A() \leftarrow (1, 2, 3, 4, 5, 6, 7, 8, 9, 10)$$

숫자가 적을 땐 이 방법을 사용할 수 있겠지만, 숫자가 많으면 어떻게 될까요? 몇 천 개씩이나 입력하고 있을 수는 없겠죠? 따라서 반복문을 사용하면 더 수월하게 입력할 수 있을 거에요.

리스트를 사용할 때 가장 먼저 할 일은 방을 만들어 주는 것이에요. 우리가 쓸 만큼의 방을 만든 다음 그 방에 값을 넣어야 하기 때문이죠. 그리고 만들어진 열 개의 방에 값을 넣어주기 위해 1부터 10까지 1씩 증가하는 반복문이 필요해요.

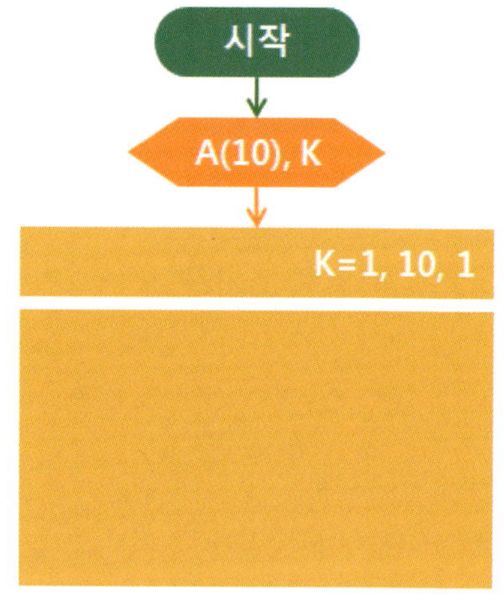

그리고 A(1)부터 1씩 넣어주면 되는 거에요. K도 1부터 10까지 반복되기 때문에 A(K)에 K를 넣어주면 되겠죠?

$$A(K) \leftarrow K$$

이러면 A(1)부터 A(10)까지 1부터 하나씩 증가하면서 넣어줄 수 있어요. 순서도로 나타내어 볼까요?

이렇게 반복문을 돌리면 A(1)에는 1이, A(10)에는 10이 들어있는 거에요. 만약 A(3)을 출력하면 3이라는 값이 나올 것이고, A(7)을 출력하면 7이 출력되겠죠? 참 쉽죠?
만약 리스트 A() 자체를 출력하게 되면 1번 방부터 10번 방까지 들어있는 모든 숫자가 차례대로 출력되는 것이에요.

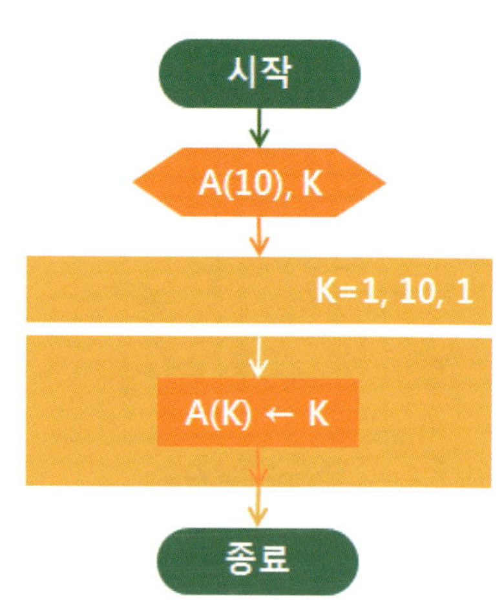

이번엔 조금 어려운 예제를 볼까요?

어떤 수 N을 입력받고, N의 약수를 작은 숫자부터 차례대로 리스트 A()에 담는 프로그램이에요. 이번에는 리스트를 배우기 위해 N의 제곱근(√N)을 쓰지 않고 N까지 반복하는 반복문을 사용해 볼게요.

가장 먼저 리스트의 방을 만들어줘야 돼요. 방을 몇 개 쓸 것 인지 정하는 것이죠. 하지만 N의 약수가 몇 개가 나올지 알 수 없어요. 따라서 N이 가질 수 있는 약수의 최대 개수로 방을 만들어 줄 거예요. 넉넉하게 만들어주는 것이죠. N이 가질 수 있는 약수의 최대 개수는 N개가 되겠죠?
N을 입력받고 N개의 방을 가진 리스트를 만들어 줄게요.

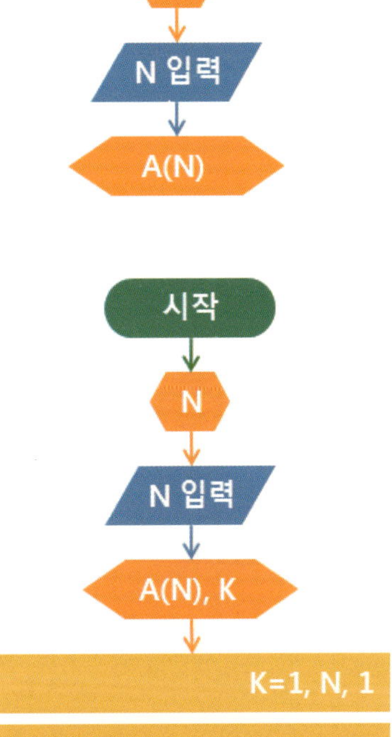

그 다음에 K가 1부터 N까지 1씩 증가하는 반복문이 필요해요. 이 반복문 안에서 K를 통해 N의 약수를 찾는 것이죠.

이제 반복할 내용이 필요하겠죠?
반복될 내용은 N을 K로 나누었을 때 나누어 떨어지는 수를 찾는 것이죠. 만약 N을 K로 나누었을 때 나누어 떨어진다면 K를 A(J)에 넣는 거에요. J의 초기값으로 1을 선언해두고 N이 K로 나누어 떨어진다면 A(J)에 K를 넣어주는 거에요. 그리고 J에 1을 더해주는 것이죠.
정리하면, K=1, J=1 인 상태에서, K가 1부터 N까지 1씩 증가하는 반복되는 반복문이 있어요. 이 반복문에서 입력받은 N을 K로 나누었을 때 나머지가 0이라면, K를 A(J)에 넣어주는

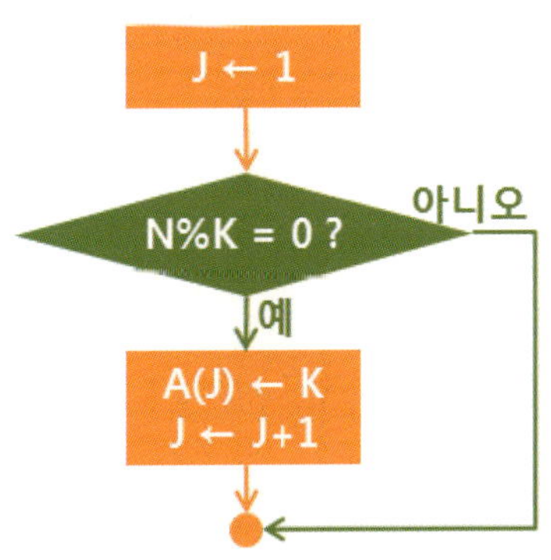

거에요. 그 다음에 J에 1을 더해주는 것이죠.
이런 과정을 반복하다가 K가 N이 되면 반복문이 끝나는 것이죠.

만약 N이 15라면,
K가 1일 때 N이 나누어 떨어지기 때문에 A(J)에 K를 넣는 것이죠. 여기서 A(J)는 A(1)이고, K도 1이
되겠죠? 이 다음에 J에 1을 더해주는 거에요. 그럼 J는 2가 되겠죠?
그 다음에 K가 2일 때 N이 나누어 떨어지지 않기 때문에 아무런 동작 없이 K가 3일 때 반복문으로
넘어가는 것이죠.
K가 3일 때 N이 나누어 떨어지기 때문에 A(J)에 K를 넣는 것이죠. 여기서 A(J)는 A(2)이고, K는 3이
기 때문에 A(2)에는 3이 들어가게 돼요. 그 다음에 J에 1을 더해주면 돼요. J가 3이 되겠죠?
이 과정을 K가 15가 될 때까지 반복하면,

A(1) ← 1
A(2) ← 3
A(3) ← 5
A(4) ← 15

가 될 거에요. A()를 출력하면,

1 3 5 15

가 되겠죠. 참 쉽죠? 순서도를 볼까요?

이제 리스트에 대해서 잘 알겠죠?
리스트는 하나의 변수에 하나의 값을 담을 수 있는
것과 달리 하나의 리스트에 여러 가지 값을 담을 수 있
기 때문에 유용하게 쓸 수 있어요. 이전에 배웠던 알고
리즘들도 리스트를 이용하면 쉽게 만들 수 있는 것들이 많아요.

리스트를 이해하기에 앞서 변수를 쓸 줄 알아야 된다고 생각해요. 리스트를 잘 사용하려면 변수가 어떻게 쓰이는지 알고 활용할 수 있어야 하거든요! 리스트는 하나의 변수 안에 여러 가지 값을 담는 것과 마찬가지에요. 방이나 서랍 같이 말이에요. 한 곳에 여러 값을 담을 수 있는 것이죠!

만약 1부터 10가지의 숫자를 변수에 담는다고 하면 10개의 변수가 필요할 거에요. A, B, C, D, E, F, G, H, I, J라는 변수를 담아서 각각 1부터 10까지 넣어주면 되겠죠?
하지만! 리스트는 그럴 필요가 없어요.
하나의 리스트에 여러 가지 값을 담을 수 있기 때문이죠!

01 먼저 리스트를 만들어 볼까요? 리스트는 '**데이터**'에 가면 만들 수 있어요!

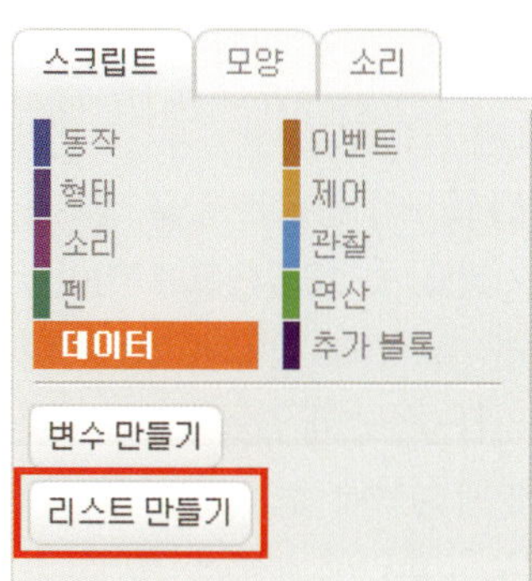

02 '**데이터**'에 있는 리스트 만들기 버튼을 눌러주세요. 이 버튼을 눌러서 리스트의 이름을 정해준 다음, 확인 버튼을 눌러주세요.

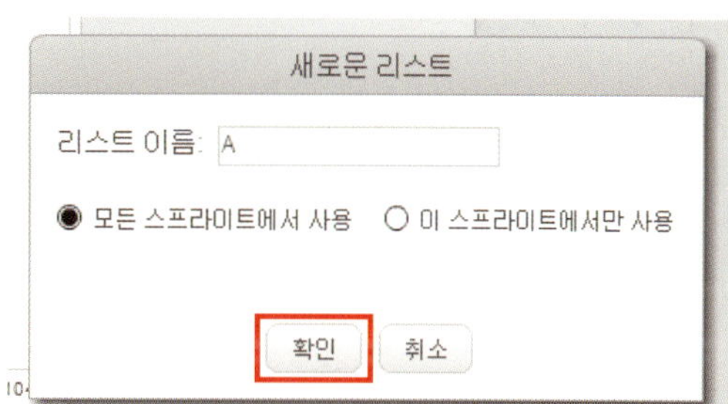

03 이렇게 만들어진 A라는 이름의 리스트가 '무대(Stage)' 좌측 상단에 리스트가 만들어 진 것을 확인할 수 있을 거에유

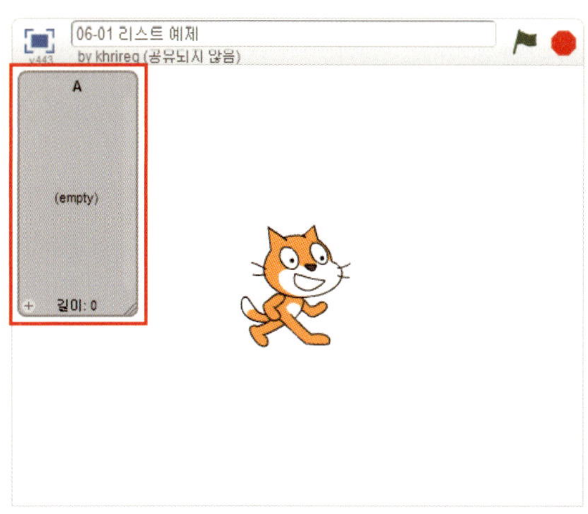

04 또 '**데이터**' 안에도 리스트에 대한 블록들이 새로 생긴 것을 확인할 수 있어요.

05 변수에서는 볼 수 없었던 블록들이 많지요? 이 블록들에 대해서는 나중에 살펴보기로 하고 우선 무대 좌측 상단을 볼게요. 이 곳이 리스트 A 안에 들어가는 값을 나타내는 곳이에요. 이 상자가 리스트 A를 나타내는 것이죠.

맨 위에 있는 A는 리스트의 이름을 나타내고, 중간에 (empty)는 '비어있다'는 뜻으로 지금은 이 리스트 안에 아무것도 없다는 것을 말해요. 그리고 맨 밑에 길이는 0으로 되어 있죠? 이 리스트 안에 아무 '항목'도 없다는 뜻이죠.

06 이 리스트에 새로운 '항목'을 만들어 볼까요? 왼쪽 밑에 있는 버튼을 눌러주세요. 동그라미 안에 더하기 기호가 있는 버튼 말이에요!

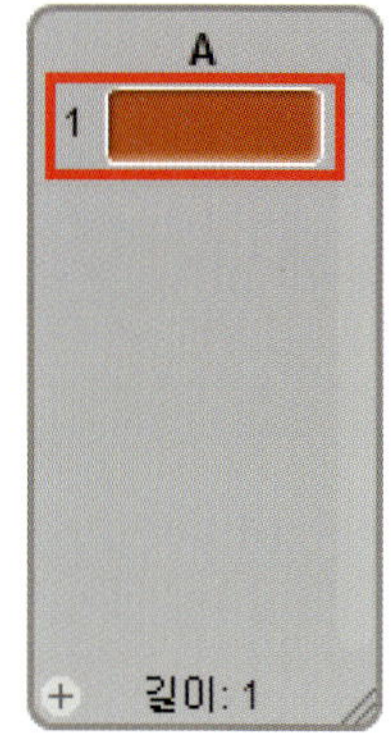

버튼을 눌렀을 때 리스트에 새로운 항목이 생긴 것을 볼 수 있어요! 왼쪽에는 '1'이라는 숫자가 있는 빈 항목이 생긴 것이죠!

07 동그란 더하기 버튼을 통해 얼마든지 항목을 만들 수 있어요. 누를 때마다 항목이 한 개씩 생기니까요! 이 항목에는 값을 넣을 수 있구요!

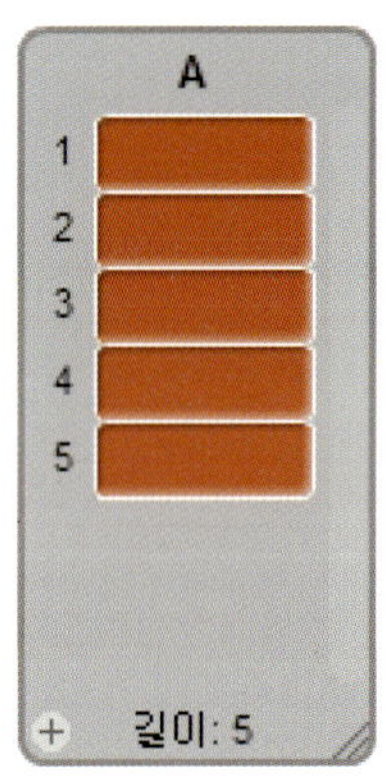

시범 삼아 항목을 다섯 개정도 만들어 볼까요?

08 이 항목에 값을 넣어줄 거에요. 첫 번째 항목에 '아이언맨', 두 번째 항목에 '캡틴아메리카', 세 번째 항목에 '헐크', 네 번째 항목에 '토르' 그리고 마지막 다섯 번째 항목에 '퀘이크'를 넣어줄게요.
사실 리스트 A는 어벤져스(Avengers)의 약자였네요! 하햇!

이제 리스트 A의
첫 번째 항목에는 '아이언맨'
두 번째 항목에는 '캡틴아메리카'
세 번째 항목에는 '헐크'
네 번째 항목에는 '토르'
다섯 번째 항목에는 '퀘이크'
가 들어있는 것이죠. 확인해볼까요?

09 먼저 리스트 A를 출력해볼까요? 스크래치 고양이에게 리스트 A를 말하도록 만들어 볼게요.

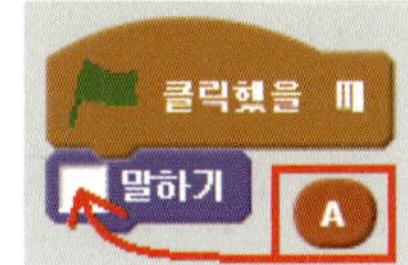

리스트 블록은 변수 블록과 색깔이 다르죠? 변수 블록이 주황색이라면 리스트 블록은 진한 갈색처럼 보여요 '이벤트' 블록은 연한 갈색처럼 보이구요. 색깔이 다 비슷비슷하죠?

10 과연 초록 깃발을 눌렀을 때 스크래치 고양이가 어떻게 말할까요?
한 번 확인해 볼까요? 초록 깃발 클릭!

하나의 리스트를 말하게 했을 뿐인데 리스트 안에 들어있는 모든 값을 말하고 있네요! 와우! 참 신기하죠?

11 이번에는 내가 원하는 항목에 들어있는 값을 말하게 해볼까요? 리스트 A에 두 번째 항목을 출력해볼까요? '데이터'에 있는 [번째 A 항목] 블록을 이용해서 내가 원하는 항목에 있는 값을 출력할 수 있어요! 리스트 A의 두 번째 항목을 출력해 볼까요?

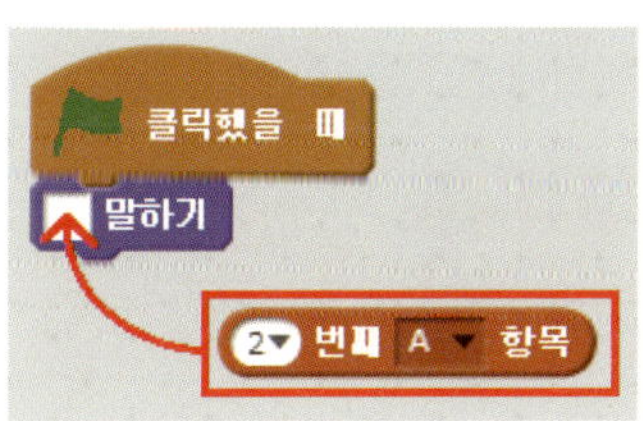

12 리스트 A의 두 번째 항목은 '캡틴아메리카'에요. 과연 스크래치 고양이가 '캡틴아메리카'를 말할 수 있을까요?

와우! 정말 두 번째 항목에 있는 '캡틴아메리카'를 말했어요. 대단하지요?
이렇게, 리스트를 사용하면 내가 원하는 여러 가지 정보를 한꺼번에 넣을 수도 있고, 내가 원하는 정보만 가져올 수도 있는 것이죠. 참 편리하죠?

13 이제 반복문을 통해 리스트 A에 1번 항목부터 10번 항목까지 숫자를 입력해 볼 거에요. 1번 항목에는 1을, 2번 항목에는 2를, ..., 10번 항목에는 10을 입력하는 것이죠.

먼저 10번 반복하는 반복문이 필요해요. 리스트에 반복되는 숫자를 넣을 것이기 때문에 K가 1부터 1씩 증가해서 10까지 반복하는 반복문을 만들어 줄 거에요. K를 리스트 A에 넣기 위해서 말이에요!

이제 이정도 반복문 만드는 일은 일도 아니죠?

반복문을 만들었으면 반복될 내용이 필요해요. 반복될 내용은 K를 1부터 10까지 리스트 A에 넣는 것이죠.
리스트 A의 1번 항목에는 K가 1일 때 K를 넣고,
리스트 A의 2번 항목에는 K가 2일 때 K를 넣고,
...
리스트 A의 10번 항목에는 K가 10일 때 K를 넣어주면 돼요.

K	K ←1	K ←2	K ←3	...	K ←10
A(K) ← K	A(1) ←1	A(2) ←2	A(3) ←3		A(10) ←10

14 우리는 두 가지 방법으로 리스트 A에 숫자를 넣을 거에요.
먼저 리스트 A에 10개의 숫자가 들어가기 위해서는 10개의 항목이 필요하겠죠?
무대 좌측 상단에 있는 동그란 더하기 버튼을 통해 항목 10개를 만들어 주세요.

15 이제 이 항목들에 숫자를 넣기 위해 반복문을 만들어 줄게요. '데이터'에 있는

블록을 이용할 거에요. 우리는 리스트 A의 K번째 항목에 K를 넣고 싶은 거잖아요? 따라서 각각의 위치에 블록을 넣어주면 돼요.

이러면 K번째 리스트 A의 항목을 K로 바꾸는 블록이 되는 것이죠. 이것이 반복할 내용이에요.

16 이제 반복할 내용을 반복문에 넣어줄까요?

이 블록을 통해 초록 깃발을 눌렀을 때
K가 1부터 1씩 증가해서 10까지 반복되는 반복문 안에
리스트 A의 K번째 항목에 K를 넣는 것이죠.

18 그런데, 숫자가 10개라면 동그란 더하기 버튼을
열 번 눌러서 10개의 항목을 만들면 되지만..
숫자가 100개라면? 100번 눌러야 할까요?

우리는 단순 반복되는 작업을 자동적으로 처리해주기
위해 반복문을 만들고 있잖아요? 따라서 더하기 버튼
을 눌러 항목을 만드는 단순 반복 또한 자동화 시킬 수
있어요! 항목이 천 개, 만 개 일 때 하나씩 누르고 있을
수 없으니까요.

먼저 기존의 반복문을 그대로 두고 리스트 블록만 바
꿔줄 거예요.
일단 리스트 A를 깨끗하게 비워줄게요. 리스트 안에 들어있는 항목에 마우스 커서를 가져가면 동그란 X버튼으로
항목을 지울 수 있어요.

17 이제 초록 깃발을 눌러 볼까요?

짠! 초록 깃발을 누르는 순간 리스트 A에 1번 항목부터
10번 항목까지 숫자가 입력된 것을 볼 수 있어요. 숫자
가 초록 깃발을 눌러본 친구들은 숫자가 '좌르륵~' 하
고 들어가는 것을 보았을 거예요. 정말 재미있죠?

19 이 버튼을 통해 리스트에 들어있는 항목을 깨끗하게 지워줄 수 있어요. 하지만 이 방법 또한 동그란 ⊗ 버튼을 계속 눌러야 하기 때문에 좋은 방법은 아니에요. 반복문을 통해 리스트에 존재하는 항목을 지워 볼까요?

'데이터'에 있는 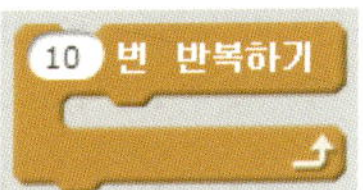 블록을 사용하면 돼요. 이 블록을 반복문 안에 넣어주면 리스트 A의 K번째 항목을 삭제할 수 있는 것이죠!

하지만 주의할 것이 있어요! K가 1부터 1씩 증가해서 10까지 반복하는 반복문으로는 리스트 A에 있는 10개의 데이터를 전부 다 지울 수가 없어요.
왜일까요?
이 블록을 통해 항목을 하나 지우는 순간 항목의 번호가 1부터 9까지 새로 정해지기 때문이죠.
예를 들어,
1부터 10까지 항목이 있다고 했을 때, 1번 항목을 지워 버리면 2번 항목부터 10번 항목까지 남는 것이 아니라 나머지 항목들이 1부터 9까지 번호를 갖게 되는 것이죠.
그래서 1부터 1씩 증가해서 10까지 반복하는 반복문으로 항목을 지우게 되면 다섯 개의 항목 밖에 지워지지 않아요.
우리는 이 문제를 해결하기 위해 반복문을 수정해 줄 필요가 있어요.
K에 관계 없이 정해진 횟수만 반복하는 반복문이나

K가 10부터 1씩 감소해서 1까지 반복하는 반복문이 필요한 것이죠.

20 어느 반복문이든 간에 같은 결과가 나오겠지만, 반복문에 항목 번호가 들어있는 두 번째 반복문을 이용해 리스트에 있는 항목을 지워볼게요.

21 초록 깃발을 누르면 반복문이 좌르륵~ 하고 지워지는 것을 볼 수 있어요. 참 쉽죠?

22 이번에는 '데이터'에 있는 thing 항목을 A ▼ 에 추가하기 블록을 사용할 거예요. 이 블록을 통해 리스트 A에 항목을 만드는 동시에 값을 넣을 수 있어요.

이 블록은 항목 번호를 정할 수 없는 대신에 데이터를 빠르게 리스트에 입력할 수 있어요. 어때요, 참 쉽죠?

23 마지막으로 항목 번호를 정해주면서 데이터를 입력할 수 있는 방법이 있어요. 바로,  이 블록이에요. 이 블록은 항목에 들어갈 내용과 항목의 번호를 리스트에 넣을 수 있기 때문에 가장 유용한 블록이에요. 아마 이 블록을 가장 자주 사용하게 될 거에요.

하지만! 이 블록은 넣어질 항목이 1부터 차례대로 있을 때만 가능해요.

1, 3, 5, 7과 같은 번호의 항목만 넣고 싶다? 안돼요.

1, 2, 3, 5와 같이 중간에 항목 하나를 뛰어넘고 싶다? 안돼요.

연속된 번호의 항목만 넣을 수 있어요.

이 블록을 이용해서 반복문을 만들어 볼까요?

어때요? 가장 간편하게 리스트에 항목을 넣을 수 있었지요?

24 이번에 배운 블록들을 정리해볼게요.

리스트 A의 1번 항목부터 10번 항목까지, 차례대로 1부터 10까지 숫자를 넣는 프로그램이에요.

❶ 이미 리스트에 1번 항목부터 10번 항목까지 만들어져 있다면,

❷ 리스트에 있는 1번 항목부터 10번 항목까지 지우고 싶다면,

❸ 리스트 안에 아무 것도 없다면,

❹ 아무 것도 없는 리스트에 항목과 항목의 번호를 순서대로 넣고 싶다면,

이 중에서 상황에 맞는 블록을 적절하게 사용하면 돼요.

어때요? 참 쉽죠?

25 이제 우리가 배운 것들을 가지고 리스트 A에 12의 약수를 리스트 A에 넣어볼게요. 재미있겠죠?

이번에는 리스트를 배우기 위해 약수가 가지고 있는 짝꿍 성질은 이용하지 않을 거에요. 단순히 1부터 12까지 수 중에서 12의 약수가 되는 수를 리스트 A에 넣는 것이죠.

먼저 1부터 1씩 증가해서 12까지 반복되는 반복문이 필요하겠죠?

26 이제 1부터 12사이의 수 중에 12의 약수가 되는 수를 찾아야 돼요. 12를 K로 나누었을 때 나누어 떨어진다면 K는 12의 약수가 되겠죠?

이 조건이 들어간 조건문을 만들어주면 그것이 반복될 내용이 되는 것이지요.

27 K가 12의 약수가 맞는다면, K를 리스트 A에 넣어주면 되겠죠? 12의 약수는 연속된 숫자가 아니기 때문에 thing 항목을 A에 추가하기 블록을 사용할 거에요.

28 초록 깃발을 클릭했을 때
K가 1부터 1씩 증가해서 12까지 반복되는 반복문 안에 K가 12의 약수라면 리스트 A에 K를 추가하는 조건문이 들어있는 스크립트가 완성되었어요!

29 정말 12의 약수 1, 2, 3, 4, 6, 12가 리스트 A에 추가되는지 살펴볼까요? 초록 깃발 클릭!

12가 가지고 있는 여섯 개의 약수가 리스트 A에 좌르륵 입력되었어요. 리스트에 값이 들어갈 때 번쩍거리는 효과가 참 멋있네요!

이제 우리는 변수에 이어서 리스트라는 새로운 블록을 얻었어요. 이 블록을 가지고 여러 가지 재미있는 것을 만들 수 있겠죠? 생각만해도 신나지 않나요? 하핫!

QR코드를 통해 동영상 강좌를 보실 수 있습니다.

Unit 01 어떤 생선이 제일 크냐옹? – 최대값 찾기

이번에는 리스트를 이용해서 무작위로 입력되는 세 가지 숫자 중에서 가장 큰 숫자를 찾아볼까요?

먼저 A, B, C에 무작위로 자연수가 입력돼요. 이 숫자들을 각각 L(1), L(2), L(3)에 넣어주면 돼요.
그리고 가장 큰 숫자를 담을 변수 MAX도 하나 만들어 줄게요. 이 MAX에는 초기값으로 0을 넣어주면 돼요.
그리고 K가 1부터 3까지 세 번 반복되는 반복문이 필요해요. 숫자가 세 개니까 세 번 반복되는 반복문이 필요하겠죠?

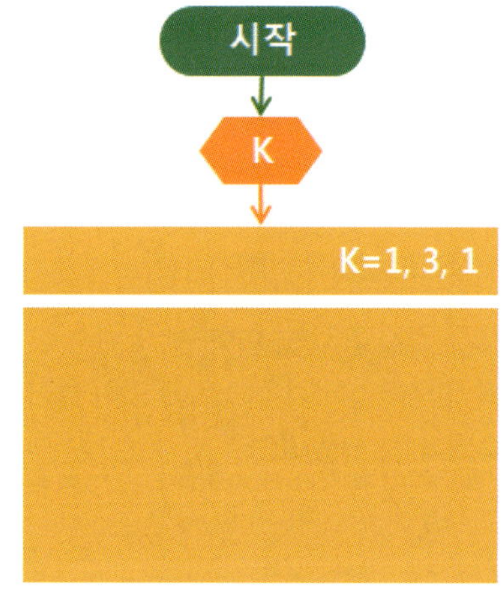

이제 L(1)부터 L(3)까지 가장 큰 숫자가 들어있는 방을 찾아주면 돼요. 이것이 반복될 내용이 되겠죠?

L(K)가 MAX보다 클 경우 MAX를 L(K)로 만들어주면 되는 것이죠. 이러면 L(K)가 MAX에 들어있던 0보다 클 경우 MAX에는 0이 아닌 L(K)가 담기게 되는 것이죠.
이 과정을 세 번 반복하면 MAX에는 L(K)중 가장 큰 숫자가 들어가게 돼요.

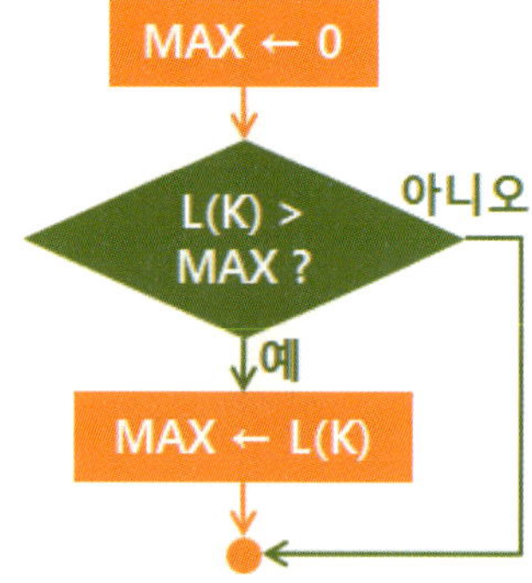

이 방식을 사용하면 숫자가 3개보다 많을 경우에도 리스트
에 들어있는 숫자 중에서 가장 큰 숫자를 골라낼 수 있어요.

어때요? 참 편하죠?
리스트를 사용하지 않을 경우에는 조건문을 여러 번 사용했
었지만, 리스트를 사용할 경우에는 쉽게 구할 수 있었어요.
이전에 배웠던 것들도 리스트를 사용하면 더 편하게 구할 수
있겠죠?

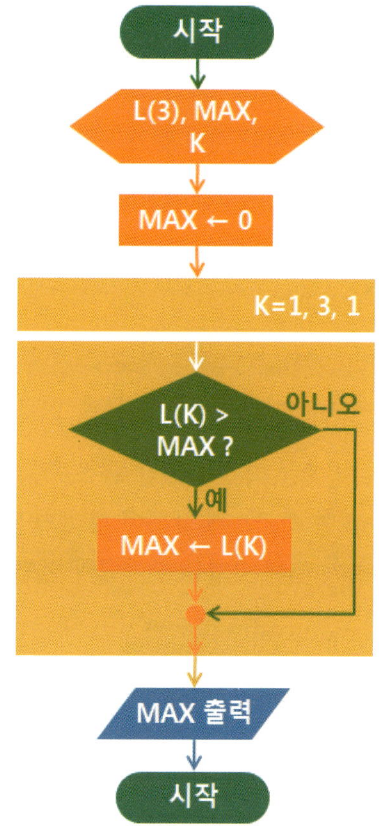

여러분, 여러 개의 숫자 중에서 가장 큰 수나 가장 작은 숫자를 찾을 때 어떻게 했었죠?
조건문을 여러 개 넣고 임시 변수를 사용해서 숫자를 교환했었죠?
그것도 여러 번이나.. 숫자가 많아지면 더 힘들어지겠죠?

그러나!
리스트를 사용하면 이 모든 것들을 간단하게 해결할 수 있어요! 참 편리하겠죠?
리스트가 가지고 있는 성질, '항목에 번호가 있다!'를 이용하면 돼요. 어떻게 하면 될까요?

이번에는 리스트에 입력된 숫자들 중에서 가장 큰 숫자를 찾아내는 프로그램을 만들 거에요.
A라는 리스트에 항목이 세 개가 있고, 이 항목에 각각 2, 3, 1이라는 숫자가 들어있어요. 이 숫자들 중에 가장 큰 숫자를 찾아내서 변수 MAX에 넣는 것이 우리의 목적이에요.

01 먼저 리스트를 만들어 줄게요. A라는 이름의 리스트를 만든 다음 첫 번째 항목에 2를, 두 번째 항목에 3을, 세 번째 항목에 1을 초기값으로 넣어줄게요.

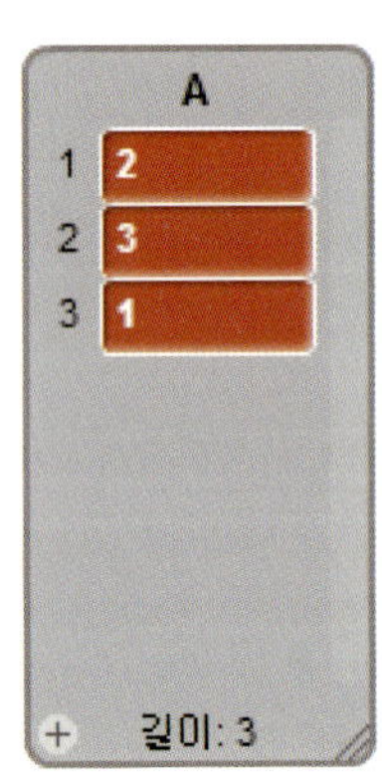

02 이제 리스트 A에 들어있는 숫자들 중에 가장 큰 수를 찾을 거에요. 항목이 세 개가 있기 때문에 반복문 또한 세 번 반복하는 반복문이 필요해요.
K가 1부터 1씩 증가해서 3까지 반복하는 반복문을 만들어주면 되겠죠?

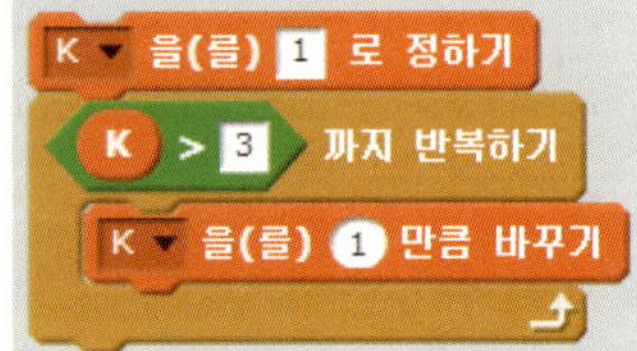

03 이제 반복될 내용이 필요해요. 변수 MAX에 초기값으로 0을 넣어줄게요. 그리고 조건문을 통해 리스트 A의 K번째 항목에 들어있는 숫자가 MAX보다 크다면 변수 MAX에 리스트 A의 K번째 항목에 담긴 숫자를 넣어주는 거에요.

04 이러면 리스트 A의 K번째 항목이 MAX보다 크다면, MAX에 리스트 A의 K번째 항목을 넣는 것이죠. 이 조건문을 미리 만들었던 반복문에 넣어주세요.

05 이제 모든 블록들을 합쳐서 스크립트를 완성해 볼까요?

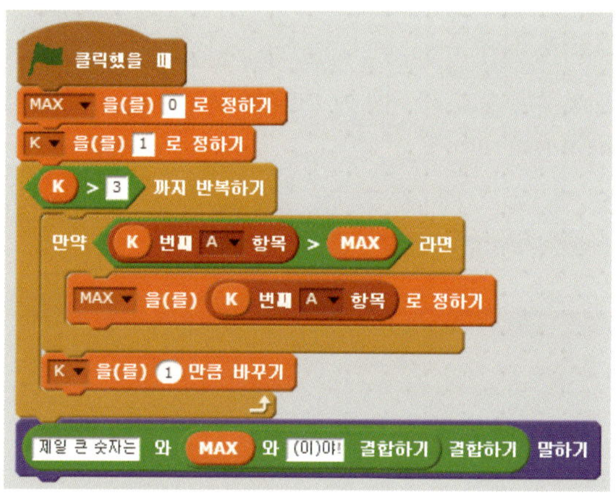

06 2, 3, 1 중에 가장 큰 수는 3이죠? 과연 스크래치 고양이가 3을 제대로 말할 수 있을까요?

스크래치 고양이가 제일 큰 숫자를 찾아냈어요! 참 신기하죠?

이번에는 좀 더 어렵지만 재미있는 것을 해볼게요.

리스트 A에 총 10개의 항목이 있고, 이 항목에는 각각 1부터 100사이의 난수(Random Number)가 들어있는 거에요. 난수는 정해져 있지 않은 임의의 숫자를 말해요. 따라서 우리는 리스트 A에 몇 번째 항목에 제일 큰 숫자가 들어있는지 모르는 것이죠. 또, 제일 큰 숫자가 몇 인지도 알 수 없어요.

이 리스트 A에서 가장 큰 숫자를 찾는 것이 우리의 목표에요. 재미있겠죠?

01 먼저 리스트 A에 1번 항목부터 10번 항목까지 1부터 100사이의 난수를 넣어 주어야 해요. 난수는 '연산'에 있는 `1 부터 10 사이의 난수` 블록을 사용할 거에요.

'1부터 100사이의 난수' 블록을 리스트 A의 K번째 항목에 넣어주면 되겠죠?

02 이제 K가 1부터 1씩 증가해서 10까지 증가하는 반복문 안에 리스트 A의 K번째 항목을 1부터 100사이의 난수로 정해주면 돼요. 어떤 숫자가 들어가게 될지 알 수 없어요!

03 이제 초록 깃발을 클릭해서 리스트 A에 난수가 어떻게 생성되는지 확인해 볼까요?

리스트 A의 1부터 10항목에 난수가 들어가 있는 것을 확인할 수 있어요! 아마 여러분이 만든 난수는 제가 만든 난수와 다를 거에요. 말 그대로 무작위로 숫자가 들어가기 때문이지요!

04 이제 이 난수들 중에 가장 큰 숫자를 찾으면 되겠죠?

마찬가지로 초기값으로 0이 들어있는 변수 MAX를 사용하면 돼요. 반복문을 새로 하나 만들어줘야 돼요. 이 반복문은 숫자 세 개중에 제일 큰 숫자를 찾는 것과 완전히 똑같아요.

단, 항목이 3개에서 10개로 늘어났기 때문에 K가 3이 아니라 10까지 반복해야 되겠지요?

05 이제 모든 블록들이 준비 되었어요. 블록들을 합쳐서 스크립트를 완성시켜 볼까요?

K가 1부터 1씩 증가해서 10까지 반복하는 반복문 안에 리스트 A의 K번째 항목에 1부터 100사이의 난수를 넣는 내용이 반복돼요.

이 반복문이 끝난 다음, 변수 MAX를 0으로 정해주고,

K가 1부터 1씩 증가해서 10까지 반복하는 반복문 안에 리스트 A의 K번째 항목이 MAX보다 크다면

MAX를 리스트 A의 K번째 항목으로 정하는 내용이 반복돼요.

이 반복문이 끝난 다음, 제일 큰 숫자인 MAX를 출력해 주는 것이죠.

어때요? 참 쉽죠?

06 이제 초록 깃발을 눌러서 결과를 확인해 볼까요?
초록 깃발을 누르기 전까진 리스트 A의 어떤 항목이 가장 큰 숫자인지 알 수 없어요. 아직 난수가 생성되지 않았기 때문이죠. 하지만 초록 깃발을 누르는 순간 리스트 A에 난수가 생성될 거고, 그 숫자 중에 가장 큰 숫자를 찾아내는 것이죠.
확인해 볼까요?

스크래치 고양이가 제일 큰 숫자를 찾아 내었어요! 엄청나죠?!
여러분들의 고양이도 제일 큰 숫자를 찾아 내었나요?

만약 리스트를 사용하지 않았다면 10개의 변수를 9번의 비교를 통해 찾아야 하겠죠?
하지만 리스트를 사용하면 단 한번의 반복문 만으로 제일 큰 수를 찾아낼 수 있는 것이죠! 어때요? 참 쉽죠?

여러분이 리스트를 배우면서 생각할 수 있는 퍼즐 한 조각을 더 얻어낸 거에요. 이제 지금까지 배웠던 것들 중에서도 리스트를 적용할 수 있겠다 싶은 것들이 떠오르지 않나요? 삼각형의 밑변을 찾거나, 카프리카 상수, 암스트롱 수를 찾을 때에도 유용하겠죠?

여러분이 다니는 학교는 어떨까요?
여러분이 학년, 교실, 번호를 리스트로 저장할 수 있지 않을까요?
학교 뿐만 아니라 일상생활에서도 리스트는 존재해요.
버스와 지하철의 노선, 아파트나 빌라의 동수, 주소의 번지수..

놀랍지 않나요? 곳곳에 숨어있던 리스트를 이제서야 알게 되나니!
새로운 지식을 통해 세상을 보는 눈이 달라지는 것이죠.

이것이 지식을 얻는 기쁨 아닐까요?

QR코드를 통해 동영상 강좌를 보실 수 있습니다.

Unit 01 소수를 체친다고냥?! – 에라토스테네스의 체

에라토스테네스의 체

마치 마법 주문과도 같이 들리는 이것은 무엇일까요? 기원전 그리스에는 에라토스테네스라는 시인이 살고 있었어요. 에라토스테네스는 시인이자 천문학자, 지리학자 겸 수학자였죠. 지구의 둘레를 거의 정확하게 잰 사람으로도 유명해요. 이 에라토스테네스가 소수에 대해서 발견한 유명한 방법이 바로 '에라토스테네스의 체'에요.

에라토스테네스는 사람 이름이고, '체'는 말 그대로 어떤 것을 걸러낼 때 쓰는 '체'를 말해요. 고운 밀가루를 고울 때 쓰기도 하고, 채소의 물기를 털어낼 때 쓰기도 하죠? 그 체를 말해요.

에라토스테네스의 체는 밀가루나 채소가 아니라 자연수를 체치는 것이죠. 자연수를 체로 쳐서 소수만을 걸러내기 위한 방법이에요. 단어는 어렵지만 개념은 쉽죠? 자연수를 체쳐볼까요?

자연수											
1	2	3	4	5	6	7	8	9	10	11	12

먼저 소수의 정의를 복습해보면, 소수는 1을 제외한 2이상의 숫자들 중에서 1과 자신만을 약수로 갖는 수잖아요? 따라서 에라토스테네스의 체는 2이상의 자연수를 체칠 수 있겠네요.

1을 제외한 자연수											
X	2	3	4	5	6	7	8	9	10	11	12

먼저 2부터 시작할게요. 2는 1과 2를 약수로 갖기 때문에 소수의 조건을 만족하죠? 그렇다면, 2의 배수가 되는 숫자들은 소수가 될 수 없는 거에요. 왜냐하면 이미 2가 1과 자신을 약수로 갖는 소수이기 때문이죠. 2의 배수인 4를 볼까요? 4의 약수는 1, 2, 4로 2가 들어있죠? 2로 나눌 수 있다는 뜻이며 이것은 1과 4이외의 2라는 숫자로도 나눌 수 있기 때문에 소수가 될 수 없다는 뜻이에요. 2의 배수인 4, 6, 8, 10 등 모든 짝수들이 소수가 될 수 없는 거에요.

1를 제외한 자연수 + 2를 제외한 2의 배수를 체침											
X	2	3	X	5	X	7	X	9	X	11	X

범위가 엄청 줄었죠? 2하나를 찾았을 뿐인데 2를 제외한 모든 짝수들이 소수가 될 수 없다는 것을 알았어요. 에라토스테네스의 체로 한 번 거른 것이죠. 와! 신난다!

이제 3을 볼까요? 3또한 2와 마찬가지로 1과 3만을 약수로 갖고 있기 때문에 소수가 되죠. 따라서 3을 제외한 3의 배수는 모두 소수가 될 수 없는 거에요.

1를 제외한 자연수 + 2를 제외한 2의 배수를 체침 + 3을 제외한 3의 배수를 체침											
X	2	3	X	5	X	7	X	X	X	11	X

이런 과정을 반복하는 것이 에라토스테네스의 체를 이용해 소수를 구하는 방법이에요. 소수 하나를 발견할 때마다 체를 치는 것이죠. 어렵지 않죠?

이제 우리는 1부터 N까지 숫자 중에서 에라토스테네스의 체를 이용해 소수를 찾는 프로그램을 만들 거에요. 1부터 N까지 숫자를 정해주지 않으면 범위가 너무 커지기 때문에 N까지라고 정해주었어요.

가장 먼저 할 일은 반복문의 범위를 정하는 것이에요. 우리가 여러 번 배운 약수의 성질을 이용하면 좋겠죠? K가 1부터 N까지 반복문을 돌릴 필요 없이 K가 1부터 N의 제곱근($\sqrt{N}$)까지 반복하면 돼요.

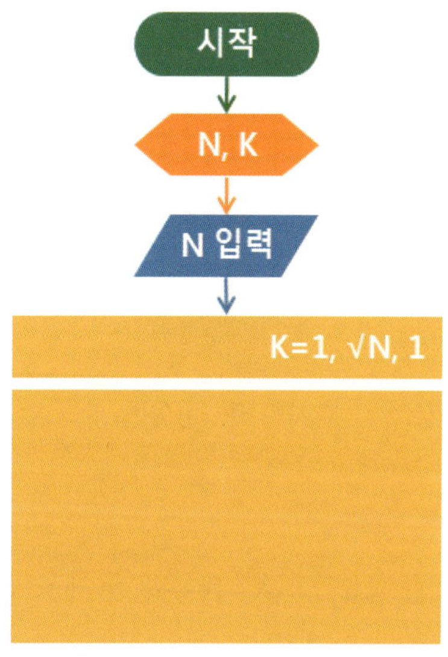

그 다음에 0으로 초기화된 리스트를 만들어 줄게요. N개의 방을 갖고 있는 리스트 E(N)의 모든 방에 0을 넣는 것이죠. 일딘 모든 체가 소수가 될 수 있다고 가정하고 시작하는 것이죠. 여기서 소수가 될 수 없는 것들을 체치는 것이죠.

E(N) ← (0)

모든 E(N) 리스트에 0이라는 값이 들어있는 거에요. E(1)에도 0이, E(2)에도 0이, E(3)에도 YES이, ... E(N)에도 0이 들어 있는 것이죠. 이 모든 YES들을 에라토스테네스의 체로 설러서 소수가 될 수 없는 방에는 1을 넣어줄 거에요.

그런데 숫자 1은 소수가 될 수 없으니 E(1)에 1을 넣고 시작할까요?

E(1) ← 1

첫 번째 방에 1이 들어가 있기 때문에 E(2)부터 찾으면 되겠죠? 먼저 만들었던 반복문이 K가 1부터 √N까지 1씩 증가하는 반복문이었기 때문에 K가 1이 아니라 2부터 시작하는 반복문으로 고쳐 주어야 돼요.

이제 본격적으로 E(2)부터 소수를 찾아줄게요.

E(K)가 0이라면 그것이 소수인지 아닌지 판별해야 하는 것이죠. 만약 E(K)가 소수라면 E(K)에 1을 넣어주면 되겠죠? 그리고 E(K)의 배수인 E(K), E(K + K), E(K + K + K) 등에도 1을 넣어주어야 돼요.

E(2)를 볼까요? 2는 소수이기 때문에 E(2)는 0으로 남아 있고, E(4), E(6), E(8)등에 1을 넣어주어야 돼요. 반복문을 하나 더 만들어줘야겠죠?
J가 K+K부터 N까지 반복되는 반복문이 필요해요. 또, J는 1씩 증가하지 않고 K만큼 증가해야 돼요.

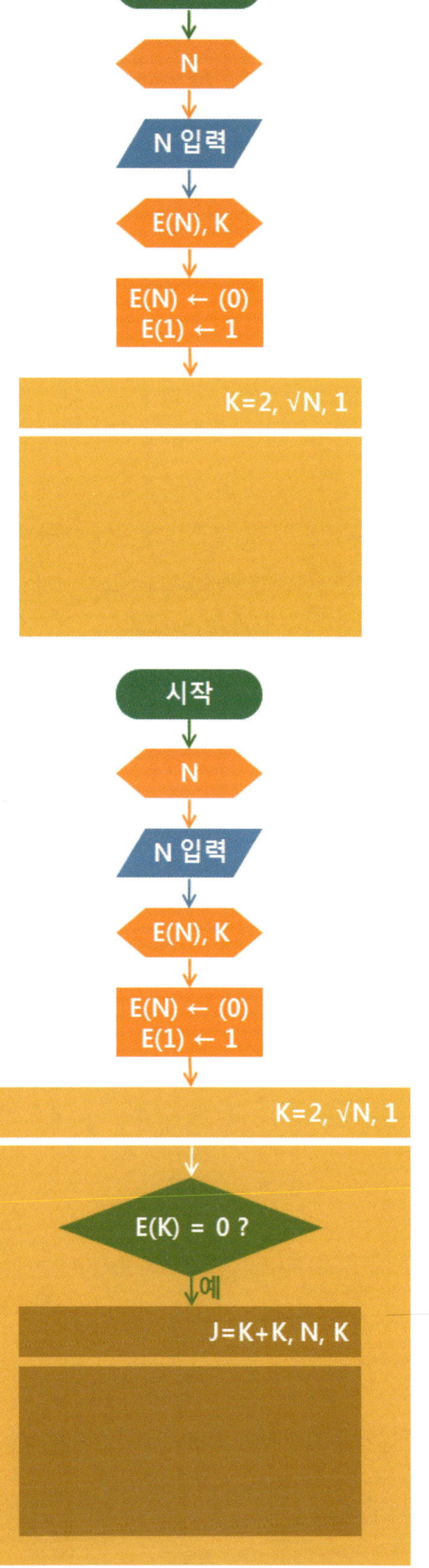

J를 K+K부터 시작하는 이유는, K가 이미 소수로 판별이 되었기 때문에 K의 배수인 K+K, K+K+K 등에 1을 넣어야 하기 때문이죠. J가 K만큼 증가하는 이유 또한 마찬가지가 되겠죠?

만약 E(2)에서 이 과정이 반복된다면 K가 2가 되겠죠?

그리고 J는 K+K부터 반복되어야 하니 2+2인 4부터 반복되어야 해요. 4에다가 1을 넣고, 한 번 더 K를 더한 6에다가도 1을 넣고, 한 번 더 K를 더한 8에다가도 1을 넣는 것이죠. 이 과정을 입력받은 N까지 반복하면 되는 거에요. 순서도로 살펴볼까요?

이 과정을 통해 K가 1부터 $\sqrt{N}$까지 반복되었다면, E(K) 리스트에 들어있는 숫자만 보면 그것이 소수인지 아닌지 알 수 있어요. 만약 0이 들어있다면 K는 소수가 될 것이고, 1이 들어있다면 K는 소수가 될 수 없는 것이죠.

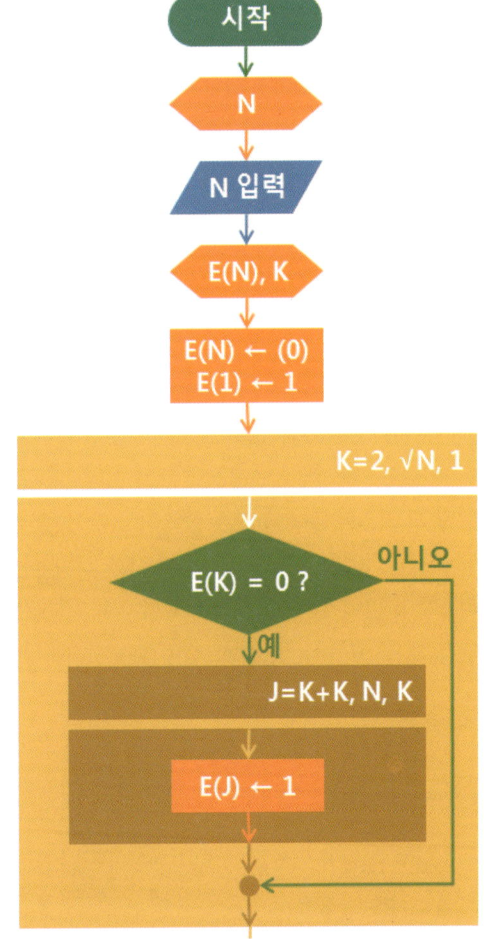

에라토스테네스의 체는 어떠한 숫자 이하의 모든 소수를 찾는 방법 중에서 가장 간단한 방법일거에요. 약 2000년이 넘은 지금까지도 소수를 찾는 방법으로 많이 쓰이는 방법이니까요! 참 신기하죠?

여러분도 여러분만의 알고리즘을 발견해서 여러분만의 체를 만들어보세요! 혹시 아나요? 전 닌이 넘도록 여러 사람들이 여러분의 체를 쓰게 될지.

Unit 02 에라토스테네스의 체 : 스크래치 예제

우리는 오늘 기원전에 발견한 방법으로 소수를 구해볼 거에요.
무려 이천 년 이전의 방법으로 말이에요!

모든 수의 소수를 다 구할 순 없으니 N을 입력받고 1부터 N까지의 숫자 중에서 어떤 수가 소수인지 판별하는 프로그램을 만들거에요.

01 먼저 ERA라는 이름의 리스트를 만들어 줄게요. 이 리스트가 에라토스테네스의 체가 되는 것이죠. 우리는 먼저 리스트 ERA에 모든 항목이 소수가 될 수 있다고 가정할거에요. 만약 N까지의 숫자를 입력받는 다면, 리스트 ERA에 있는 1번부터 N까지 항목 전체가 다 소수가 될 수 있다고 가정하는 것이죠.

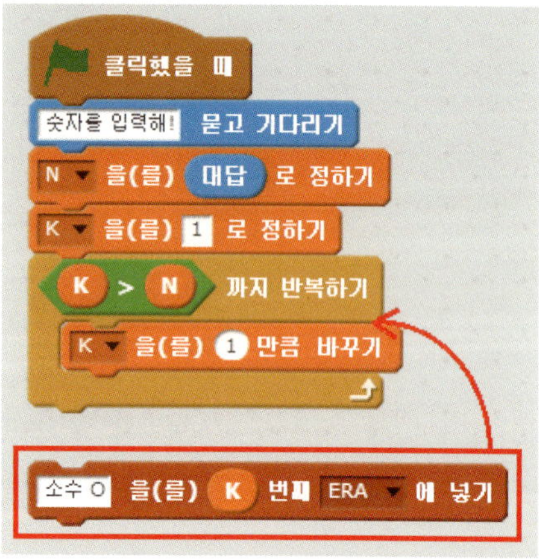

02 이렇게 되면 K가 1부터 1씩 증가하면서 N까지 반복되는 반복문에서, 리스트 ERA의 K번째 항목의 값을 '소수 O'라고 정하게 되는 거에요.
리스트 ERA에 있는 모든 항목에 '소수 O'라고 넣는 것이죠.

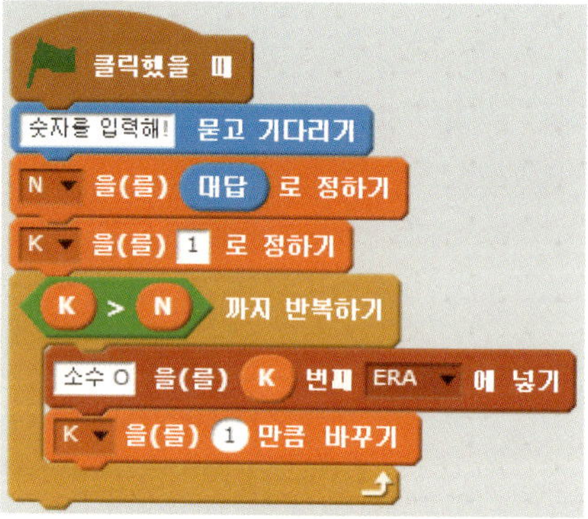

03 그 다음에 에라토스테네스가 생각한 방법으로 소수가 될 수 없는 항목들을 찾아가면 되는 것이죠!

그런데! 또! 숫자 1이 말썽이에요. 숫자 1은 소수가 될 수 없기 때문이죠. 따라서 우리는 리스트 ERA의 1번 항목은 소수가 될 수 없다고 정해놓고 시작해야 돼요.

04 만약 1이 소수라면 1의 배수는 소수가 될 수 없을 텐데, 모든 수는 1의 배수이기 때문에 에라토스테네스의 체가 망가져 버리는 것이죠. 1을 건너 뛰고 2부터 시작해 볼까요?

K가 2부터 1씩 증가해서 N의 제곱근($\sqrt{N}$)까지 반복하는 반복문이 필요해요.

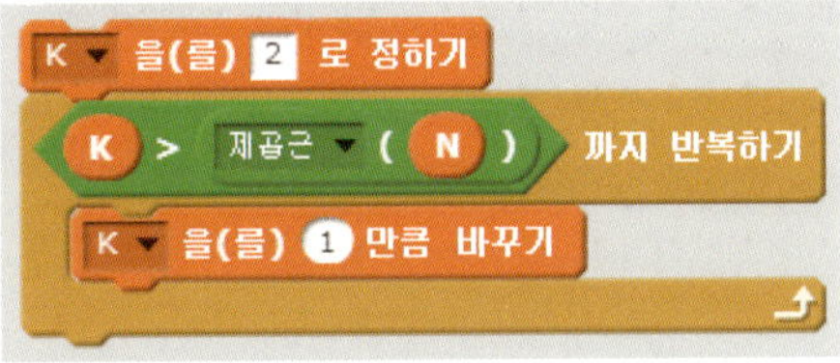

05 우리는 맨 처음에 리스트 ERA의 항목들이 전부 다 소수가 될 수 있다고 가정해놓았잖아요? 이제 이 반복문을 통해 가정해 놓은 항목을 체쳐야 돼요.
만약 리스트 ERA의 K번째 항목이 소수가 맞다면('소수 O'라는 값이 입력되어 있다면) 해당 항목을 제외한 해당 항목의 배수가 되는 숫자들을 모조리 다 소수가 될 수 없다고 만드는 것이죠.

따라서 리스트 ERA의 K번째 항목이 소수가 맞는지, 아닌지 판별하는 조건문이 필요해요. 소수가 맞다면 그 수를 제외한 그 수의 배수가 소수가 될 수 없으니까요! 그런데 우리는 맨 처음에 리스트 ERA의 모든 항목이 소수가 맞다고 가정했으니, '소수 O'라고 되어 있는 항목을 제외한 그 항목의 배수들에 대해 소수가 **될 수 없**나고 정해주면 되겠죠?
우선 조건문을 만들어 줄게요.

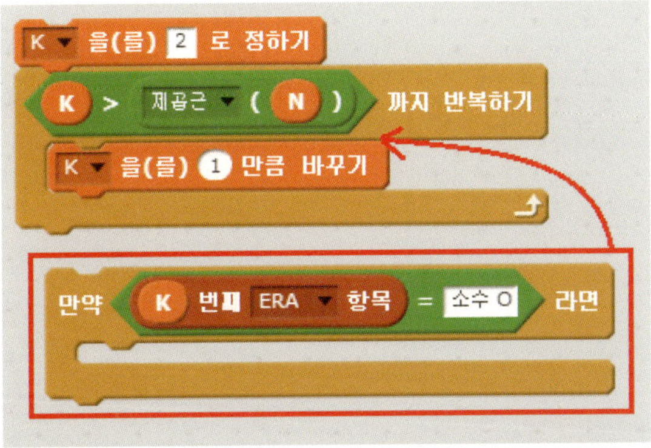

06 'K가 2부터 N의 제곱근까지 1씩 증가하는 반복문 안에 만약 리스트 ERA의 K번째 항목이 소수가 맞는다면' 안에 들어갈 내용이 필요하겠죠? 조건문의 조건이 맞을 때 들어갈 내용이요.

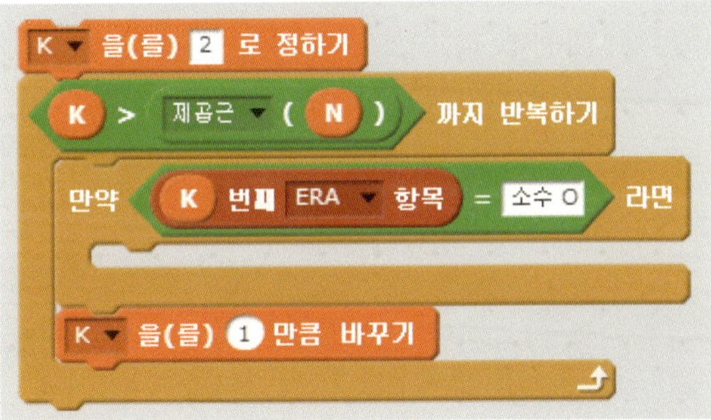

조건문 안에 들어갈 내용은, 리스트 ERA의 K번째 항목을 제외한 K번째 항목의 배수가 되는 항목들을 전부 다 소수가 될 수 없다고 만들어주는 것이에요.
만약 리스트 ERA의 2번째 항목이 소수가 될 수 있다면, 2번째 항목의 배수가 되는 4번째, 6번째, 8번째, 10번째.. 항목들은 배수가 될 수 없는 것이죠.

07 이것을 만들어 주기 위한 반복문이 필요해요. J가 K부터 시작해서 N까지 반복하면 될까요? 아니죠! K부터 시작하면 안돼요! 자신을 제외한 자신의 배수에 대해서 소수가 될 수 없다고 만들어줘야 하니까요. 그럼 어디부터 시작하면 될까요?
바로 K의 첫 번째 배수부터 시작하면 되죠!

만약 2번째 항목이 소수가 될 수 있다면, 2번째 항목의 배수가 되는 첫 번째 수, 바로 4번째 항목부터 시작해서 6번째, 8번째, 10번째 항목으로 나아가면 돼요. 따라서 우리는 J가 K부터 N까지 반복되는 반복문이 아니라, J가 자신을 제외한 첫 번째 배수인 K+K부터 N까지 반복되는 반복문을 만들어 줄 거에요.

그럼 얼마씩 늘어나면 될까요?
2번째 항목을 다시 생각해 보면, 4, 6, 8, 10의 순으로 늘어난 것을 알 수 있어요.
2씩 증가한 것이죠. 왜일까요? 그야 당연히 모든 숫자들이 2의 배수이기 때문이죠.
따라서 2의 배수 중에 2를 제외한 모든 숫자를 소수가 아니게 만들고 싶다면,
2를 제외한 최초의 배수인 4부터 2씩 더해 나가는 숫자들을 소수가 아니게 만들면 되겠죠?

J가 K+K부터 N까지 K만큼 늘어나는 반복문을 만들어 줄게요.

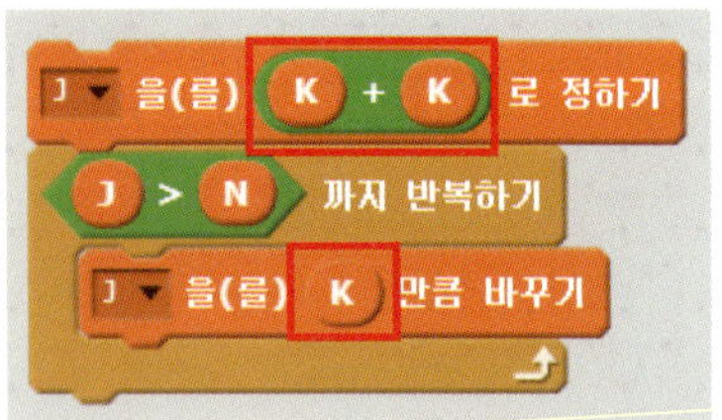

08 이제 반복할 내용이 필요하겠죠? 반복할 내용은 리스트 ERA의 해당 항목에 소수가 될 수 없다고 넣어주는 것이에요. 리스트 ERA의 J번째 항목에 '소수 X'라고 넣어주면 되는 것이죠.

이렇게 되면, J가 K가 아닌 K의 첫 번째 배수부터 N까지 K씩 증가하는 반복문 안에 리스트 ERA의 J번째 항목을 '소수 X'로 정하는 내용이 들어있는 반복문이 되는 것이죠! 참 쉽죠?

09 이제 이 반복문을 아까 만들었던 조건문 안에 넣어주면 돼요.

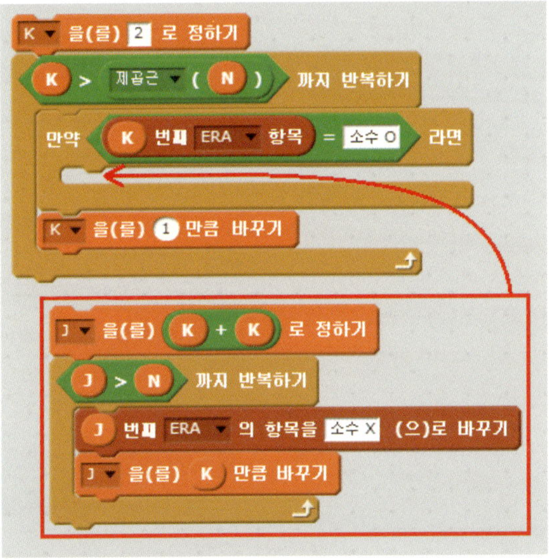

이렇게 합쳐진 블록들을 잘 보면,
K가 2부터 N의 제곱근까지 1씩 증가하는 반복문 안에
만약 리스트 ERA의 K번째 항목이 소수가 맞는다면,
J가 K가 아닌 최초의 K의 배수부터 N까지 K만큼 증가
하는 반복문 안에, 리스트 ERA의 J번째 항목을 소수가
될 수 없다고 바꿔주는 내용이 있는 것이죠.
블록은 많지만 내용은 간단하죠?

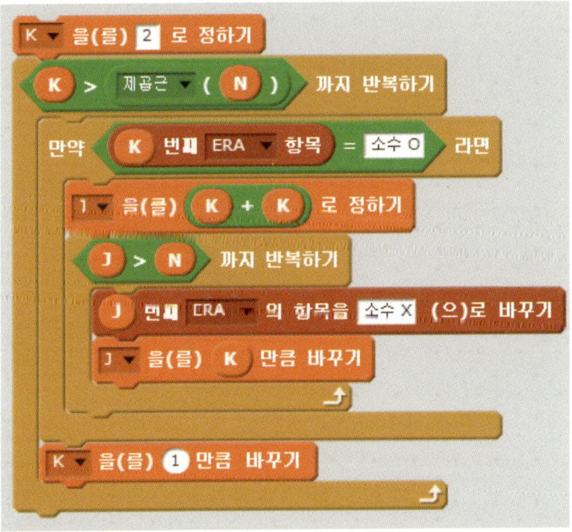

10 마지막으로 에라토스테네스의 체로 찾은 소수들
을 출력해 볼까요?

K가 1부터 N까지 반복되면서 리스트 ERA에 있는 항목
들 중에 '소수 O'라고 입력된 항목만 출력하면 되는 것
이죠. '소수 O'라고 입력된 항목의 방 번호가 바로 소수
가 되는 것이에요.

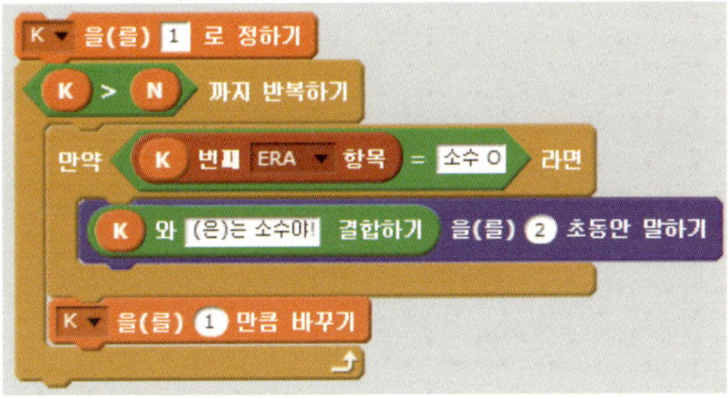

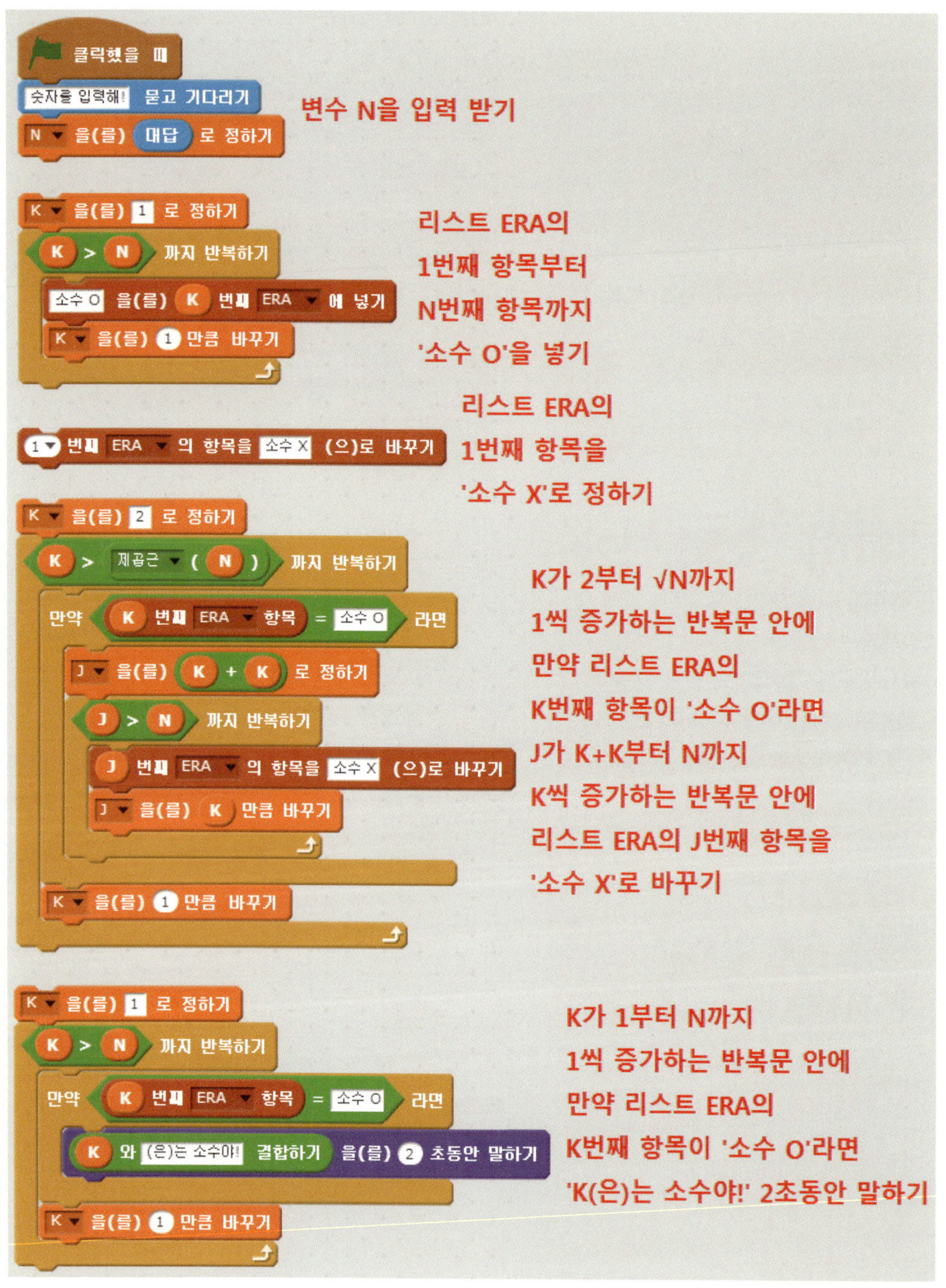
변수 N을 입력 받기

리스트 ERA의
1번째 항목부터
N번째 항목까지
'소수 O'을 넣기

리스트 ERA의
1번째 항목을
'소수 X'로 정하기

K가 2부터 √N까지
1씩 증가하는 반복문 안에
만약 리스트 ERA의
K번째 항목이 '소수 O'라면
J가 K+K부터 N까지
K씩 증가하는 반복문 안에
리스트 ERA의 J번째 항목을
'소수 X'로 바꾸기

K가 1부터 N까지
1씩 증가하는 반복문 안에
만약 리스트 ERA의
K번째 항목이 '소수 O'라면
'K(은)는 소수야!' 2초동안 말하기

12 반복문과 조건문이 많지만 내용은 어렵지 않죠? 모든 블록을 합쳐서 스크립트를 완성해 볼게요.

13 이제 에라토스테네스의 체가 완성되었으니 1부터 100까지의 소수를 찾아 볼까요?

N에 100을 입력했을 때, 리스트 ERA의 항목 중 '소수 O'라고 입력된 것은 소수이고, '소수 X'라고 입력된 것은 소수가 아닌 것이죠. 스크래치 고양이가 잘 찾아낼 수 있을까요?

정말 소수들을 2초씩 말하고 있어요!

왼쪽에 보면 리스트 ERA에 '소수 X'라고 되어 있는 것은 소수가 될 수 없는 것들이고, '소수 O'라고 되어 있는 것들이 소수가 되는 것들이에요.

스크래치 고양이가 2000년 전의 방법으로 1부터 100 사이에 있는 소수들을 찾아 내었어요! 정말 똑똑하죠?

QR코드를 통해 동영상 강좌를 보실 수 있습니다.

암호

여러분들은 주민등록번호의 비밀에 대해 알고 계시나요?

주민등록번호의 앞 6자리는 생년월일로 이루어져 있죠. 이것은 너무 간단한 것이죠? 하지만 뒤에 있는 숫자들은 어떻게 결정되는 것일까요?

먼저 주민등록번호를

ㄱ ㄴ ㄷ ㄹ ㅁ ㅂ ー ㅅ ㅇ ㅈ ㅊ ㅋ ㅌ ㅍ

라고 나누어 볼게요. 앞에 'ㄱ ㄴ ㄷ ㄹ ㅁ ㅂ'는 태어난 년도와 월, 일을 뜻해요. 만약 1985년 1월 1일에 태어났으면 앞에 있는 19를 생략하고 850101과 같이 표시하는 것이죠. 참 쉽죠?
그리고 주민번호 뒷자리 중 가장 첫 번째 자리는 성별을 나타내요. 1이면 남성, 2이라고 알고 있는데 다른 번호들도 많답니다.

9 : 1800 ~ 1899년에 태어난 남성
0 : 1800 ~ 1899년에 태어난 여성
1 : 1900 ~ 1999년에 태어난 남성
2 : 1900 ~ 1999년에 태어난 여성
3 : 2000 ~ 2099년에 태어난 남성
4 : 2000 ~ 2099년에 태어난 여성
5 : 1900 ~ 1999년에 태어난 외국인 남성
6 : 1900 ~ 1999년에 태어난 외국인 여성
7 : 2000 ~ 2099년에 태어난 외국인 남성
8 : 2000 ~ 2099년에 태어난 외국인 여성

우리는 대부분 1900~2099년 사이에 태어난 사람들이기 때문에 1, 2, 3, 4와 같은 숫자가 익숙하지요. 하지만 나른 숫지도 있답니다!

그리고 성별 뒤에 오는 'ㅇ ㅈ ㅊ ㅋ'는 출생지를 뜻해요. 하지만 주민등록상에 표기되는 출생지와 실제 출생지는 다를 수 있기 때문에 주민번호만을 가지고 정확한 출생지를 파악할 순 없어요.

'ㅇㅈ'은 지방자치단체의 고유 번호에요. 태어난 도시를 알 수 있지요!

서울특별시 : 00~08

부산광역시 : 09~12

인천광역시 : 13~15

경기도 : 16~25

강원도 : 26~34

충청북도 : 35~39

대전광역시 : 40

충청남도 : 41~47

세종특별자치시 : 44, 96[11]

전라북도 : 48~54

전라남도 : 55~64

광주광역시 : 65, 66

대구광역시 : 67~70

경상북도 : 71~80

경상남도 : 81~84, 86~90

울산광역시 : 85

제주특별자치도 : 91~95

'ㅊㅋ'은 출생 등록을 한 주민센터의 고유 번호에요. 주민센터마다 특정한 고유 번호가 부여되어 있어요.

'ㅌ'은 단순한 일련 번호에요. 그날 출생신고를 한 순서대로 부여 받는 숫자이죠.

자, 이제 우리가 주목할 것은 'ㅍ'에 있어요. 주민등록번호의 맨 마지막 숫자이죠. 이 숫자를 통해 주민등록번호가 제대로 된 번호인지 아닌지 판별하는 것이에요.
누군가 임의로 주민등록번호를 만들어 낼 수도 있기 때문에 이 검증번호를 통해 주민번호가 유효한 것인지 판별하는 것이죠. 이 번호의 공식은,

$$\mathrm{ㅍ} = 11-\{(2\times\mathrm{ㄱ}+3\times\mathrm{ㄴ}+4\times\mathrm{ㄷ}+5\times\mathrm{ㄹ}+6\times\mathrm{ㅁ}+7\times\mathrm{ㅂ}+8\times\mathrm{ㅅ}+9\times\mathrm{ㅇ}$$
$$+2\times\mathrm{ㅈ}+3\times\mathrm{ㅊ}+4\times\mathrm{ㅋ}+5\times\mathrm{ㅌ})\%11\}$$

에요. 먼저 소괄호()안에 있는 것들을 계산한 다음 11로 나눈 나머지를 구해주세요. 이 나머지를 11에서 빼주면 주민등록번호의 맨 뒷자리에 있는 숫자가 나온답니다!
단, 11에서 나머지를 뺀 숫자가 10이나 11라면 10은 0으로, 11은 1로 놓으면 돼요.
이것이 'ㅍ'의 비밀이에요. 신기하죠?

'ㅍ'의 비밀을 통해 주민등록번호의 유효성을 검사할 수 있었어요. 사실 이런 식으로 특정 규칙을 두고 숫자를 변형하는 것을 '암호'라고 말해요.
그래서 어떤 규칙을 발견하게 되면 그 암호 체계가 뚫리는 것이죠. 주민등록 번호의 규칙도 공개되어 있기 때문에 유효성을 검사하는 프로그램을 만들 수 있었잖아요?

그래서 옛날에는 남들에게 공개되지 않은 난수표(Table of random numbers)와 같은 것들로 암호를 만들곤 했어요. 난수표에는 말 그대로 무작위 숫자들이 빼곡하게 적혀 있는 것이죠. 이 난수표를 가지고 암호를 만들고 해독할 수 있는 거에요. 그러니 난수표가 유출되거나 해서는 안되겠지요?

하지만 난수표 또한 물리적으로 세상에 존재하는 것이기 때문에 언제든지 유출될 수 있었어요. 따라서 암호학자들은 더 어려운 규칙이 필요했죠. 그것이 바로 '소수'에요. 우리가 여러 번 배운 숫자이죠?

소수는 2, 3, 5, 7, 11, 13, .. 등으로 나아가는데 매우 불규칙적으로 존재하고 있어요. 어떠한 규칙으로 소수가 나타나는지 알 수 없죠. 규칙을 알 수 없기 때문에 소수를 이용해 암호를 만드는 것이 중요했어요. 소수는 존재하는 숫자이지만 규칙을 알 수 없잖아요? 그러니 암호를 만들 때 소수를 이용하면 엄청나게 견고한 암호를 만들 수 있는 것이죠.
2, 3, 5, 7, 11, 13, 17, 19 등과 같이 간단한 소수는 쉽게 풀리겠지만, 소수를 소수가 등장하는 순서대로 나타낸 수열을 가지고 암호를 만들면 훨씬 어려워지겠죠?

예를 들어 첫 번째 등장하는 소수가 2, 두 번째 등장하는 소수가 3, 세 번째 등장하는 소수가 5 이기 때문에 이러한 순서를 소수 자체에 적용한다면 3, 5, 11, 17 과 같은 수열도 만들 수 있는 것이죠. 이 작업을 소수가 등장하는 만큼 반복한다면 정말 어려운 암호가 생길 거에요.

소수라는 불규칙한 숫자를 이용해 암호를 만들지만 소수를 이용하는 규칙은 암호를 만든 사람만 알고 있는 것이죠. 따라서 암호를 풀려는 사람들은 소수의 비밀을 풀어야만 하는 것이죠. 정말 어렵겠죠?
여러분도 여러분만의 규칙으로 새로운 암호 알고리즘을 만들어 보세요. 언젠간 소수의 비밀도 풀 수 있는 날이 오지 않을까요?

01 입력되는 주민등록번호가 올바른 주민등록번호인지, 아닌지 판별하는 프로그램을 만들 거예요. 주민등록번호는 13자리로 이루어져있죠? 이 13자리의 숫자를 입력받은 다음, ID라는 이름의 변수에 넣어줄게요.

02 그 다음엔 주민등록번호 판별 공식을 적용시켜야겠죠? 입력받은 13자리 중에서 맨 뒷자리를 제외한 12자리를 쓸 거예요. 13자리는 주민등록번호가 올바른 번호인지 아닌지 판별하는 번호이기 때문이죠!

판별식=11-{(2×ㄱ+3×ㄴ+4×ㄷ+5×ㄹ+6×ㅁ+7×ㅂ+8×ㅅ+9×ㅇ+2×ㅈ+3×ㅊ+4×ㅋ+5×ㅌ)%11}

판별식을 잘 보면 ㄱ부터 ㅌ까지 주민등록번호에 2부터 9까지 숫자를 곱한 것을 알 수 있어요.

ㄱ	ㄴ	ㄷ	ㄹ	ㅁ	ㅂ	ㅅ	ㅇ	ㅈ	ㅊ	ㅋ	ㅌ
*2	*3	*4	*5	*6	*7	*8	*9	*2	*3	*4	*5

ㄱㄴㄷㄹ로 시작하는 기호는 주민등록번호의 숫자 순서를 말하고 있어요. 즉,

ㄱ은 주민등록번호의 첫 번째 숫자,

ㄴ은 주민등록번호의 두 번째 숫자,

ㄷ은 주민등록번호의 세 번째 숫자,

…

ㅌ은 주민등록번호의 열두 번째 숫자인 것이죠.

03 숫자의 위치가 정해져 있기 때문에 '연산'에 있는 [1 번째 글자 (world)] 블록을 이용할 수 있어요. 그리고 숫자들이 하나씩 증가하면서 반복되기 때문에 반복문 또한 이용할 수 있겠죠?

이번에는 반복할 횟수도 정해져 있고 단순히 1씩 증가하는 반복이기 때문에

 블록을 사용할 거예요.

판별식을 잘 보면 각 자리의 숫자에 2부터 9까지 곱한 다음에 다시 2부터 5까지 곱해지는 것을 볼 수 있죠? 따라서 우리도 두 번의 반복문을 통해 곱해줄 거예요. 곱한 값은 초기값으로 0이 들어 있는 변수 SUM에 더해서 넣어주면 되겠죠?

04 주민등록번호의 각 자리의 숫자와 그에 맞는 수를 곱해 주었어요! 곱해준 숫자는 모두 더해서 SUM에 넣었구요. 이제 판별식에 따라 SUM을 11로 나눈 나머지를 구한 다음 11에서 빼줄 거에요.

```
11 - ( SUM 나누기 11 의 나머지 )
```

05 이 판별식을 통해 구한 숫자를 CHECK라는 이름의 변수에 넣어줄게요.

```
CHECK ▼ 을(를) ( 11 - ( SUM 나누기 11 의 나머지 ) ) 로 정하기
```

06 만약 CHECK의 숫자가 10이나 11이라면 각각 0과 1로 바꿔주는 작업이 필요하겠죠? 조건문을 사용해서 10보다 큰 숫자일 경우 끝자리만 사용하도록 만들어 줄 수도 있지만, 앞서 사용한 나머지를 사용하면 더 쉽게 만들어 줄 수 있어요.
CHECK를 10으로 나눠서 그 나머지를 구하는 것이죠. 만약 CHECK에 있는 숫자가 10보다 작다면 CHECK는 아무런 변화가 없을 거에요. 하지만 10보다 크다면 10으로 나눌 수 있게 되고, 나머지도 생기겠죠? 이 원리를 이용해서 만들어 볼게요."

```
CHECK ▼ 을(를) ( CHECK 나누기 10 의 나머지 ) 로 정하기
```

물론 나머지를 이용하지 않고 조건문을 사용해서 만들 수도 있어요.

만약 CHECK가 10이라면 CHECK를 0으로 정하고, CHECK가 11이라면 CHECK를 1로 정해주는 조건을 만들면 되는 것이죠."

```
만약 ( CHECK = 10 ) (이)라면
    CHECK ▼ 을(를) 0 로 정하기

만약 ( CHECK = 11 ) (이)라면
    CHECK ▼ 을(를) 1 로 정하기
```

두 가지 방법 중 여러분이 마음에 드는 방법으로 블록을 만들어 보세요

07 이제 모든 블록들을 합쳐 주민등록번호를 판별하는 스크립트를 완성시켜 볼까요? 완성된 스크립트는 06번의 나머지 블록을 사용해서 만들었어요."

```
클릭했을 때
( 주민등록번호를 입력해! ) 묻고 기다리기
ID ▼ 을(를) ( 대답 ) 로 정하기
SUM ▼ 을(를) 0 로 정하기
K ▼ 을(를) 1 로 정하기
J ▼ 을(를) 2 로 정하기
8 번 반복하기
    SUM ▼ 을(를) ( ( K 번째 글자 ( ID ) ) * J ) 만큼 바꾸기
    K ▼ 을(를) 1 만큼 바꾸기
    J ▼ 을(를) 1 만큼 바꾸기
J ▼ 을(를) 2 로 정하기
4 번 반복하기
    SUM ▼ 을(를) ( ( K 번째 글자 ( ID ) ) * J ) 만큼 바꾸기
    K ▼ 을(를) 1 만큼 바꾸기
    J ▼ 을(를) 1 만큼 바꾸기
CHECK ▼ 을(를) ( 11 - ( SUM 나누기 11 의 나머지 ) ) 로 정하기
CHECK ▼ 을(를) ( CHECK 나누기 10 의 나머지 ) 로 정하기
만약 ( ( 13 번째 글자 ( ID ) ) = CHECK ) (이)라면
    ( 올바른 주민등록번호야! ) 말하기
아니면
    ( 올바른 주민등록번호가 아니야! ) 말하기
```

08 이제 판별식이 제대로 작동하는지 알아볼게요. 자신의 주민등록번호를 입력해서 올바른 주민등록번호가 맞는지 확인해보고, 일부러 이상한 주민등록번호를 입력해서 올바른 주민등록번호가 아니라고 출력되는지도 확인해 보세요!

제 주민등록번호를 입력해 보았더니 스크래치 고양이가 올바른 번호라고 알려주네요! 당연하지 임마!

우리나라 국민들이 모두 갖고 있는 주민등록번호에도 이런 비밀이 숨어있었다니 놀랍지 않나요? 어떻게 이런 생각을 했는지 참 궁금해요.. 어려운 공식으로 주민등록번호를 안전하게 보호할 수 있게 만들어 주었으니 말이에요!
여러분의 개인정보가 담긴 주민등록번호! 절대 남에게 보여주어선 안돼요!

QR코드를 통해 동영상 강좌를 보실 수 있습니다.

저자협의

인지생략

컴퓨팅 사고력 향상을 위한

스크래치 알고리즘

1판 1쇄 인쇄 2016년 4월 10일   **1판 1쇄 발행** 2016년 4월 15일
1판 2쇄 인쇄 2017년 10월 15일   **1판 2쇄 발행** 2017년 10월 20일

지 은 이 김학성
발 행 인 이미옥
발 행 처 디지털북스
정   가 20,000원
등 록 일 1999년 9월 3일
등록번호 220-90-18139
주   소 (04987)서울 광진구 능동로 32길 159
전화번호 (02)447-3157~8
팩스번호 (02)447-3159

ISBN 978-89-6088-180-8 (13000)
D-16-05

여러분은 왜 알고리즘 공부를 하시나요?

알고리즘은 사실 AI라고 하는 인공지능(artificial intelligence, 人工知能)과 관련이 깊어요.
사람이 하는 일을 알고리즘을 통해 컴퓨터가 대신 할 수 있다면, 그것이 인공지능이지요.

과연 이것이 좋은 일 일까요? 물건을 분류하던 일을 직업으로 가지고 있던 마이클은 새로운
물건 분류기로 인해 직업을 잃고 말았지요. 발신자와 통화 하면서 수신자를 연결해주던 전
화 연결원 데이지도 전화기가 발전하면서 직업을 잃고 말았구요.

정말 인공지능이 발전하는 것이 우리에게 좋은 일일까요?
인공지능이 발전하게 되면 사람들이 하는 일의 대부분은 기계가 대신하게 될 거에요. 우편
배달부, 재무 분석가, 택시 운전기사.. 셀 수도 없이 많은 직업들이 인공지능의 발달로 인해
사라지겠죠. 이미 사라진 직업들도 많이 있지만요.

하지만 이것이 반드시 나쁜 일이라고는 생각할 수 없어요. 사라질 것들이 사라지는 것이라
고 생각하면 되는 거에요. 우리는 전화기의 발달로 전화 상담원을 잃었지만, 전화기가 발달
하면서 스마트폰이 되기까지 수천, 수백만개의 일자리가 새로 생겨났지요. 인간의 삶은? 더
편리해졌구요. 물류를 배달하는 인공지능 기계들이 생겨난다면, 지금의 물류 기사님들이 직
업을 잃을 수도 있어요. 하지만 고객들은 더 빠르고 안전하게 원하는 물건의 배달을 맡길 수
있어요. 그것도 더욱 저렴한 가격에요!
어느 하나의 직업이 없어진다고 해서 그것이 모든 일자리의 감소를 뜻하는 것은 아니에요.
이로 인해 새로운 일자리 생겨날 여지가 얼마든지 있으니까요. 우리가 인공지능 기계들로
인해 아낀 시간과 돈으로 새로운 산업을 발전시킬 수 있다는 것이죠.
그러니 염려하지 마세요! 사라지는 것이 있다면, 새로 생겨나는 것도 있을 테니까요. 여러분
들이 만든 알고리즘으로 보다 많은 사람들이 편한 삶을 갖게 된다면, 그것으로 좋은 일 아닐
까요?